Bibliothèque de Philosophie scientifique.

A. DASTRE
Professeur de Physiologie à la Sorbonne.

La Vie
et
la Mort

PARIS
ERNEST FLAMMARION, ÉDITEUR
RUE RACINE, 26, PRÈS L'ODÉON

La Vie et la Mort

OUVRAGES DU MÊME AUTEUR

L'Allantoïde et le chorion des mammifères. G. Masson. 1876.

De la glycémie asphyxique. Librairie du *Progrès Médical*. 1879.

Recherches sur les lois de l'activité du cœur. In-8°. Germer-Baillière. Paris. 1882.

Recherches expérimentales sur le système nerveux vasomoteur. (En collaboration avec J.-P. Morat.) In-8°. Masson. Paris. 1884.

Les Anesthésiques. Physiologie et applications chirurgicales. In-8°. Masson. Paris. 1890.

La Cocaïne. Physiologie et applications chirurgicales. In-8°. Masson. Paris. 1892.

Recherches sur les matières colorantes du foie et de la bile. (En collaboration avec N. Floresco.) In-8°. G. Steinheil. Paris. 1893.

Physique biologique. Osmose. Tonométrie. Cryoscopie. In-8°. Masson. Paris. 1901.

Bibliothèque de Philosophie scientifique

A. DASTRE

Professeur de Physiologie à la Sorbonne.

La Vie
et
la Mort

PARIS
ERNEST FLAMMARION, ÉDITEUR
RUE RACINE, 26, PRÈS L'ODÉON

Droits de traduction et de reproduction réservés pour tous les pays
y compris la Suède et la Norvège.

AVANT-PROPOS

Le public instruit et curieux de notre temps adresse aux savants de chaque spécialité la même demande que le roi Ptolémée Philadelphe, protecteur des Lettres, adressait jadis à Euclide. Rebuté des difficultés et des lenteurs que présentait l'étude des Mathématiques, le roi voulut savoir du célèbre géomètre s'il n'y avait pas quelque *route royale* qui conduisît, d'un trait, au but. — Le savant grec se récusa. — Ces routes royales qui rendraient accessibles aux esprits cultivés tous les domaines de la science, elles qui n'existaient pas au temps de Ptolémée et d'Euclide, elles existent aujourd'hui. Leur ensemble forme la *Philosophie scientifique*.

La philosophie scientifique ouvre des percées lumineuses dans l'inextricable fouillis des phénomènes naturels. Elle éclaire les faits; elle met à nu les principes; elle sabre les détails contingents pour faire la place aux faits essentiels. Elle rend ainsi la science accessible et communicable.

Intellectuellement, elle remplit une fonction très haute.

Il y a virtuellement une philosophie de chaque science. Il y en a donc une pour celle qui s'occupe des phénomènes de la vie et de la mort, c'est-à-dire pour la physiologie. J'ai voulu, dans cet ouvrage, en donner un aperçu. Je l'ai écrit pour deux espèces de lecteurs. Ce sont d'abord tous ceux qui, possédant simplement une culture générale, ont la curiosité de connaître le mouvement des idées en biologie. Ceux-là forment déjà une assez nombreuse catégorie du grand public. J'ai pu m'en assurer par expérience. La plupart des chapitres de ce livre ont paru, en effet, dans la *Revue des Deux-Mondes*, dont M. Brunetière m'a généreusement ouvert l'accès. Bien des lecteurs m'ont fait l'honneur de m'écrire, sans me connaître, et m'ont demandé la suite des articles qui les avaient intéressés. J'aurais été dans l'impossibilité de les satisfaire si, dans le même moment, M. Gustave Le Bon ne m'avait gracieusement offert de me donner place dans la belle collection qu'il a entrepris de publier.

Ces lettrés et ces curieux pensent, avec Bacon, « qu'il n'y a de science que du général »; ce qu'ils veulent connaître, ce n'est pas notre outillage, nos procédés, notre technique, les mille détails d'expérimentation où nous consumons notre vie dans nos laboratoires. Ce qui les intéresse, ce sont les vérités générales que nous avons acquises, les problèmes dont nous poursuivons la solution, les principes de nos méthodes, la marche de notre science dans le passé, son état dans le présent, son orientation probable dans l'avenir.

Mais j'ose dire que ce livre s'adresse aussi à une autre catégorie de lecteurs : aux professionnels de la physiologie. Je le leur dédie. Ils s'initient à cette science et l'apprennent en la pratiquant. C'est la bonne méthode. Ainsi devient-on forgeron en forgeant. Claude Bernard avait coutume de dire que pour acquérir la maîtrise dans une science expérimentale il fallait « être un rat de laboratoire ». Il y a ainsi parmi nous beaucoup de rats de laboratoire. Ils sont guidés dans leur besogne d'investigation quotidienne par un obscur instinct de la marche et des directions de la Physiologie contemporaine. Peut-être leur agréera-t-il de trouver leurs idées plus ou moins inconscientes exprimées ici sous une forme explicite.

A. DASTRE.

LA VIE ET LA MORT

LIVRE I

EN MARGE DE LA SCIENCE. — LES DOCTRINES GÉNÉRALES SUR LA VIE ET LA MORT. LEURS TRANSFORMATIONS SUCCESSIVES.

Sommaire. — Chapitre I : Les vieilles doctrines. — Chapitre II : L'animisme. — Chapitre III : Le vitalisme. — Chapitre IV : La doctrine uniciste. — Chapitre V : Émancipation de la recherche scientifique du joug des doctrines philosophiques.

CHAPITRE I

LES VIEILLES DOCTRINES

L'animisme, le vitalisme, la doctrine physico-chimique. Leur survivance et leurs transformations.

Les doctrines fondamentales d'une science ne sont autre chose que l'expression de ses résultats les plus généraux. Quel peut être le résultat le plus général du développement de la physiologie ou biologie, c'est-à-dire de la science qui a la vie pour objet ? Qu'entrevoit-on comme fruit de tous ses efforts ? C'est évidemment la réponse à cette question essentielle : qu'est-ce que la vie ?

Il y a des êtres que nous appelons vivants ; il y a des corps qui ne l'ont jamais été — corps bruts — ou qui ne le sont plus — corps morts. — Le fait que nous employons ces désignations implique l'idée d'un attribut commun, d'un *quid proprium*, la vie, qui existe chez les uns, qui n'a jamais existé chez les seconds, qui a cessé d'exister chez les derniers. Cette idée est-elle juste? Supposons, un moment, qu'elle le soit; que cette supposition implicite soit fondée, et qu'il y ait réellement quelque chose qui corresponde à ce mot « *la vie* »; faudra-t-il donc attendre pour savoir ce qu'il cache, les derniers jours de la physiologie et, en quelque sorte, son jugement dernier?

Oui, sans doute, la science positive doit s'interdire cette espèce de questions trop générales; elle doit se borner à l'étude des causes secondes. Mais, en fait, les savants d'aucune époque ne se sont entièrement conformés à cet agnosticisme provisoire ou définitif. Comme l'esprit humain ne peut se résoudre à une attente indéfinie ni s'accommoder de l'ignorance pure et simple, il a toujours demandé et il demande encore aujourd'hui, à l'esprit de système, la solution que la science lui refuse. Il s'adresse à la spéculation philosophique. Or, la philosophie nous offre, pour expliquer la vie et la mort, des hypothèses; elle nous offre les mêmes qu'il y a trente ans, qu'il y a cent ans, qu'il y a deux mille ans: l'animisme; — le vitalisme sous ses deux formes, vitalisme unitaire ou doctrine de la force vitale, vitalisme démembré ou doctrine des propriétés vitales; — et enfin, le matérialisme, le mécanicisme, ou l'unicisme, ou le monisme, — pour lui donner tous ses noms, — c'est-à-dire la doctrine physico-chimique de la vie.

Il y a donc, encore actuellement, en biologie, des représentants de ces trois systèmes qui toujours se sont disputé l'explication des phénomènes vitaux: il y a des animistes, des vitalistes, des unicistes. Mais on devine bien que d'hier à aujourd'hui, il y a tout de même quelque chose de changé. Ce n'est pas en vain que la science générale et la biologie elle-même ont fait les progrès que l'on sait, depuis la Renaissance et surtout pendant le cours du xixe siècle. Les vieilles doctrines ont été obligées de se réformer, de renoncer à des parties caduques, de parler un autre langage, en un mot, de se rajeunir. Les néo-animistes de notre temps, ni M. Chauffard, en 1878, ni M. von Bunge, en 1889, ni M. Rindfleisch plus récemment, ne pensent exactement comme Aristote, Saint-Thomas ou Stahl. Les néovitalistes contemporains, physiologistes comme Heidenhain, chimistes comme Armand Gautier, ou botanistes comme Reinke, ne parlent pas, entre 1880 et 1900, le même langage que Paracelse au xve siècle et Van Helmont au xviie siècle, que Barthez et Bordeu à la fin du xviiie, ou seulement que Cuvier et Bichat au commencement du xixe. Enfin, les mécanicistes eux-mêmes, qu'ils soient des disciples de Darwin et Haeckel comme le plus grand nombre des naturalistes de notre temps, ou des disciples de Lavoisier comme la plupart des physiologistes actuels, sont loin des idées de Descartes. Ils renieraient le grossier matérialisme du célèbre philosophe. Ils ne feraient plus de l'organisme vivant une machine montée, uniquement composée de rouages mécaniques, de ressorts, de leviers, de pressoirs, de cribles, de tuyaux et de soupapes; ou encore de matras, de cornues, d'alambics, comme le croyaient les iatro-mécaniciens et les chimiâtres de jadis.

Tout cela a changé, au moins dans la forme. Les vieilles doctrines ont subi, — à n'envisager même que ces trente ou quarante dernières années, — des modifications plus ou moins profondes. Ces déformations, rendues nécessaires par les acquisitions de la science contemporaine, permettent d'en apprécier les progrès. Elles sont parfaitement propres à rendre compte de la marche des connaissances en biologie, et à ce titre elles méritent d'être examinées avec quelque attention. C'est dans cet examen que nous allons entraîner notre lecteur.

CHAPITRE II

L'ANIMISME

Caractère commun à l'animisme et au vitalisme : la statue humaine. — Animisme primitif. — Animisme de Stahl. — Première objection relative au commerce entre l'âme et le corps. — Seconde objection : caractère inconscient des opérations vitales. Double modalité de l'âme. Continuité de l'âme et de la vie.

On apprend aux enfants que la nature comprend trois règnes : le règne minéral et les deux règnes vivants, animal et végétal. C'est là tout le monde sensible. Puis au-dessus se place le monde de l'âme. Les écoliers n'ont donc pas de doutes sur les doctrines que nous discutons ici. Ils tiennent la solution. Il y a, pour eux, trois sphères distinctes, trois mondes à part : la matière, la vie, la pensée.

C'est ce préjugé que nous allons soumettre à l'examen. L'opinion vulgaire pose, en effet, et résout *a priori* la question de l'homogénéité ou de la dissemblance fondamentales de ces trois ordres de phénomènes : ceux de la nature brute, ceux de la nature vivante, ceux de l'âme pensante. L'*animisme*, le *vitalisme*, l'*unicisme* ne sont, en réalité, que les diverses manières de les envisager. Ce sont les diverses réponses à cette question : les manifestations vitales, psychiques et physico-chimiques sont-elles essentiellement distinctes les unes des autres ? — Les vitalistes distinguent la vie de la pensée ; les animistes identifient l'une avec l'autre. Dans le camp adverse les mécanicistes, matérialistes ou unicistes, font la même confusion que les animistes ; mais à celle-là, ils en ajoutent une autre : ils assimilent les forces qui sont en jeu chez les animaux et les plantes aux forces générales de l'univers ; ils confondent tout, âme, vie, nature inanimée.

Ces problèmes appartiennent par beaucoup de côtés à la spéculation métaphysique. Ils ont été discutés par les philosophes ; et ils ont été résolus dès l'antiquité en des sens divers, pour des raisons et par des arguments que nous n'avons pas à examiner ici, et qui d'ailleurs, n'ont point changé. Mais, par quelques côtés, ils appartiennent à la science et sont justiciables de ses progrès. Cuvier et Bichat, par exemple, croyaient que les forces en action chez les êtres vivants étaient non seulement différentes des forces physico-chimiques, mais en opposition, en lutte avec celles-ci. On sait, aujourd'hui, que cet antagonisme n'existe pas.

Les doctrines précédentes relèvent donc, jusqu'à un certain point, de l'expérience et de l'observation. Elles en sont justiciables, dans la mesure où celles-ci peuvent nous renseigner sur le degré de différence ou d'analogie que présentent entre eux les faits psychiques, vitaux et physico-chimiques. Or, les investigations scientifiques ont pu nous éclairer à cet égard. Il n'est pas douteux que les analogies et les ressemblances de ces trois ordres de manifestations ont apparu de plus en plus nombreuses et frappantes avec le progrès de nos connaissances. Aussi, dans les sciences biologiques, l'animisme ne compte-t-il aujourd'hui qu'un petit nombre de partisans ; le vitalisme sous ses différentes formes, en compte davantage ; la grande majorité est attachée à la doctrine physico-chimique.

1.

L'animisme et le vitalisme séparent l'un et l'autre de la matière un principe recteur qui la dirige. Ce sont, au fond, des doctrines mythologiques, — quelque chose d'assez semblable au paganisme ancien. — La fable de Prométhée ou celle de Pygmalion en contiennent tout l'essentiel. — Un principe immatériel, divin, dérobé par le Titan à Jupiter ou obtenu de la complaisance de Vénus par le sculpteur Cypriote descend de l'Olympe et vient animer la forme, encore inerte, taillée dans le marbre ou modelée dans l'argile. En un mot, il y a une statue humaine ; un souffle s'y surajoute, s'y insinue, feu du ciel, force vitale, étincelle divine, âme ; et la voici vivante. Mais ce souffle aussi peut l'abandonner : un accident survient, un caillot dans une veine, un grain de plomb dans le cerveau ; la vie s'échappe, il ne reste plus qu'un cadavre. Un instant a suffi pour détruire le prestige. — C'est bien de cette manière que tous les hommes se représentent la scène de la mort : un souffle qui s'échappe, quelque chose qui s'envole, ou qui s'écoule avec le sang. Le génie heureux des Grecs en avait conçu une image gracieuse : ils se représentaient la vie ou l'âme sous la forme d'un papillon (Psyché) fuyant le corps comme une sorte de léger phalène qui ouvre ses ailes de saphir.

Mais cet hôte subtil et temporaire de la statue humaine, cet étranger de passage qui fait du corps vivant une maison habitée, quel est-il décidément ? Selon les animistes, c'est l'Âme même, au sens où l'entendent les philosophes ; l'âme immortelle et raisonnable. Pour les vitalistes, c'est un personnage différent et subalterne, une sorte d'âme de seconde majesté, la force vitale, ou, d'un simple mot, la vie.

Animisme primitif. — L'animisme est la plus ancienne et la plus primitive des conceptions qui se soient présentées à l'esprit humain. Mais, en tant que doctrine coordonnée, elle est la plus récente. Elle n'a reçu, en effet, son expression définitive qu'au xviiie siècle, du médecin philosophe et chimiste Stahl.

L'une des premières curiosités de l'homme primitif, du sauvage, c'est, d'après Tylor, la différence du corps vivant d'avec le cadavre : celui-ci est une maison habitée ; celui-là est la maison vide. Pour ces intelligences rudimentaires, l'habitant mystérieux est une sorte de *double* ou duplicata de la forme humaine. Il ne se révèle que par l'ombre qui suit le corps éclairé par le soleil, par l'image qui se reflète dans l'eau, par l'écho qui répète la voix ; il ne se voit qu'en songe, et les figures qui peuplent et animent les rêves ne sont autre chose que ces êtres dédoublés, impalpables. Certains sauvages pensent qu'au moment de la mort le *double*, ou l'âme, va se loger dans un autre corps. Quelquefois chaque personne, au lieu d'une seule de ces âmes, en possède plusieurs. D'après Maspéro, les Égyptiens en auraient compté au moins cinq, dont la principale, le *ka* ou *double*, serait la répétition aériforme ou vaporeuse de la forme vivante. Ces âmes en voyage, qui abandonnent les corps pour en occuper d'autres, peuplent l'espace. Après avoir été la cause de la vie dans les corps qu'elles animaient, elles réagissent du dehors sur les autres êtres et sont la cause de toutes sortes d'événements inattendus. Ce sont des esprits bienfaisants ou malfaisants.

L'analogie conduit inévitablement les esprits simples à étendre les mêmes idées aux animaux et aux plantes ; en un mot, à accorder des âmes à tout ce qui vit, âmes plus ou moins nomades, vagabondes, ou interchangeables, selon la doctrine de la métempsycose. M. L. Errera, que nous suivons ici, fait observer que cette doctrine primitive, coordonnée, hiérarchisée et poétisée, est à la base de toutes les mythologies antiques.

Animisme de Stahl. — L'animisme moderne fut quelque chose de beaucoup plus étroit. C'était une doctrine médicale, c'est-à-dire à peu près exclusive à l'homme. Stahl l'avait adoptée par une sorte de réaction contre les exagérations de l'École mécaniciste de son temps. C'est l'âme intelligente, raisonnable qui, selon lui, fait vivre le corps. Elle gouverne la substance corporelle, et la dirige vers un but assigné. Les organes sont ses instruments. Elle agit sur eux directement, sans intermédiaires. Elle fait battre le cœur, contracter les muscles, sécréter les glandes, fonctionner tous les appareils. Il y a plus : c'est elle-même — âme architectonique — qui a construit et entretient ce corps qu'elle régit.

C'est le *mens agitat molem* de Virgile, que La Fontaine a traduit :

Un esprit vit en nous et meut tous nos ressorts.

Il est remarquable que ces idées, d'un spiritualisme excessif et outré, aient été mises en avant précisément par un chimiste et médecin, tandis que des idées toutes contraires étaient admises par des philosophes partisans décidés de la spiritualité de l'âme, comme Descartes et Leibniz. Stahl avait été professeur de médecine à l'université de Halle, médecin du duc de Saxe-Weimar, et plus tard du roi de Prusse. Il a laissé une œuvre médicale et chimique importante, d'un caractère à la fois théorique et expérimental. Il est le créateur de la célèbre doctrine du phlogistique, qui subsista, en chimie, jusqu'à Lavoisier. Il mourut à Berlin en 1734.

L'animisme lui survécut quelque temps, entretenu par le zèle d'un petit nombre de fidèles. Mais après les spirituelles moqueries de Bordeu, en 1742, il ne fit plus que végéter (1). Il faut signaler cependant une

1. Bordeu, dans la thèse qu'il soutint à Montpellier, en 1742, à l'âge de vingt ans, et qui fonda sa réputation, s'égayait des besognes

tentative de restauration de ce système, faite en 1878 par un médecin bien connu de la génération qui nous a précédés, E. Chauffard. Tout en conservant la doctrine dans ses traits essentiels, le savant médecin s'était proposé de la mettre en harmonie avec la science moderne et de la dégager de tous les reproches qui lui avaient été adressés.

Animisme de E. Chauffard. — Ces reproches étaient nombreux. Le plus grave est d'ordre philosophique. Il est tiré de la difficulté de concevoir une action directe et immédiate de l'âme, considérée comme principe spirituel, sur la matière du corps. Il y a un tel abîme, — creusé par l'esprit philosophique lui-même, — entre l'âme et le corps, qu'il est impossible de comprendre un commerce entre eux. On ne saurait seulement entrevoir comment l'âme pourrait devenir un instrument d'action.

C'était là le problème qui tourmentait le génie de Leibniz. Descartes, précédemment, l'avait tranché brutalement, comme Alexandre le nœud gordien ; il avait coupé l'âme du corps, et fait de ce dernier une pure machine au gouvernement de laquelle l'autre n'avait point de part. Il attribuait aux forces brutes toutes les manifestations saisissables de l'activité vitale. — Leibniz, lui aussi, dut rejeter toute action, tout contact, tout rapport direct, tout lien réel entre l'âme et le corps et imaginer entre eux une relation simplement métaphysique, l'harmonie préétablie : « Les âmes s'accordent avec les corps en vertu de cette harmonie, préétablie dès la création, et nullement par une influence physique, mutuelle et actuelle... Tout se fait dans les âmes comme s'il n'y

que les animistes imposaient à l'âme, « qui a soin d'humecter la bouche lorsqu'il faut » ; ou « dont les colères produisent les symptômes de quelques maladies » ; ou encore « que les suites du péché originel rendent incapable de bien conduire et diriger le corps. »

avait pas de corps, et tout se fait dans les corps comme s'il n'y avait pas d'âme. » A ce point, on touche presque au matérialisme scientifique. Ce frêle lien de l'harmonie préétablie, qui unit si lâchement le corps à l'âme, il est facile aux matérialistes de le rompre et de ramener l'organisme sous le seul empire de la mécanique et de la physique universelles.

Le point faible de l'animisme de Stahl était donc la supposition d'une action directe exercée sur l'organisme par un principe spirituel, distinct, hétérogène.

M. Chauffard a voulu éviter cet écueil. Il a, conformément aux idées modernes, uni ce que les anciens philosophes et Stahl lui-même séparaient, l'activité de la matière et l'activité de l'âme. « La pensée, l'action, la fonction, dit-il, s'enlacent dans une invincible union. » C'est la doctrine classique — mais non pas claire — tant de fois reproduite : *Homo factus est anima vivens*, que Bossuet a exprimée dans la formule célèbre : L'âme et le corps forment un tout naturel. »

Une seconde objection adressée à l'animisme, c'est que l'âme agit avec conscience, réflexion, volonté, et que ces attributs essentiels ne se retrouvent point dans la plupart des phénomènes physiologiques qui sont, au contraire, automatiques, involontaires et inconscients. L'opposition de ces caractères a obligé les vitalistes à concevoir un principe vital distinct de la pensée. M. Chauffard, d'accord ici avec MM. Bouillier et Tissot, et Stahl lui-même, n'accepte point cette distinction ; il ne consent point à rompre l'unité du principe vivifiant et pensant. Il préfère attribuer à l'âme deux modes d'action ; l'un qui s'exerce sur les actes de la pensée, où elle procède avec conscience, réflexion, volonté ; l'autre s'exerçant sur les phénomènes physiologiques qu'elle régit « par des impressions sans conscience, par des déterminations instinctives, suivant des lois primordiales (1). » — Cette âme-là n'est guère conséquente à sa définition de principe conscient réfléchi et volontaire : c'est une âme nouvelle, une âme somatique, singulièrement voisine de cette *âme rachidienne* qui, selon un physiologiste allemand bien connu, Pflüger, siège dans chaque rondelle de moelle épinière et préside aux mouvements réflexes.

Double modalité de l'âme. — Cette double modalité de l'âme, cette dualité admise par Stahl et ses disciples, répugnait à beaucoup d'esprits : et, c'est cette répugnance qui a donné naissance à l'école vitaliste. Elle leur paraissait une hérésie, entachée de matérialisme. Et elle l'était en effet. De là, la force et la faiblesse de l'animisme. Il admet un principe animateur unique pour toutes les manifestations de l'être vivant, pour les faits supérieurs de l'ordre de la pensée et pour les faits inférieurs de l'ordre corporel ; il abaisse la barrière qui les sépare ; il comble le fossé entre les diverses formes de l'activité humaine ; il les assimile les unes aux autres.

C'est précisément ce que fait le matérialisme : il ramène, lui aussi, à un seul ordre les phénomènes psychiques et les phénomènes physiologiques, entre lesquels il ne voit plus qu'une différence de degré, la pensée n'étant qu'un *maximum* du mouvement vital, ou la vie qu'un *minimum* de pensée. A la vérité le but des deux écoles est tout contraire ; l'une prétend relever l'activité corporelle à la dignité de l'activité pensante et spiritualiser le fait vital ; l'autre abaisse le premier au niveau du second ; elle matérialise le fait sychique. Mais, si les intentions sont différentes, le

1. *La Vie. Études et problèmes de biologie générale*, 1878.

résultat est identique : l'unicisme spiritualiste est sur la pente de l'unicisme matérialiste. Un pas de plus et l'âme, confondue avec la vie, sera confondue avec les forces physiques.

En revanche, la double modalité a cet avantage d'écarter l'objection tirée de l'existence de tant d'êtres vivants à qui l'on ne saurait attribuer une âme pensante : les fœtus anencéphales, les jeunes des animaux supérieurs, les animaux inférieurs et les plantes vivant sans pensée ou avec un minimum de pensée véritable et consciente. Le partisan de l'animisme répond que cette activité physiologique est une sorte d'âme qui se connaît à peine, une lueur de conscience. La connaissance de soi-même, la conscience, a, dans cette doctrine, toutes sortes de degrés. Au contraire, aux yeux des vitalistes, c'est un fait absolu, qui ne comporte pas d'atténuation, pas de tempérament entre l'être et le non-être.

C'est cette conception de la continuité de l'âme et de la vie; c'est l'affirmation d'une dégradation possible de la pleine conscience, à la simple lueur de connaissance, et enfin à l'activité vitale inconsciente, qui ont sauvé l'animisme d'un naufrage complet. Et c'est pour cela que cette vieille doctrine a conservé jusqu'à notre époque quelques rares adeptes. Un savant allemand, G. von Bunge, bien connu pour ses travaux dans le domaine de la chimie des organismes, a professé, dans un ouvrage paru en 1889, des opinions animistes ; il attribue aux êtres organisés un principe recteur, qui est une sorte d'âme vitale. Un naturaliste distingué, Rindfleisch (de Lübeck), s'est également rangé parmi les partisans de cette sorte de néo-animisme.

CHAPITRE III

LE VITALISME.

Ses formes extrêmes. — Vitalisme ancien et néo-vitalisme moderne. — Avantage qu'il y a à distinguer l'âme de la vie. — § 1. *Vitalisme de Barthez* ; son extension. — Siège du principe vital. Nœud vital. Trépied vital. — Décentralisation du principe vital. — § 2. *La doctrine des propriétés vitales.* — Galien. Van Helmont. Xavier Bichat et Cuvier. — Opposition des propriétés vitales aux propriétés physiques. — § 3. *Néo-vitalisme scientifique.* — Heidenhain. — § 4. *Néo-vitalisme philosophique.* — Reinke.

Formes extrêmes : le vitalisme ancien et le néo-vitalisme moderne. — Le néo-vitalisme contemporain a apporté, lui aussi, de notables atténuations au vitalisme primitif. Celui-ci faisait du fait vital quelque chose de tout à fait spécifique, à la fois irréductible aux phénomènes de la physique générale et à ceux de la pensée. Il isolait absolument la vie, la séparant de l'âme, en haut, et en bas de la matière inanimée. La séquestration est aujourd'hui beaucoup moins rigoureuse ; la barrière subsiste du côté psychique, mais elle s'est abaissée du côté de l'ordre matériel. Les néo-vitalistes actuels reconnaissent que les lois de la physique et de la chimie sont observées dans le corps vivant, comme en dehors de lui : les mêmes forces naturelles interviennent ici et là, seulement elles sont « autrement dirigées ».

L'ancien principe vital était une sorte de divinité

païenne anthropomorphique. Pour Aristote, cette force, l'*anima*, la *Psyché*, travaille, pour ainsi dire, avec des mains humaines; selon le mot célèbre, elle est placée dans le corps vivant « comme un pilote sur le vaisseau, » comme le sculpteur ou le praticien en face du marbre ou de l'argile. Et, de fait, nous n'avons pas d'autre image claire d'une cause étrangère à l'objet; nous n'avons pas d'autre représentation d'une force extérieure à la matière que celle qui nous est offerte par l'artisan qui fabrique un objet ou, en général, par la personne humaine, avec son activité libre, ou supposée telle, tendue vers un but à réaliser.

Les personnifications de ce genre, ces entités mythologiques, ces êtres imaginaires, ces fictions ontologiques qui, pour nos prédécesseurs, remplissaient continuellement la scène, ont définitivement disparu : elles n'ont plus de place dans les explications scientifiques de notre temps. Les néo-vitalistes les remplacent par l'*idée de direction*, qui est une autre forme de la même idée de finalité. L'enchaînement des causes secondes, dans l'être vivant, est tel qu'il semble réglé conformément à un plan et dirigé en vue de son exécution. La tendance qui existe dans chaque être vers l'exécution de ce plan, c'est-à-dire vers sa fin, donne l'impulsion nécessaire à cette exécution. Les néo-vitalistes professent que la force vitale dirige des phénomènes qu'elle ne produit pas et qu'exécutent en réalité les forces générales de la physique et de la chimie.

L'impulsion directrice, *considérée comme réellement active*, est donc la concession dernière du vitalisme moderne. Si l'on va plus loin, si l'on refuse à l'idée directrice le pouvoir exécutif, l'activité efficiente, on énerve le principe vital, on sort enfin de la doctrine : on ne peut plus se réclamer d'elle. On cesse d'être vitaliste si l'on restreint à ce point le rôle du principe vital. Primitivement, il était à la fois l'auteur du plan et l'artisan universel de l'édifice organique ; il n'en a plus été que l'architecte, dirigeant des ouvriers qui sont des agents physiques et chimiques. Le voilà maintenant réduit à l'état de plan ou de règlement de travail ; et ce plan même n'a pas d'existence objective ; ce n'est plus qu'une *idée*. Il n'a qu'une ombre de réalité. Voilà à quoi quelques biologistes l'ont réduit. C'est ce qu'a fait Claude Bernard ; et, en ce faisant, il s'est placé en dehors et au delà du vitalisme le plus atténué. Il n'a pas considéré *l'idée de direction* comme un principe réel. Le lien des phénomènes, leur harmonie, leur conformité à un plan que l'intelligence saisit, leur appropriation à un but qu'elle aperçoit, ne sont, pour lui, qu'une nécessité de l'esprit, un concept métaphysique ; le plan qui s'exécute n'a qu'une existence subjective ; la force directrice n'a pas de vertu efficiente, pas de puissance exécutive ; elle ne sort pas du domaine intellectuel où elle est née, et ne vient point « réagir sur les phénomènes qui ont donné l'occasion à l'esprit de la créer ».

C'est entre ces deux incarnations extrêmes du principe vital, agent exécutif d'une part, simple plan directeur d'autre part, que se déroule le cortège bariolé des doctrines vitalistes. Au point de départ on trouve une force vitale personnifiée, agissant comme on l'a dit, en quelque sorte avec des mains humaines qui façonnent la matière obéissante ; c'est la forme primitive et pure de la doctrine. A l'autre extrême on trouve une force vitale qui n'est plus qu'une idée directrice, sans existence objective, sans rôle exécutif ; simple concept par lequel l'esprit réunit et conçoit une succession de phénomènes physico-chimiques. On touche de ce côté à l'unicisme.

Raisons qu'avaient les vitalistes de distinguer l'âme de la vie. — C'est surtout, du côté opposé, vers le monde psychique que les premiers vitalistes prétendaient se barricader. Nous venons de voir qu'ils ne raffinaient pas tant que ceux d'aujourd'hui : le principe vital était pour eux un agent réel et non pas un plan idéal en voie d'exécution. — Mais, ils distinguaient ce principe spirituel d'un autre qui coexiste avec lui, chez les êtres vivants supérieurs, et au moins chez l'homme, l'âme pensante. Ils l'en séparaient, avec énergie, parce que l'activité de celle-ci se traduit par la connaissance et la volonté, tandis qu'au contraire, les manifestations de celle-là échappent précisément, pour la plupart, à la conscience et à la volonté.

Nous ne sommes, en effet, informés en rien de ce qui se passe dans nos organes, à l'état normal ; leur parfait fonctionnement ne se traduit à nous d'aucune autre manière que par un obscur sentiment de bien-être. Nous ne sentons pas les battements de notre cœur, les dilatations périodiques de nos artères, les mouvements du poumon ou ceux de l'intestin, les glandes qui sécrètent, les mille manifestations réflexes de notre système nerveux. L'âme qui se connaît est pourtant ignorante de tout ce mouvement vital : elle lui est, par conséquent, étrangère.

C'est là ce qu'ont déclaré tous les philosophes de l'antiquité. Pythagore distinguait l'âme véritable, l'âme pensante, le *Noûs*, principe intelligent et immortel caractérisé par les attributs de la conscience et de la volonté, d'avec le principe vital, la *Psyché*, qui donne au corps le souffle et l'animation, et qui est une âme de seconde majesté, active, passagère et mortelle. Aristote faisait de même : il mettait d'un côté l'âme proprement dite, Noûs ou intellect, c'est-à-dire l'entendement avec ses lumières rationnelles ; de l'autre côté était le principe recteur de la vie, la Psyché irraisonnable et végétative.

Cette distinction s'accorde avec le fait de la diffusion de la vie. Celle-ci n'appartient pas aux seuls animaux supérieurs, et à l'homme à qui nous pouvons reconnaître une âme raisonnable ; elle s'étend à l'immense multitude des êtres plus humbles à qui l'on ne saurait attribuer des facultés si hautes, les invertébrés, les animaux microscopiques et les plantes. L'avantage est compensé par l'inconvénient de briser toute continuité entre l'âme et la vie : continuité qui est le principe des deux autres doctrines, l'animisme et l'unicisme, et, on peut le dire, le vœu même de la science et sa tendance indéniable.

Quant à la philosophie classique, elle satisfait à la nécessité d'établir l'unité de l'être vivant, c'est-à-dire d'accorder l'âme avec le corps, d'une autre manière que nous n'avons pas à considérer ici. Elle attribue à l'âme plusieurs modalités, plusieurs puissances distinctes : puissances de la vie végétative, puissances de la vie sensitive, puissances de la vie intellectuelle. Et cette autre solution du problème serait, selon M. Gardair, entièrement conforme à la doctrine de saint Thomas.

§ 1. — Le vitalisme de Barthez : son extension.

Le vitalisme a atteint son expression la plus parfaite dans la seconde moitié du XVIIIe siècle, avec les représentants de l'École de Montpellier, Bordeu, Grimaud et Barthez. Ce dernier surtout contribua à le faire prévaloir dans le milieu médical. Érudit de premier ordre, collaborateur de d'Alembert pour l'Encyclopédie, il exerça sur la médecine de son temps une action tout à fait prépondérante. Fixé à Paris pendant une partie de sa carrière, médecin du roi et du duc d'Orléans, on peut dire qu'il employa au profit de ses doctrines toutes les formes d'influence qui pouvaient contribuer à leur succès. — A sa suite, les écoles médicales professèrent que les phénomènes vitaux sont les effets immédiats d'une force sans analogues en dehors du corps vivant. — Cette conception régna, sans partage, jusqu'au temps de Bichat.

Après Bichat, le vitalisme de Barthez, plus ou moins modifié par les idées du célèbre anatomiste, a continué à dominer dans toutes les écoles de l'Europe jusque vers le milieu du XIXe siècle. Le fondateur de la physiologie en Allemagne, Jean Müller, admettait, vers 1833, l'existence d'une force vitale unique, « connaissant tous les secrets des forces de la physique et de la chimie, mais agissant en conflit continuel avec elles, comme cause et régulatrice suprême de tous les phénomènes. » Ce principe disparaissait dans la mort sans laisser de traces. — L'un des créateurs de la chimie biologique, Justus Liebig, mort en 1873, partageait ces mêmes idées. — Le célèbre botaniste Alphonse de Candolle, qui a vécu jusqu'en 1893, avait professé, au début de sa carrière, que la force vitale était l'une des quatre forces qui régissent la nature, les trois autres étant : l'attraction, l'affinité, la force intellectuelle. Flourens, en France, faisait du principe de la vie l'une des cinq propriétés ou forces qui résident dans le système nerveux. Un auteur contemporain, Dressel, en 1883, a essayé de remettre en honneur ce vitalisme un peu primitif, unitaire et efficient.

Siège du principe vital. — Une autre question s'était posée, entre temps, relativement à ce principe vital. Il s'agissait d'en préciser le siège : en un mot, de le situer dans l'organisme. Est-il répandu partout, ou bien réside-t-il en quelque point d'où il étendrait son action sur toutes les parties du corps? Un savant célèbre de la fin du XVIe siècle, van Helmont, à la fois médecin et alchimiste, avait proposé de cette difficulté une première solution, d'ailleurs fort bizarre,

Le principe vital, selon lui, était logé dans l'estomac, ou mieux à l'orifice de sortie de cet organe, dans l'antre du pylore : il était le « portier de l'estomac ».

L'idée hébraïque était plus raisonnable : la vie était liée au sang et se répandait avec lui par le moyen des veines dans l'organisme tout entier : elle s'écoulait des blessures en même temps que le liquide sanguin. Il faut voir dans cette croyance l'origine de l'interdiction, chez les Juifs, de faire usage de viandes qui ne seraient pas exsangues.

Nœud vital. — En 1748, un médecin nommé Lorry vit qu'une blessure très limitée en une certaine région de la moelle épinière provoquait une mort subite. La position de ce point remarquable fut précisée en 1812 par Legallois et plus parfaitement encore par Flourens en 1827. Il est situé dans le bulbe rachidien, au niveau de l'union du cou avec la tête ; exactement, sur le plancher du 4e ventricule, près des origines de la huitième paire de nerfs crâniens. C'est ce que l'on a appelé le *nœud vital.* De l'intégrité de ce point qui n'est pas plus gros que la tête d'une épingle dépend la vie de l'animal. — Ceux qui croyaient à une localisation du principe vital s'imaginèrent avoir trouvé le siège cherché. Mais il eût fallu, pour cela, que la destruction de ce point fût irrémédiable et entraînât la mort. Ce n'est pas ce qui a lieu. Si l'on détruit le nœud vital et que l'on entretienne artificiellement la respiration, au moyen d'un soufflet, l'animal résiste : il continue à vivre. C'est seulement le mécanisme nerveux incitateur des mouvements respiratoires qui a été atteint dans une de ses parties essentielles.

La vie ne réside donc pas plus dans ce point que dans le sang ou dans l'estomac. L'expérience ultérieure a prouvé qu'elle résidait partout ; que chaque organe jouit d'une vie indépendante. Chaque partie du corps est, suivant la forte expression de Bordeu, « *un animal dans l'animal,* » ou suivant celle de Bichat, « *une machine particulière dans la machine générale* ».

Trépied vital. — Qu'est-ce donc que la vie, c'est-à-dire l'activité biologique de l'individu, de l'animal, de l'homme ? C'est évidemment la somme ou plutôt le concert de ces vies partielles des différents organes. Mais dans ce concert il semble qu'il y ait certains de ces instruments qui dominent et soutiennent les autres ; il y en a dont l'intégrité est plus nécessaire à la conservation de l'existence et de la santé, et dont la lésion entraîne plus fatalement la mort. Ce sont le poumon, le cœur et le cerveau. On meurt toujours, disaient les anciens médecins, par l'altération de l'un de ces trois organes. La vie repose donc sur eux, comme sur un appui à trois pieds. De là la notion du *trépied vital*. Ce n'est plus un siège unique que l'on trouvait, pour le principe vital, mais une sorte de trône à trois étais. La vie se décentralisait.

Ce n'était là qu'un premier pas, bientôt suivi de beaucoup d'autres, dans la voie de la décentralisation vitale. L'expérimentation montra, en effet, que tout organe séparé du corps peut continuer à vivre, si l'on réussit à lui fournir les conditions convenables. Et ici, il n'est pas question seulement des êtres inférieurs : des plantes que l'on bouture ; de l'*hydre* que Trembley coupait en morceaux dont chacun régénérait une hydre entière ; des *naïs* que Ch. Bonnet sectionnait en fragments, qui tous reconstituaient une annélide complète. La règle est sans exception.

Décentralisation du principe vital. — Le résultat est le même chez les vertébrés supérieurs ; l'expérience est seulement beaucoup plus difficile à réaliser. Au congrès de physiologie de Turin, en 1901, Locke a fait battre le cœur d'un lapin extrait du corps de l'animal, pendant des heures, aussi énergiquement, aussi régulièrement, que s'il était en place, en le suspendant à l'air libre, dans une chambre à la température ordinaire, sous la seule condition de l'irriguer avec un liquide convenablement composé. L'animal était mort depuis longtemps. Plus récemment, Kuliabko a fait fonctionner de même le cœur d'un homme mort depuis dix-huit heures. La même expérience se répète dans tous les laboratoires de physiologie, d'une manière plus facile, avec le cœur de la tortue. Cet organe, extrait du corps, mis en rapport avec des tubes de caoutchouc qui représentent ses artères et ses veines, rempli de sang défibriné de cheval ou de bœuf pris aux abattoirs, fonctionne pendant des heures et des jours, lançant le liquide sanguin, dans son aorte de caoutchouc, comme il le lançait dans l'aorte vivante.

Il est inutile de multiplier ces exemples ; arrêtons l'énumération et concluons. On réussit à faire vivre tous les organes, hors de leur place naturelle, pendant plus ou moins de temps : les muscles, les nerfs, les glandes, et jusqu'au cerveau lui-même. Chaque organe, chaque tissu, jouit donc d'une existence indépendante ; il vit et fonctionne pour son compte. Sans doute, il participe à l'activité de l'ensemble, mais on peut l'en séparer sans le reporter, pour cela, dans la catégorie des substances mortes. Il y a, pour chaque partie aliquote de l'organisme, une vie partielle et une mort partielle.

Cette décentralisation de l'activité vitale, chez les êtres complexes, s'est étendue, ultérieurement, des organes aux tissus, et des tissus aux éléments anatomiques, aux cellules. C'est cette notion décentralisatrice qui a donné naissance à la seconde forme du vitalisme, forme adoucie et atténuée, c'est-à-dire au plurivitalisme ou doctrine des propriétés vitales.

§ 2. — La doctrine des propriétés vitales.

Les partisans de la doctrine des propriétés vitales ont démembré le principe recteur unitaire et indivisible de Bordeu et Barthez. Ils en ont fourni, en quelque sorte, la monnaie : c'est le *plurivitalisme*. Cette doctrine consiste à admettre l'existence de puissances spirituelles d'ordre inférieur qui régissent les phénomènes de plus près que ne le faisait le principe vital. On va voir ces puissances, moins élevées en dignité que l'âme raisonnable des animistes ou que l'âme de seconde majesté des vitalistes unitaires, finir par s'incarner dans la matière vivante dont elles ne seront plus que des propriétés. Plus rapprochées, en conséquence, du monde sensible, elles s'accorderont plus facilement avec l'esprit de recherche et le progrès scientifique.

Le défaut des conceptions précédentes, leur illusion commune avait consisté à chercher la cause hors de l'objet ; à demander l'explication des phénomènes vitaux à un principe étranger à la matière vivante, immatériel, sans substance. Ce défaut va être atténué ici. Les plurivitalistes en viendront progressivement à considérer les propriétés vitales comme des modes d'activité inhérents à la substance vivante dans laquelle et par laquelle elles se manifestent, dérivant de l'arrangement des molécules de cette substance, c'est-à-dire de son organisation. C'est presque notre conception actuelle.

Mais ce progrès ne se réalisera qu'au terme de l'évolution de la doctrine plurivitaliste. A ses débuts, celle-ci semble une aggravation de son aînée, et une forme encore plus outrée du paganisme mythologique qu'on lui reprochait. Les archées, les blas, les propriétés, les esprits, sont, tout d'abord, l'effet des génies ou des dieux que les anciens avaient imaginés

pour présider aux phénomènes naturels, de Neptune
secouant les eaux de la mer et d'Éole pressant l'outre
des vents pour déchaîner la tempête. Il semble que
ces divinités du monde antique, ces nymphes, ces
dryades et ces sylvains se soient métamorphosés au
moyen âge, dans cette période raisonneuse et philoso-
phante de l'histoire de l'humanité, en causes occultes,
en puissances immatérielles, en forces personnifiées.

Galien. — Le premier des plurivitalistes fut
Galien, le médecin de Marc-Aurèle, l'auteur célèbre
d'une encyclopédie dont la plus grande partie a été
perdue et dont un livre, préservé, est resté l'oracle
et le bréviaire anatomique de tout le moyen âge. Selon
lui, la machine humaine était dirigée par trois sortes
d'esprits : les *esprits animaux*, qui président à l'activité du système nerveux ; les *esprits vitaux* qui gouvernent la plupart des autres fonctions ; et, enfin,
les *esprits naturels*, qui régissent le foie et sont
susceptibles de s'incorporer au sang. Au XVIe siècle,
avec Paracelse, les esprits de Galien devinrent les
esprits olympiques ; ils présidaient encore au fonctionnement des organes, foie, cœur, cerveau ; mais
ils existaient aussi dans tous les corps de la nature.

Van Helmont. — Enfin, la doctrine fut constituée par van Helmont, médecin, chimiste, à la fois
expérimentateur et philosophe, esprit pénétrant et
fameux où beaucoup de vérités profondes s'alliaient
à des rêveries fantastiques. Répugnant à admettre
l'action directe d'un agent immatériel, tel que l'âme,
sur la matière inerte, sur le corps, il combla l'abîme
qui les séparait en créant toute une hiérarchie de
principes immatériels auxquels était dévolu le rôle de
médiateurs et d'agents d'exécution. Au sommet de cette
hiérarchie était placée l'âme pensante et immortelle ;
au-dessous, l'âme sensitive et mortelle, ayant pour

ministre l'*archée principal*, l'*aura vitalis*, sorte d'agent incorporel que l'on peut assimiler au principe vital, et qui siégerait à l'orifice de l'estomac ; au-dessous, enfin, des agents subalternes, les *blas* ou *vulcains* placés dans chaque organe et en dirigeant le mécanisme avec intelligence, à la façon d'un ouvrier habile.

Ces imaginations chimériques ne sont pourtant pas aussi loin qu'on pourrait le croire de la doctrine des *propriétés vitales*. Quand nous voyons un muscle se contracter, nous disons que ce phénomène est dû à une propriété vitale, c'est-à-dire sans analogue dans le monde physique, à savoir la *contractilité* ; le nerf possède de même deux propriétés vitales, l'*excitabilité* et la *conductibilité*, que Vulpian proposait de confondre en une seule, la *neurilité*. Ce ne sont là que de simples appellations, que des noms destinés à abréger le discours. Mais, pour ceux qui croient que c'est quelque chose de réel, ce quelque chose n'est pas bien éloigné des *blas* de van Helmont, vulcains cachés dans le muscle ou le nerf et se traduisant ici par la contraction, là par la production et la propagation de l'influx nerveux ; c'est-à-dire par des phénomènes dont nous ne connaissons pas encore les analogues dans le monde physique, mais dont nous ne saurions dire qu'ils n'existent pas.

X. *Bichat et G. Cuvier ; opposition des propriétés vitales et des propriétés physiques.* — Les archées et les blas de van Helmont n'étaient qu'une première et grossière ébauche des propriétés vitales. Xavier Bichat, le fondateur de l'anatomie générale, fatigué de toutes ces entités incorporelles, de ces principes sans substance que la biologie traînait après elle, entreprit de s'en débarrasser à la manière des physiciens et des chimistes. La physique et la chimie de son temps rapportaient les manifestations phénoménales aux propriétés de la matière, gravité, capillarité, magnétisme, etc. Bichat fit de même. Il rapporta les manifestations vitales aux propriétés des tissus vivants, sinon de la matière vivante. Ces propriétés, on n'en connaissait encore qu'un petit nombre : l'irritabilité de Glisson, — qui est l'excitabilité des physiologistes actuels, — et celle de Haller qui, précisément, n'est autre chose que la contractilité musculaire. — Il s'agissait de découvrir les autres.

Il n'est pas besoin de rappeler, — puisque Cl. Bernard a écrit cette histoire, il y a vingt-cinq ans, — l'erreur commise par Bichat et adoptée par la plupart des savants de ce temps, tels que Cuvier en France, et J. Müller en Allemagne. Ce fut de considérer les propriétés vitales, non seulement comme distinctes des propriétés physiques, mais comme opposées à elles. Celles-ci conservent le corps, celles-là tendent à le détruire ; elles sont toujours en lutte : la vie est la victoire des unes, la mort est le triomphe des autres. De là la définition célèbre de Bichat : « La vie est l'ensemble des fonctions qui résistent à la mort ; » ou celle de l'Encyclopédie : « La vie est le contraire de la mort ».

Cuvier a illustré cette conception dans un tableau saisissant. Il représente une jeune femme dans tout l'éclat et la force de la jeunesse, brusquement frappée par la mort. Les formes sculpturales s'affaissent, et montrent la saillie anguleuse des os : les yeux tout à l'heure étincelants deviennent ternes : l'incarnat du teint fait place à une pâleur livide, la souplesse gracieuse du corps à sa rigidité. « Des changements plus horribles ne tardent point à se produire. Les chairs passent au bleu, au vert, au noir ; une partie s'écoule en sanie putride, une autre s'évapore en émanations infectes. A la fin il ne reste plus rien que quelques principes minéraux salins ou terreux : tout le reste s'est dissipé. »

Que s'est-il passé, d'après Cuvier? Ces altérations sont l'effet des agents extérieurs, l'air, l'humidité, la chaleur. Ceux-ci ont agi sur le cadavre comme ils agissaient sur le vivant; mais leur assaut était sans effet tout à l'heure parce qu'il était repoussé par les propriétés vitales; il réussit maintenant que la vie a disparu. — Nous savons aujourd'hui que les agents extérieurs sont innocents de ces désordres. Les coupables sont les microbes de la putréfaction. C'est contre eux que luttait l'organisme, et non point contre les forces physiques.

L'erreur de Bichat et de Cuvier était inexcusable, même en leur temps. Leur tort fut de ne pas attacher l'importance qu'elles méritaient aux recherches de Lavoisier qui avait proclamé, à propos de la chaleur animale et de la respiration, l'identité d'action des agents physiques dans le corps vivant et dans le monde extérieur.

D'autre part, Bichat avait eu une illumination de génie en décentralisant la vie et en dispersant les propriétés vitales dans les tissus, ou, comme on dirait aujourd'hui, dans la matière vivante. C'est de la comparaison entre la constitution et les propriétés de la matière vivante et celles de la matière inanimée que doit jaillir la lumière.

§ 3. — Le néo-vitalisme scientifique.

On peut maintenant comprendre ce qu'est le néo-vitalisme de notre temps.

Il emprunte à son devancier son principe fondamental, à savoir la spécificité du *fait vital*. Mais cette spécificité n'est plus *essentielle*; elle est seulement *formelle*. La différence avec le *fait physique* s'atténue, elle s'efface presque. Elle consiste dans une diversité des mécanismes ou des agents d'exécution : par exemple, la digestion transforme dans l'intestin la fécule alimentaire en sucre ; le chimiste fait cette même transformation dans son laboratoire, seulement il emploie des acides, tandis que l'organisme emploie des agents spéciaux, des ferments, ici, une diastase. — C'est une chimie particulière, mais c'est encore une chimie. — Telle était la manière de voir de Claude Bernard. Le fait vital ne se distinguait pas dans le fond du fait physico-chimique ; mais seulement dans la forme.

Ce vitalisme expurgé, conciliateur — (Cl. Bernard a poussé les concessions jusqu'à appeler sa doctrine « le vitalisme physico-chimique ») — a reçu une expression nouvelle, il y a quelques années, de la part de Chr. Bohr et de Heidenhain.

D'autres biologistes, enfin, au lieu de placer dans les *modes d'exécution* la différence des phénomènes des deux ordres, semblent admettre l'identité complète des mécanismes. Ce n'est plus alors, en lui-même, individuellement, que l'acte vital se particularise, mais dans la manière dont il s'enchaîne à d'autres. L'ordre vital est un enchaînement d'actes physico-chimiques réalisant un plan idéal.

Le néo-vitalisme a donc revêtu deux formes : l'une plus scientifique, l'autre plus philosophique.

Chr. Bohr et Heidenhain. — Sa forme scientifique lui a été donnée par le savant physiologiste de Copenhague Chr. Bohr et par le professeur de Breslau, Heidenhain, qui fut une des lumières de la physiologie allemande contemporaine. Le cours de leurs recherches amena ces deux expérimentateurs, chacun de son côté, à soumettre à une nouvelle enquête les idées de Lavoisier et celles de Bichat sur les rapports des forces physico-chimiques avec les forces vitales.

Il ne s'agit point d'une enquête universelle qui aurait été instituée délibérément en vue de faire la part respective des facteurs physiques et des facteurs physiologiques dans l'accomplissement des diverses fonctions. Un tel travail aurait eu de quoi occuper plusieurs générations. Non : c'est incidemment que la question s'est posée. Chr. Bohr a étudié avec un soin extrême les échanges gazeux qui s'accomplissent entre l'air et le sang dans le poumon. Le mélange gazeux et le liquide sanguin sont en présence : une membrane mince, mais formée de cellules vivantes les sépare. Cette membrane va-t-elle se comporter comme ferait une membrane inerte, dépourvue de vitalité, et suivant, par conséquent, les lois physiques de la diffusion des gaz ? — Eh ! bien, non ; elle ne se comporte point ainsi : les mesures les plus soigneuses, de pressions, de solubilités, ne laissent point de doute à cet égard. Les éléments vivants de la membrane pulmonaire interviennent donc pour troubler le phénomène physique. Les choses se passent comme si les gaz échangés étaient soumis non pas à une simple diffusion, fait physique, ayant ses règles ; mais à une véritable sécrétion, phénomène physiologique ou vital, obéissant à des règles, fixées aussi, mais différentes des premières.

D'autre part, Heidenhain était amené, vers le même temps, à des conclusions analogues en ce qui concerne les échanges liquides qui s'accomplissent dans l'intimité des tissus entre les liquides (lymphes) qui baignent extérieurement les vaisseaux sanguins et le sang que ceux-ci contiennent. Le phénomène est très important puisqu'il est le prologue des actions de nutrition et d'assimilation. — Ici encore, les deux facteurs de l'échange sont mis en relation à travers une paroi mince, celle du vaisseau sanguin. — Les lois physiques de la diffusion, de l'osmose et de la dialyse permettent de prévoir comment les choses se passeraient si la vitalité des éléments de la paroi n'intervenait point.

Heidenhain crut observer qu'elles s'accomplissaient autrement. Le passage des liquides est troublé par le fait que les éléments cellulaires sont vivants. Il prend les caractères d'un acte physiologique et non plus d'un fait physique. — Ajoutons que l'interprétation de ces expériences est difficile et qu'elle a donné lieu à des controverses qui durent encore.

Ces deux exemples, autour desquels il serait possible d'en grouper quelques autres, ont amené certains physiologistes à réduire l'importance des facteurs physiques dans le fonctionnement de l'être vivant, au profit des facteurs physiologiques. Il semblerait par là que la force vitale, pour employer une forme de langage un peu critiquable, soustrait, dans une certaine mesure, l'être organisé à l'empire des forces physiques, — et cette conclusion est une forme du néo-vitalisme contemporain.

§ 4. — Néo-vitalisme philosophique.

Reinke. — Le néo-vitalisme contemporain a encore revêtu une autre forme plus philosophique que scientifique, par où il se rapproche davantage du vitalisme proprement dit. Nous voulons parler de la tentative récente de M. Reinke (1) en Allemagne. M. Reinke est un botaniste de mérite qui sait distinguer le domaine spéculatif de la science, de son domaine positif et les cultiver l'un et l'autre avec succès.

Ses préoccupations sont analogues à celles de M. A. Gautier, de Chevreul, et de Cl. Bernard lui-même. Il croit, avec ces maîtres, que le mystère de la vie ne réside pas dans la nature des forces qu'elle met en jeu, mais dans la direction qu'elle leur donne. Tous ces penseurs sont frappés de l'ordre, du sens

---

1. Reinke, *Die Welt als That*, Berlin, 1899.

imprimés aux phénomènes qui se déroulent dans l'être vivant, de leur enchaînement, de l'apparente adaptation qu'ils présentent à un but, de l'espèce d'impression qu'ils donnent d'un plan qui s'exécute. Et cette réflexion amène M. Reinke à s'appesantir sur l'idée de « force directrice ».

Les énergies physico-chimiques sont sans doute les seules qui se manifestent dans l'être organisé, mais elles y sont dirigées comme un aveugle l'est par un guide ; il semble qu'un *double* les accompagnerait à la façon d'une ombre. Ce guide intelligent de la force matérielle aveugle, c'est ce que M. Reinke appelle *une dominante*. Rien ne ressemble davantage aux blas ou aux archées de van Helmont. Les énergies matérielles seraient ainsi appariées à leurs blas, à leurs dominantes, dans les organismes vivants. Il y aurait donc chez ceux-ci deux catégories de forces : des « forces matérielles » ou, pour mieux dire, des énergies matérielles, obéissant aux lois de l'énergétique universelle ; et, en second lieu, des « forces spirituelles, » intelligentes, les dominantes. Quand le sculpteur travaille le marbre, il y a dans chaque coup qui fait sauter un éclat autre chose que la force vive du marteau ; il y a la pensée, la volonté de l'artiste qui réalise un plan. Dans une machine, il n'y a pas que des rouages ; il y a derrière eux la finalité que l'auteur y a mise en les agençant pour un but déterminé. Les énergies dépensées dans le fonctionnement sont réglées par l'agencement, c'est-à-dire par les dominantes issues de l'intelligence du constructeur.

Ainsi en est-il dans la machine vivante ; les dominantes, dans ce cas, ce sont les gardiens du plan, les agents de la finalité. Il y en a pour régler le fonctionnement du corps vivant ; il y en a pour régler son développement et sa construction. — Telle est la seconde forme, la forme philosophique, finaliste et outrée du néo-vitalisme contemporain.

CHAPITRE IV

DOCTRINE UNICISTE.

Doctrine physico-chimique de la vie. — Iatro-mécanicisme : Descartes, Borelli. — Iatro-chimisme : Sylvius Le Boë. — Doctrine physico-chimique de la vie. Matière et énergie. — L'hétérogénéité n'est que le fruit de l'arrangement ou de la combinaison d'objets homogènes. — Réserve relative au monde de la pensée. — Théorie cinétique.

La doctrine uniciste ou moniste offre une troisième manière de concevoir le fonctionnement de l'être vivant, en nivelant et confondant ses trois formes d'activité, spirituelle, vitale et matérielle. Elle a eu son expression au XVIIe et au XVIIIe siècle dans l' « iatro-mécanicisme » et dans l' « iatro-chimisme », conceptions auxquelles ont succédé plus récemment, la doctrine physico-chimique de la vie, et enfin le « matérialisme contemporain ».

Le matérialisme n'est pas seulement une interprétation biologique, c'est une interprétation universelle qui s'applique à toute la nature, parce qu'elle repose sur une conception déterminée de la matière. On se retrouve ici en face de l'éternelle énigme qui s'est posée à la curiosité des philosophes relativement à ce problème fondamental de la force et de la matière. On sait quelle solution lui donnèrent les philosophes d'Ionie, Thalès, Héraclite, Anaxagore et Démocrite, qui écartèrent toute puissance spirituelle, étrangère à la matière, du gouvernement de celle-ci. L'explication du monde, l'explication de la vie, étaient réduites au jeu des forces physiques ou mécaniques. Epicure, un peu plus tard, soutenait que la connaissance de la matière et de ses diverses formes rend compte de tous les phénomènes et, par conséquent, de ceux de la vie.

Descartes, en séparant nettement le monde métaphysique, — c'est-à-dire l'âme définie par son attribut, la pensée, — du monde physique ou matériel caractérisé par l'étendue, aboutissait pratiquement au même résultat que les matérialistes de l'antiquité. Le corps vivant était pour lui une pure mécanique, comme il l'était pour eux.

Iatro-mécanicisme : Descartes, Borelli. — C'est en cela que consiste la doctrine des iatro-mécaniciens dont on peut regarder Descartes comme le fondateur, à défaut des philosophes grecs. Ces idées jetèrent assez d'éclat pendant deux siècles, et se montrèrent assez fécondes avec Borelli, Pitcairn, Hales, Bernouilli et Boerhaave pour justifier le mot de Bacon que « la philosophie d'Epicure avait fait moins de tort à la science que celle de Platon ». L'école iatro-mécanicienne dura, d'une existence tenace, jusqu'à Bichat.

Iatro-chimisme : Sylvius Le Boë. — C'est par une réaction contre ses exagérations que Stahl créa l'animisme, et l'école de Montpellier le vitalisme. On peut se faire une idée du caractère outré de ses explications par la lecture de Boerhaave ; pour ce célèbre médecin, les muscles étaient des ressorts, le cœur était une pompe, le rein était un crible, la sécrétion des sucs glandulaires se produisait par le mécanisme du pressoir ; la chaleur du corps résultait du frottement des globules du sang contre les parois des vaisseaux ; elle était plus grande dans le poumon parce que les vaisseaux de cet organe étaient supposés plus étroits que les autres. — L'insuffisance de ces explications amena à l'idée de les compléter par le secours de la chimie naissante. Celle-ci, toute rudimentaire qu'elle fût, voulut sa part dans le gouvernement des corps vivants et dans l'explication de leurs phénomènes ; et l'on vit les distillations, les fermentations et les effervescences jouer leur rôle, rôle excessif et prématuré. L'iatro-chimisme n'est, d'un point de vue général, qu'un aspect de l'iatro-mécanicisme : c'en est aussi un auxiliaire. Sylvius Le Boë et Willis en furent les représentants les plus éminents. Cette doctrine devait rester effacée jusqu'au temps des grands progrès de la chimie, c'est-à-dire, jusqu'à Lavoisier. Elle a pris, depuis lors, une importance grandissante, particulièrement à l'époque contemporaine. La tendance générale est aujourd'hui de regarder le fonctionnement organique, ou même la morphogénie, c'est-à-dire ce qu'il y a de plus particulier et de plus caractéristique chez les êtres vivants, comme une conséquence de la composition chimique de leur substance. C'est un point capital. Nous aurons à y revenir.

Doctrine physico-chimique de la vie. — Les écoles biologiques contemporaines ont fait beaucoup d'efforts pour se dégager de toute compromission philosophique : elles ont écarté, le plus souvent, le problème psychologique ; elles se sont interdit de pénétrer dans le monde de l'âme. Par là, la *doctrine physico-chimique* de la vie s'est constituée, à l'abri des difficultés et des objections spiritualistes. Mais cette prudence n'exclut pas la tendance. Il est hors de doute, comme le dit Armand Gautier, que « la vraie science ne saurait rien affirmer, mais aussi rien nier, au delà des faits observables, » et que « c'est une science à rebours que celle qui ose assurer que seule la matière existe et que seules ses lois gouvernent le monde. » Il n'en est pas moins vrai qu'en établissant la continuité entre la matière brute et la matière vivante, on rend vraisemblable, aussi, la continuité entre le monde de la vie et le monde de la pensée.

Matière et énergie. — D'ailleurs, et sans vouloir entrer dans le vif de cette controverse, il n'est que trop évident que l'on ne s'entend pas sur les termes que l'on emploie, et particulièrement sur celui de « matière » et de « lois de la matière ». Il n'est pas nécessaire de répéter que le moule géométrique où Descartes avait enfermé la philosophie est brisé depuis longtemps. Le célèbre philosophe, en définissant la matière par le seul attribut de l'étendue, ne nous permet pas d'en comprendre l'activité, révélée par tous les faits naturels ; et en définissant l'âme par la seule pensée, il nous ôte la ressource d'y chercher le principe de cette activité matérielle. Cette matière purement passive et qui ne consiste que dans l'étendue, cette *matière nue* était un pur concept pour Leibniz. Un philosophe de notre temps, M. Magy, a dit qu'elle était une illusion sensorielle. Les corps de la nature nous offrent une *matière revêtue* d'énergie, formée par l'union indissoluble de l'étendue avec un principe dynamique inséparable. Les stoïciens déclaraient que la matière est mobile et non pas mue, active et non pas inerte. C'est aussi la pensée de Leibniz qui lui associait indissolublement un principe actif, une « entéléchie ». D'autres ont dit que la matière est un « assemblage de forces » ; ou, avec le P. Boscowich, « un système de points indivisibles et inétendus, » véritables centres de forces. L'espace serait le lieu géométrique de ces points.

Dans cette conception, l'école matérialiste trouve l'explication de toute phénoménalité. Propriétés physiques, phénomènes vitaux, faits psychiques, ont leur fondement dans cette activité immanente. L'activité matérielle est un minimum d'âme ou de pensée qui, par une gradation continue et une complication progressive, sans solution de continuité, sans saut brusque de l'homogène à l'hétérogène, s'élève à travers la série des êtres vivants jusqu'à la dignité de l'âme humaine. — L'observation des transitions, décalque imparfait de la méthode géométrique des limites, permet ainsi de passer de l'activité matérielle à l'activité vitale, et de là à l'activité psychique.

L'hétérogénéité apparente est le fait de l'arrangement ou de la combinaison d'objets homogènes. — Dans ce système, l'énergie matérielle, la vie, l'âme, ne seraient que des combinaisons de plus en plus complexes de l'activité consubstantielle aux atomes matériels. La vie paraît distincte de la force physique et la pensée de la vie, parce que l'analyse n'en est pas assez avancée. Ainsi, le verre paraissait distinct aux anciens Chaldéens du sable et du sel avec lequel ils le formaient. De même, encore, l'eau se distingue aux yeux des modernes de l'oxygène et de l'hydrogène qui la constituent. — Toute la difficulté est de comprendre ce que « l'arrangement » des éléments peut introduire de nouveau dans l'aspect du composé. Il faut savoir ce que la variété des combinaisons qui ne sont que des arrangements spéciaux des parties élémentaires, — peut engendrer de nouveauté et d'hétérogénéité apparentes dans les phénomènes. Mais on l'ignore. C'est cette ignorance qui conduit à les considérer comme hétérogènes, irréductibles et distincts en principe. Le phénomène vital, complexus de faits physico-chimiques, nous apparaît ainsi comme d'une essence différente de ceux-ci ; et c'est la raison pour laquelle nous imaginons des « dominantes » et des « forces directrices » plus ou moins analogues à ce principe recteur sidéral de Képler, qui, avant la découverte de l'attraction universelle, réglait l'harmonie des mouvements des planètes.

Réserve relative à l'ordre psychique. — L'esprit scientifique a éprouvé, à toute époque, une vive prédilection pour la doctrine mécaniciste, ou matérialiste. Les savants contemporains en majorité, l'ont adoptée, en tant qu'elle confond l'ordre vital avec l'ordre physique. Les résistances et la contradiction ne se manifestent qu'à propos de l'ordre psychique. M. A. Gautier, par exemple, a combattu avec infiniment d'originalité et de vigueur la prétention des matérialistes qui veulent réduire le phénomène de la pensée à un phénomène matériel. Le caractère le plus général de la phénoménalité matérielle, c'est — comme nous le verrons plus loin — de pouvoir être considérée comme une mutation d'énergie; c'est d'obéir aux lois de l'énergétique. Or, la pensée, dit Armand Gautier, n'est pas une forme de l'énergie matérielle. Sentir, comparer, vouloir, ne sont pas des actes de la phénoménalité matérielle : ce sont des états. Ce sont des réalités, sans masse ni existence physique; elles répondent à des ajustements, à des ordonnancements, à des groupements concertés de manifestations matérielles des molécules chimiques. — Elles échappent aux lois de l'énergétique.

Théorie cinétique. — Nous laisserons de côté, pour le moment, ce grave problème relatif aux limites du monde de la pensée consciente et du monde de la vie.

C'est de l'autre côté, aux frontières de la nature vivante et de la nature inanimée que le mécanicisme triomphe.

Il a fourni une conception universelle qui convient aux phénomènes de toute espèce ; c'est la théorie cinétique qui ne voit partout que des mouvements de particules, molécules ou atomes.

L'ordre vivant et l'ordre physique sont ici ramenés à un ordre unique, parce que tous les phénomènes de l'univers sensible sont eux-mêmes réduits à un mécanisme identique et représentés au moyen de l'atome et du mouvement. Cette conception du monde que les philosophes de l'école d'Ionie avaient imaginée dès la plus haute antiquité, que Descartes et Liebniz modifièrent plus tard, a passé dans la science moderne sous le nom de théorie cinétique. — La mécanique des atomes, pondérables ou impondérables, contiendrait l'explication de toute phénoménalité. Qu'il s'agisse de propriétés physiques ou de manifestations vitales, le monde objectif ne nous offrirait, en dernière analyse, que des mouvements ; tout phénomène s'exprimerait par une intégrale atomistique ; et, c'est là la raison intime de cette unité majestueuse qui règne dans la physique moderne. — Les forces qui sont mises en jeu par la Vie ne se distinguent plus, à ce degré ultime de l'analyse, des autres forces naturelles ; tout se confond dans la mécanique moléculaire.

La valeur philosophique de cette doctrine est incontestable. Elle a exercé sur les sciences physiques un empire qui se justifie par les découvertes qu'elle y a provoquées. Mais, pour la biologie, au contraire, elle n'a été d'aucun secours. Précisément parce qu'elle descend trop profondément au fond des choses et qu'elle les analyse à outrance, elle cesse de les éclairer. Il y a trop loin de l'atome hypothétique au fait apparent et concret, pour que celui-ci puisse rendre compte de celui-là : le phénomène vital s'évanouit avec sa physionomie propre ; on n'en saisit plus les traits.

D'ailleurs, toute une école de physiciens contemporains (Ostwald de Leipsig, Mach de Vienne, etc.) commence à mettre en doute l'utilité de l'hypothèse cinétique pour l'avenir de la physique elle-même, et tend à lui substituer la doctrine énergétique. — Nous verrons, en tous cas, que cette autre conception, aussi universelle que la théorie cinétique, la *Doctrine de l'énergie*, fait pénétrer une vive clarté jusqu'au fond des problèmes les plus difficiles de la physiologie.

Telles sont, avec leurs transformations successives, les trois doctrines principales, les trois grands courants, entre lesquels a été ballottée la biologie. Ils sont suffisamment signalétiques de l'état de la science positive à chaque époque. Mais on est étonné qu'ils ne le soient pas davantage. C'est qu'en effet ces conceptions sont trop générales ; elles planent de trop haut sur la réalité. Plus caractéristiques à cet égard seront les théories particulières sur les manifestations principales de la matière vivante, sur sa perpétuité par la génération, sur le développement par lequel elle acquiert sa forme individuelle, sur l'hérédité. C'est là qu'il importe de saisir la marche progressive de la science, c'est-à-dire, le dessin et le plan de l'édifice qui « s'exécute pour ainsi dire aveuglément, » par les efforts d'une armée de travailleurs, de jour en jour plus nombreuse.

CHAPITRE V

ÉMANCIPATION DE LA RECHERCHE SCIENTIFIQUE DU JOUG DES DOCTRINES PHILOSOPHIQUES

Intervention abusive des agents hypothétiques dans les explications physiologiques. — § 1. Phénomènes vitaux dans les organismes tout constitués. Exclusion provisoire de la notion morphogénique. — Domaine de la notion morphogénique devenu le réduit de la force vitale. — § 2. Domaine physiologique proprement dit : Concert et enchaînement des phénomènes ; force de direction. — Œuvre de Claude Bernard ; exclusion de la force vitale, de la cause finale, du caprice de la nature vivante. — Déterminisme. — Méthode comparative. — Généralité des phénomènes vitaux. — Opinion de Pasteur.

Les doctrines dont nous venons de faire l'histoire à grands traits, ont longtemps dominé la science et exercé leur action sur ses progrès.

Cette domination a fini d'exister. La Physiologie s'est émancipée de leur tutelle. Et c'est là, peut-être la plus importante des révolutions que l'on puisse mentionner dans l'Histoire de la Biologie. — L'animisme, le vitalisme, le matérialisme, ont cessé d'exercer leur tyrannie sur la recherche scientifique.

Ces conceptions ont passé du laboratoire au cabinet de méditation ; de physiologiques, elles sont devenues philosophiques.

Ce résultat est l'œuvre des physiologistes d'il y a soixante ans. Il est aussi la conséquence de la marche générale de la science et du progrès de l'esprit scientifique qui montre une tendance de plus en plus marquée à séparer complètement le domaine des faits de celui des hypothèses.

Intervention abusive des agents hypothétiques dans les explications physiologiques. — On peut dire que, dans les commencements du XIXe siècle, malgré les efforts d'un petit nombre d'expérimentateurs véritables, échelonnés depuis Harvey jusqu'à Spallanzani, Hales, Laplace, Lavoisier et Magendie, la science des phénomènes de la vie n'avait pas suivi le progrès des autres sciences de la nature. Elle était restée embrumée de scolastique. Les hypothèses s'y mêlaient aux faits et les agents imaginaires à l'exécution des actes réels, dans une confusion inexprimable. L'âme (*animisme*), la force vitale (*vitalisme*) et la cause finale (*finalisme, téléologie*) servaient d'explication à tout.

A la vérité, c'était aussi le temps où dans les sciences de la nature inanimée, les agents physiques, les fluides électriques et magnétiques, ou encore l'affinité chimique jouaient un rôle analogue. Mais, il y avait tout au moins cette différence à l'avantage des physiciens et des chimistes, que lorsqu'ils avaient attribué quelque propriété ou aptitude nouvelle à leurs agents hypothétiques, ils respectaient cette attribution. Les médecins physiologistes, eux, ne respectaient aucune règle, ils n'avaient aucun frein. Leur force vitale était capricieuse ; elle était douée d'une spontanéité qui déroutait les prévisions. Elle agissait arbitrairement dans le corps à l'état sain ; elle agissait plus arbitrairement encore dans le corps malade ; et, il fallait toute la subtilité du génie médical pour deviner l'allure fantasque du génie morbide. Si nous ne parlons ici que des physiologistes et des médecins, sans citer les naturalistes, c'est que ceux-ci n'entraient pas encore en ligne de compte ; leur science était restée purement descriptive, elle ne se préoccupait point de l'explication des phénomènes.

Tel était l'état des choses pendant les premières années du XIXe siècle. Il a duré jusqu'au moment où, grâce aux fondateurs de la physiologie contemporaine, Claude Bernard en France et Brücke, Dubois-Reymond, Helmholtz, Ludwig en Allemagne, il se fit une séparation entre la recherche biologique et les doctrines philosophiques. Cette délimitation s'opéra dans la physiologie proprement dite, c'est-à-dire dans une branche du domaine biologique où l'état d'indivision avait subsisté jusqu'alors. Une importante révolution fixa les lots respectifs de la science expérimentale et de l'interprétation philosophique. Il fut entendu que l'une finit où l'autre commence, qu'elles se font suite, qu'elles ne doivent pas se mêler. Il y a seulement entre elles une région équivoque qu'elles se disputent. Cette frontière incertaine se déplace constamment, et la science gagne chaque jour ce que perd la philosophie.

§ 1. — Phénomènes vitaux dans les organismes constitués.

C'est un déplacement de ce genre qui a été régularisé, au temps dont nous parlons. Il fut admis qu'en ce qui concerne les phénomènes qui s'accomplissent dans un *organisme vivant construit et constitué*, il ne serait plus permis de faire intervenir, dans leur explication, d'autres forces ou d'autres énergies que celles qui sont en jeu dans la nature inanimée. De même que, s'il s'agit d'expliquer le fonctionnement d'une horloge, le physicien n'invoquera point la volonté ou l'art du constructeur, ni le dessein qu'il avait en vue, mais seulement les enchaînements de causes et d'effets qu'il a utilisés; de même, pour la machine vivante, la plus compliquée, comme le corps humain, ou la plus élémentaire, comme la cellule, il ne sera pas permis d'invoquer une cause finale, une force vitale, étrangère à cet organisme et agissant sur lui du dehors, mais seulement des enchaînements et des ressauts d'effets qui sont les seules causes actuelles et efficientes. En d'autres termes, Ludwig et Claude Bernard surtout chassèrent du domaine de la phénoménalité active ces trois chimères : *la Force vitale, la Cause finale, le Caprice de la nature vivante.*

Mais l'être vivant n'est pas seulement un organisme *tout construit et tout constitué.* Ce n'est pas une horloge toute faite. C'est une horloge qui se fait elle-même ; c'est un mécanisme qui se construit et se perpétue. Rien de pareil ne se montre à nous dans la nature inanimée. La physiologie a trouvé là — dans ce que l'on appelle la *morphogénie* — sa limite provisoire. Et c'est au delà de cette limite, c'est dans l'étude des phénomènes par lesquels l'organisme se construit et se perpétue, c'est sur le terrain des fonctions de la génération et du développement, que les doctrines philosophiques s'étalent et fleurissent. Voilà où est la frontière actuelle de ces deux puissances, la philosophie et la science. Nous la délimiterons d'une manière plus précise, dans un moment. Un savant bien connu, dont l'Allemagne n'est pas seule à déplorer la mort récente, W. Kühne, s'était amusé à étudier la répartition des doctrines biologiques dans le personnel des sociétés savantes et dans le monde des Académies. Il résumait cette sorte d'enquête statistique en disant, en 1898, au Congrès de Cambridge, que les physiologistes étaient à peu près tous partisans de la doctrine physico-chimique de la vie et les naturalistes, en majorité, partisans de la force vitale et de la doctrine des causes finales.

Domaine de la notion morphogénique devenu le der-

nier réduit de la force vitale. — On en voit la raison. La physiologie s'est en effet cantonnée dans l'explication du fonctionnement de l'organisme constitué, c'est-à-dire sur un terrain où n'interviennent, comme nous le montrerons plus loin, ni d'autres énergies ni une autre matière que les énergies et la matière universelles. Les naturalistes, en revanche, ont considéré plus spécialement — et d'ailleurs au seul point de vue descriptif, au moins jusqu'à Lamark et Darwin, — les fonctions de l'espèce, la génération, le développement et l'évolution. Or, ce sont là les fonctions les plus réfractaires, les plus inaccessibles aux explications physico-chimiques. Aussi, quand il a fallu rendre compte de leur accomplissement, les zoologistes n'ont-ils pas trouvé autre chose, en fait d'agents exécutifs, que la force vitale, sous ses différents noms. Pour Aristote c'est la force vitale elle-même qui, dès qu'elle s'introduit dans le corps de l'enfant, en pétrit la chair et la façonne à la forme humaine. Des naturalistes contemporains, comme les américains C. O. Whitman et C. Philips, ne raisonnent pas autrement. D'autres, comme Blumenbach et Needham au XVIIIe siècle, invoquaient la même divinité sous un autre nom, celui de *nisus formativus*. D'autres enfin se payent de mots : ils parlent d'hérédité, d'adaptation, d'atavisme comme si c'étaient des êtres réels, actifs et efficients : tandis que ce ne sont que des appellations, des noms qui s'appliquent à des collections de faits.

Ce terrain était donc éminemment favorable à la pullulation des hypothèses. Aussi y abonderont-elles : théories de Buffon, de Lamark, de Darwin, de H. Spencer, de E. Hæckel, de His, de Weissmann, de De Vries, de W. Roux. Chaque naturaliste de marque eut la sienne. On ne finirait point de les citer. Mais voici que, déjà, ce domaine de la spéculation théorique est entamé de divers côtés par l'expérimentation. C'est un physiologiste pur, J. Loeb, qui a récemment orienté les recherches dans une direction où la zoologie pense trouver l'explication du rôle mystérieux de l'élément mâle dans la fécondation. D'autre part, la première expérience de division artificielle de la cellule vivante (*mérotomie*), avec les conséquences qu'elle entraîne relativement au rôle du noyau dans la conservation de la forme vivante et dans sa régénération, est également l'œuvre d'un physiologiste expérimentateur. Elle remonte à 1852. Elle est due à Augustus Waller et a été pratiquée sur la cellule nerveuse sensitive des ganglions spinaux et sur la cellule motrice des cornes antérieures de la moelle. Les effets en ont pu être correctement interprétés douze ou quinze ans plus tard. Les zoologistes n'ont fait que répéter, peut-être sans le savoir, cette expérience célèbre, et en confirmer le résultat.

On voit par ce qui précède que l'attaque du réduit vitaliste est commencée. Mais ce serait s'abuser beaucoup que de croire la cause finale et la force vitale près d'être délogées. La spéculation philosophique a du champ devant elle. Sa frontière peut reculer. Il y aura longtemps encore place pour un vitalisme plus ou moins modernisé.

§ 2. — Domaine physiologique proprement dit.

Le vitalisme trouve même à s'installer sur le terrain propre de la physiologie, quoique cette science borne, pour le moment, son ambition à considérer l'être organisé entièrement construit, achevé dans sa forme. L'explication du fonctionnement de cette machine constituée ne peut être complète si l'on ne tient compte du concert et de l'ajustement de ses parties.

Concert et enchaînement des parties : forces de direction. — Ces parties constituantes ce sont les cellules. On sait que le progrès des études anatomiques a abouti à la doctrine cellulaire, c'est-à-dire à la double affirmation que l'organisme le plus compliqué est composé d'éléments microscopiques tous semblables, les cellules, véritables pierres de l'édifice vivant, et qu'il tire son origine d'une unique cellule, œuf ou spore, cellule sexuelle ou cellule de germination. Les phénomènes de la vie, envisagés chez l'individu formé, sont donc concertés dans l'espace ; de même que, envisagés dans l'individu en formation et dans l'espèce, ils sont enchaînés dans le temps. Ce concert et cet enchaînement sont, aux yeux de la plupart des savants, les traits les plus caractéristiques de l'être vivant. C'est là le domaine propre de la *spécificité vitale*, des *forces de direction* de Cl. Bernard et d'A. Gautier, des *dominantes* de Reinke. Il n'est pas certain, toutefois, que cet ordre de faits soit plus spécifique que l'autre. La génération et le développement ont été considérés par beaucoup de physiologistes, et en dernier lieu par F. Le Dantec, comme de simples aspects ou des modalités de la nutrition ou de l'assimilation, propriété commune et fondamentale de toute cellule vivante.

Œuvre de Cl. Bernard : Exclusion de la force vitale, de la cause finale, du caprice de la nature vivante. — Ce n'est cependant pas un mince progrès ni un avantage méprisable d'avoir éliminé les hypothèses vitalistes de presque tout le domaine de la physiologie actuelle, et de les avoir, en quelque sorte, refoulées dans son hinterland. C'est l'œuvre des savants de la première moitié du XIXᵉ siècle et particulièrement de Claude Bernard qui a mérité, par là, les noms de fondateur ou de législateur de la physiologie. Ils ont rencontré, dans le vieil esprit médical, un adversaire obstiné, glorieux de ses stériles traditions. Vainement faisait-on observer que la force vitale ne pouvait être une cause efficiente ; qu'elle était un être de raison, un fantôme sans substance, qui s'introduit dans la marionnette anatomique et en fait mouvoir les fils, au gré de quiconque l'invoque, — ses adeptes n'ayant qu'à lui conférer une nouvelle sorte d'activité pour rendre compte d'un acte nouveau. Tout cela avait été dit, avec la plus grande netteté, par Bonnet (de Genève) et par beaucoup d'autres. On avait dit aussi que l'explication téléologique n'est pas moins vaine, puisqu'elle assigne au présent, qui existe, une cause inaccessible et évidemment inefficiente dans l'ultérieur, qui n'existe pas encore. Ces objections restaient impuissantes.

Déterminisme. — Aussi n'est-ce point par des arguments de théorie que le célèbre physiologiste est venu à bout de ses adversaires ; c'est par une sorte de leçon de choses. Il n'a cessé de montrer, en fait, et par exemples, que le Vitalisme et la Doctrine des causes finales étaient des erreurs paresseuses qui détournaient de l'investigation expérimentale ; qu'elles avaient empêché les progrès de la recherche et la découverte de la vérité, dans tous les cas et sur tous les points où on les avait invoquées. Il a posé le principe du *Déterminisme biologique* qui n'est pas autre chose que la négation du caprice de la nature vivante. Ce postulat, tellement évident qu'il n'a pas eu besoin d'être énoncé dans les sciences physiques, avait besoin d'être proclamé, en face des adeptes de la spontanéité vitale. C'est l'affirmation que dans des circonstances déterminées, matériellement identiques, le même phénomène vital se reproduira identique.

Méthode comparative. — Claude Bernard a complété cette œuvre critique en établissant les règles de l'expérimentation chez les êtres vivants ; il a préconisé, comme méthode rationnelle de recherche, la *méthode comparative.* Celle-ci doit être et elle est, en effet, l'outil quotidien de tous ceux qui travaillent en physiologie. Elle oblige à instituer, dans toute recherche portant sur les êtres organisés, une série d'épreuves telles que toutes les conditions inconnues et impossibles à connaître puissent être regardées comme identiques d'une épreuve à l'autre ; tandis qu'une seule condition est sûrement variable, à savoir celle précisément dont on dispose et dont on veut connaître, apprécier et mesurer l'influence. Il est permis d'affirmer que les erreurs qui se commettent chaque jour dans les travaux biologiques ont leur cause dans quelque infraction à cette règle tutélaire. Dans les sciences physiques, l'obligation de la méthode comparative est bien moindre. Le plus souvent *l'épreuve témoin* est inutile (1). En physiologie l'épreuve témoin est indispensable.

Généralité des phénomènes vitaux. — Si nous ajoutons que Claude Bernard a opposé à l'opinion étroite, chère à l'ancienne médecine, qui arrêtait à l'homme la considération de la vitalité, la notion contraire, de la généralité essentielle des phénomènes de la vie, de l'homme à l'animal, et de l'animal à la

(1) Dans une étude sur la méthode expérimentale publiée récemment dans le *Dictionnaire de Physiologie*, M. Ch. Richet écrit ces lignes : « Il faut donc, toujours, sans se lasser, faire des expériences comparatives. Je ne crains pas de dire que cette comparaison est la base de la méthode expérimentale. » C'était, en effet, ce que Claude Bernard enseignait par maximes et par exemples.

Il n'y a pas d'exagération sensible à prétendre que les neuf dixièmes des erreurs qui se commettent dans les travaux de recherches que chaque jour voit éclore, sont imputables à quelque infraction à cette méthode. Lorsqu'un auteur s'est trompé, sauf le cas d'erreur matérielle, c'est presque à coup sûr, parce qu'il a négligé d'exécuter l'une des épreuves comparatives que comportait la question.

En voici un exemple d'hier, qui vient de se produire au moment où ces pages sont sous presse : Un chimiste a annoncé depuis plu-

plante, nous aurons donné, en un raccourci extrême, une idée de cette sorte de révolution qui s'est accomplie aux environs de l'année 1864, date de l'apparition du livre célèbre, l'*Introduction à la médecine expérimentale.*

Il semble que les idées que nous venons de rappeler soient d'une évidence qui n'a d'égale que leur simplicité. Ces principes paraissent si bien acquis qu'ils font, en quelque sorte, partie intégrante de la mentalité contemporaine. Quel homme de science, aujourd'hui, oserait délibérément expliquer quelque fait biologique par l'intervention de la force vitale ou de la cause finale, évidemment non efficientes? Lequel, pour rendre compte de l'inconstance apparente d'un résultat, mettrait en avant le caprice de la nature vivante? Lequel, encore, contesterait franchement l'utilité de la méthode comparative?

Ce que les physiologistes d'aujourd'hui, après Claude Bernard, ne feraient plus, ceux d'hier, avant lui, le faisaient, et non les moindres. Longet, par exemple, en pleine Académie, à propos de la sensibilité récurrente, et Colin (d'Alfort) en communiquant ses résultats statistiques sur la température des deux cœurs, acceptaient, d'une façon plus ou moins explicite, l'in-

---

sieurs années l'existence dans le sérum sanguin d'un ferment, la lipase, capable de saponifier les graisses, c'est-à-dire d'en extraire l'acide gras. Il déduit de là beaucoup de conséquences relativement au mécanisme des fermentations. Voici d'autre part, qu'on démontre récemment (avril 1902), que cette lipase du sérum n'existe pas. D'où vient l'erreur? L'auteur en question avait mélangé du sérum normalement obtenu, à de l'huile et il avait vu que ce mélange s'acidifiait : il s'en était assuré par l'addition de carbonate de soude, il voyait diminuer l'alcalinité du mélange sérum + huile + carbonate de soude, et concluait que l'acide venait de l'huile saponifiée. Il n'avait pas fait l'épreuve comparative, sérum + carbonate de soude; s'il l'eût faite, il aurait constaté qu'elle réussit également, et que, par conséquent, l'acide ne venant pas de la saponification de l'huile puisqu'il n'y en a pas, sa production ne saurait prouver l'existence d'une lipase.

détermination des faits vitaux. Et, que parlons-nous de nos prédécesseurs ? Les naturalistes d'aujourd'hui n'agissent pas autrement. Voici que, de nouveau, nous voyons reparaître, dans des explications qui se prétendent scientifiques, le fantôme de la cause finale. On rend compte de tel fait par la nécessité pour l'organisme de se défendre ; de tel autre, par l'obligation où est l'animal à sang chaud de maintenir sa température constante ; on voit des zoologistes expliquer la fécondation, ainsi que le leur reprochait récemment M. Le Dantec, par l'avantage que l'animal retire d'une double lignée ancestrale. Aussi bien pourrait-on dire, comme le fait observer L. Errera, que les inondations du Nil se produisent afin d'apporter la fertilité à l'Égypte.

Il ne faut donc point déprécier le merveilleux travail qui a émancipé la physiologie moderne de la tutelle des vieilles doctrines. Les témoins, qui ont vu s'accomplir cette Révolution en ont apprécié l'importance : et, voici ce que disait l'un d'eux, à l'apparition de cet ouvrage, l'*Introduction à la médecine expérimentale*, qui ne contenait pourtant qu'une partie de la doctrine :

« On n'a rien écrit, disait-il, de plus lumineux, de plus complet, de plus profond, sur les vrais principes de l'art si difficile de l'expérimentation. Ce livre est à peine connu parce qu'il est à une hauteur où peu de personnes peuvent atteindre aujourd'hui. L'influence qu'il exercera sur les sciences médicales, sur leur progrès, sur leur langage même, sera immense. On ne saurait la préciser dès à présent ; mais la lecture de ce livre laissera une impression si forte que l'on ne peut s'empêcher de penser qu'un esprit nouveau va bientôt animer ces belles études. » Voilà comment s'exprimait Pasteur en 1866. Voilà ce qu'il pensait de l'œuvre de son ainé et de son émule, au moment où il allait lui-même imprimer à ces « belles études » un mouvement de rénovation dont l'importance et les conséquences sont sans équivalent dans l'histoire de la science. Par leurs découvertes et leur enseignement, par leurs exemples et leurs principes, Claude Bernard et Pasteur ont donc réussi à soustraire une partie du domaine des faits vitaux à l'intervention directe des agents hypothétiques, des causes premières. Ils ont dû laisser toutefois à la spéculation philosophique, aux Forces directrices, à l'Animisme, au Vitalisme, un champ provisoire immense, celui qui correspond aux fonctions de génération, de développement, à la vie de l'espèce et à ses variations. C'est là qu'on les retrouve sous des déguisements divers.

LIVRE II

LA DOCTRINE DE L'ÉNERGIE ET LE MONDE VIVANT

Sommaire. — Idées générales sur la vie. Vie élémentaire. — Chapitre I : L'énergie en général. — Chapitre II : L'énergie en biologie. — Chapitre III : L'énergétique alimentaire.

IDÉES GÉNÉRALES SUR LA VIE. — VIE ÉLÉMENTAIRE.

La vie est l'ensemble des phénomènes communs à tous les êtres vivants. — *Vie élémentaire.* — Les êtres vivants diffèrent plus par leurs formes et leurs figures que par leur manière d'être ; leur anatomie les distingue plus que leur physiologie.

Il y a, en effet, des phénomènes communs à tous, du plus élevé au plus humble. Et c'est même parce qu'il y a ce fond semblable ou identique, ce *quid commune*, qu'il est permis de leur appliquer la désignation commune « d'êtres vivants ». Claude Bernard donnait à cet ensemble de manifestations appartenant à tous (nutrition, reproduction) le nom de *vie élémentaire*. La *physiologie générale* était pour lui l'étude de la vie élémentaire ; les deux expressions s'équivalaient entre elles et elles équivalaient à une formule plus longue et que l'illustre biologiste a donnée pour titre à l'un de ses ouvrages les plus célèbres : *étude des phénomènes communs à tous les êtres vivants, animaux et plantes.* — Selon cette manière de voir, chaque être se distingue d'un autre comme *individu* déterminé — et comme *espèce* particulière; mais tous ont une façon d'être pareille par laquelle ils se ressemblent : vie commune, vie élémentaire, phénomènes essentiels de la vie; c'est la *vie même* (1).

Les manifestations de la vie peuvent donc être envisagées dans ce qu'elles ont de très général. A mesure que l'on descend l'échelle de l'organisation anatomique, que l'on passe des *appareils* (appareils circulatoire, digestif, respiratoire, nerveux) aux *organes* qui les composent, des organes aux *tissus*, et des tissus enfin aux *éléments anatomiques* ou *cellules* dont ils sont formés, on se rapproche de ce dynamisme physiologique commun qui est la *vie élémentaire*, mais on ne l'atteint pas. La cellule, l'élément anatomique est encore un édifice compliqué. Le fait élémentaire est plus loin et plus bas : il est dans la matière vivante, dans la molécule de cette matière. C'est là qu'il faut l'aller chercher.

Galien, dans l'antiquité, donnait comme objet aux recherches sur la vie, de connaître l'usage des divers organes de la machine animale : « *de usu partium* ». — Plus tard, Bichat leur assignait comme but la détermination des *propriétés des tissus*. — Les anatomistes et les zoologistes modernes veulent atteindre l'élément constituant de ces tissus : la cellule. Leur rêve est de constituer une *physiologie cellulaire*, une *cytologie physiologique*. Il faut aller plus loin.

1. M. Le Dantec s'est élevé contre cette conception de phénomènes communs aux divers êtres vivants. Il insiste sur ce que tous les phénomènes qui s'accomplissent dans un être vivant déterminé lui sont propres, et diffèrent, par quelque nuance, de ceux d'un autre individu. L'objection est plus spécieuse que réelle.

Physiologie générale, physiologie cellulaire, énergétique des êtres vivants. — La physiologie générale, comme l'ont dit Pflüger et son école, a la prétention de descendre plus profondément que l'appareil, que l'organe, ou même que la cellule ; comme la physique, elle veut aller et va réellement dans beaucoup de cas jusqu'à la molécule. Elle n'est pas cellulaire, elle est *moléculaire*.

Déjà, en effet, les efforts de la science moderne ont réussi à pénétrer, dans l'être vivant, les phénomènes les plus généraux, — ceux qui sont attribuables à la matière vivante, ou pour parler plus clairement, ceux qui résultent du jeu des lois universelles de la matière, s'exerçant dans ce milieu particulier qu'est l'être organisé.

C'est à Robert Mayer et à Helmholtz que revient l'honneur d'avoir engagé la physiologie dans cette voie. Ils ont fondé l'*énergétique des êtres vivants*, c'est-à-dire qu'ils ont envisagé les phénomènes de la vie au point de vue de l'*énergie*, qui est le facteur de tous les phénomènes de l'univers.

CHAPITRE I

L'ÉNERGIE EN GÉNÉRAL.

Origine de la notion d'énergie. Les phénomènes de la nature ne mettent en jeu que deux éléments : la matière et l'énergie. — § 1. La matière. — § 2. L'énergie. — § 3. L'énergie mécanique. — § 4. L'énergie thermique. — § 5. L'énergie chimique. — § 6. Les transformations de l'énergie. — § 7. Les principes de l'énergétique. Le principe de la conservation de l'énergie. — § 8. Le principe de Carnot. La dégradation de l'énergie.

Origine de la notion d'énergie. — Un mot nouveau, celui d'*énergie*, s'est introduit depuis quelques années dans les sciences de la nature et n'a cessé d'y occuper depuis lors une place toujours grandissante. Ce sont les physiciens et surtout les ingénieurs-électriciens anglais qui ont fait prévaloir dans la technologie cette expression qui appartient à notre langue, comme à la leur, et qui y a le même sens. L'idée qu'elle exprime a été, en effet, d'une utilité infinie dans les applications industrielles. C'est de cette façon qu'elle s'est répandue et généralisée. Mais ce n'est pas seulement une notion pratique ; c'est surtout une notion théorique qui est d'une importance capitale pour la doctrine pure. Elle est devenue le point de départ d'une science : l'*énergétique*, qui, née d'hier, prétend déjà embrasser, coordonner et fusionner en elle toutes les autres sciences de la nature physique et vivante, que seule l'imperfection de nos connaissances avait maintenues jusqu'ici distinctes et solitaires.

Au seuil de cette science nouvelle, nous trouvons inscrit le *principe de la conservation de l'énergie*, que quelques-uns ont présenté comme la loi suprême de la nature et dont il est permis de dire qu'il domine la philosophie naturelle. Sa découverte a marqué une ère nouvelle et accompli une révolution profonde dans notre conception de l'univers. Elle est l'œuvre d'un médecin, Robert Mayer, qui exerçait son art dans une petite ville du Wurtemberg. Il avait formulé le principe nouveau en 1842 et il en avait ensuite développé les conséquences dans une série de publications qui parurent entre 1845 et 1851. Elles restèrent à peu près inaperçues et ignorées jusqu'au jour où Helmholtz, dans son célèbre mémoire sur *la conservation de la force*, les mit en lumière et leur donna l'importance qui leur convenait. Depuis ce moment, le nom jusque-là obscur du modeste médecin de Heilbronn a pris place parmi les plus honorés que mentionne l'histoire des sciences (1).

Quant à l'*énergétique*, — dont la thermodynamique n'est qu'une section, — on est d'accord pour admettre que si elle ne peut absorber dès à présent

1. Cette gloire lui a été contestée. Un physicien écossais, P. G. Tait, a pris à tâche d'élucider l'histoire de la loi de la conservation de l'énergie, qui est l'histoire même de la notion d'énergie. — C'est une conception qui a mis du temps à pénétrer l'esprit humain; sa démonstration expérimentale est contemporaine.

P. Tait voit une expression à peu près complète de la loi de la conservation de l'énergie dans la troisième loi du mouvement de Newton, qui n'est autre chose que la « Loi de l'égalité d'action et de réaction » — ou plutôt dans la deuxième explication que Newton fournit de cette loi. De fait, c'est de là qu'Helmholtz l'a fait sortir en 1847. — Il a montré que la loi d'égalité de l'action et de la réaction, considérée comme loi de la nature, entraînait l'impossibilité du mouvement perpétuel; et l'impossibilité du mouvement perpétuel c'est, sous une autre forme, la conservation de l'énergie. Du Bois

la mécanique, l'astronomie, la physique, la chimie et la physiologie, et constituer cette science générale qui sera, dans l'avenir, la science unique de la nature, elle constitue un acheminement vers cet état idéal et comme un premier échelon dans cette ascension vers le progrès définitif.

Nous voudrions exposer ici ces idées nouvelles dans ce qu'elles ont d'universellement accessible ; nous voudrions, en second lieu, en montrer l'application à la physiologie, c'est-à-dire en marquer le rôle et l'influence dans les phénomènes de la vie.

Postulat : Les phénomènes de la nature ne mettent en jeu que deux éléments, la matière et l'énergie. — Si l'on veut se rendre compte des phénomènes de l'univers, on devra admettre, avec la généralité des physiciens, qu'ils mettent en jeu deux éléments, et deux éléments seulement, à savoir : la *matière* et l'*énergie*. Tout ce qui se manifeste se montre sous l'une ou l'autre de ces deux formes. C'est là, peut-on dire, le postulat de la science expérimentale.

De même que l'or, le plomb, l'oxygène, les métalloïdes et les métaux, sont des espèces différentes de matières ; de même, on a reconnu que le son, la lumière, la chaleur, et, d'une manière générale, les

---

Raymond, dans une séance de l'Académie des sciences de Berlin (23 mars 1878), a combattu avec violence la thèse de P. Tait. C'est à Leibniz que reviendrait l'honneur d'avoir conçu le premier, l'idée de l'énergie et de la conservation. Newton n'y aurait aucun droit, lui, qui faisait appel à l'intervention divine pour remettre en bonne voie le système planétaire, quand il sera dérangé par les perturbations accumulées. — D'autre part, Colding prétend avoir tiré sa connaissance de la loi de conservation, du principe de d'Alembert.

Quoi qu'il en soit des fondements théoriques de cette loi, il s'agit ici de sa démonstration expérimentale. Selon P. Tait, elle n'appartiendrait pas plus à R. Mayer qu'à Seguin. Les vrais auteurs modernes du principe de la conservation de l'énergie et qui en ont donné une démonstration expérimentale, sont Colding (de Copenhague) et Joule (de Manchester).

agents impondérables de l'ancienne physique sont des variétés diverses de l'énergie. La première de ces notions est plus ancienne et nous est plus familière, mais elle n'a pas une existence plus certaine. L'énergie est une réalité objective au même titre que la matière. Celle-ci, à la vérité, paraît plus tangible, plus saisissable aux sens. Mais, à y bien réfléchir, on s'assure que la meilleure preuve de leur existence, à l'une et à l'autre, est donnée par la loi de leur conservation, c'est-à-dire leur persistance à subsister.

L'existence objective de la matière et celle de l'énergie seront donc prises ici comme un postulat de la science physique. Les métaphysiciens peuvent les discuter. Nous n'avons que peu de place pour une telle discussion.

§ 1. — La matière.

A coup sûr, il est difficile de donner de la matière une définition qui satisfasse à la fois les physiciens et les métaphysiciens.

Explication mécanique de l'univers. La matière, c'est la masse. — Les physiciens ont une tendance à considérer tous les phénomènes de la nature sous le point de vue de la mécanique. Ils croient qu'il y a une explication mécanique de l'univers ; sans cesse, ils la cherchent, c'est-à-dire que d'une façon implicite ou explicite, ils s'efforcent de ramener chaque catégorie de faits physiques au type des faits de la mécanique ; ils ne veulent voir partout que le jeu des mouvements et des forces. L'astronomie est une mécanique céleste. L'acoustique est la mécanique des mouvements vibratoires de l'air ou des corps sonores. L'optique physique est devenue la mécanique des ondulations de l'éther, après avoir été celle de l'émission : mécanique admirable qui représente avec la plus exacte précision tous les phénomènes de la lumière et en fournit une image objective parfaite. La chaleur a été ramenée, à son tour, à un mode de mouvement, et la thermodynamique prétend n'en laisser échapper aucune manifestation. Déjà, en 1812, H. Davy écrivait : « La cause immédiate de la chaleur est un mouvement et les lois de la transmission sont exactement les mêmes que celles de la transmission du mouvement. » Depuis lors, cette conception s'est développée en une véritable science. La constitution des gaz a été conçue au moyen de deux éléments : des particules et des mouvements de ces particules, déterminés avec la plus stricte minutie. Et, enfin, — malgré les difficultés qu'offrait encore à cet égard, la représentation, des phénomènes électriques et magnétiques après Ampère et avant Maxwell et Hertz, — les physiciens ont pu proclamer dans la seconde moitié du XIXe siècle, l'unité des forces physiques réalisée dans et par la mécanique. Tous les phénomènes ont été, dès lors, conçus comme des mouvements ou des modes de mouvement, ne pouvant différer essentiellement les uns des autres qu'autant que peuvent différer des mouvements, c'est-à-dire par la masse des mobiles, leurs vitesses et leurs trajectoires. Le monde extérieur est apparu essentiellement homogène ; il est comme la proie de la mécanique. L'hétérogénéité est surtout en nous-mêmes ; elle est dans notre cerveau qui répond à l'influx nerveux qu'engendre la vibration longitudinale de l'air par la sensation spécifique du son, à la vibration transversale de l'éther par la sensation lumineuse, et, en général, à chaque forme de mouvements par une sensation spécifique irréductible.

Il y a une quarantaine d'années que le système de l'explication mécanique de l'univers a atteint sa forme arrêtée, définitive, qu'il est arrivé à son point de perfection. Il domine la physique sous le nom de *théorie* ou *doctrine cinétique*. Les esprits de notre temps en sont si fortement imprégnés, que la plupart des savants de moyenne culture, ne peuvent entrevoir le monde des phénomènes qu'à travers cette conception. Ce n'est cependant qu'une hypothèse. Mais elle est si simple, si intuitive, et elle paraît si bien vérifiée par l'expérience que nous en sommes venus à en méconnaître le caractère arbitraire et nécessairement aléatoire. Nombre de physiciens, dans cet état d'esprit, considèrent la théorie cinétique comme un monument impérissable.

Toutefois, avec H. Poincaré, les physiciens et mathématiciens les plus éminents ne sont pas dupes de ce système; et, sans méconnaître les immenses services qu'il a rendus à la science, ils savent bien que ce n'est qu'un système et qu'il peut y en avoir d'autres. Certains d'entre eux comme Ostwald, Mach, Duhem, croient le monument déjà lézardé. Dès à présent, on lui en oppose un autre, la *Doctrine de l'Énergie*.

La Doctrine de l'Énergie est habituellement considérée et présentée comme une conséquence de la doctrine cinétique; mais elle en est parfaitement indépendante, et c'est, en effet, sans faire état de la théorie cinétique, sans supposer l'unité des forces physiques, confondues dans la mécanique moléculaire, que nous allons en exposer l'économie générale.

Ce n'est pas ce point qui est en jeu, pour le moment. Il ne s'agit pas de décider de la réalité ou du mérite de telle ou telle explication mécanique ; il s'agit d'une question plus générale, parce que c'est d'elle que dépend la *notion de matière*. C'est de savoir s'il y a autre chose que des explications mécaniques. L'illustre physicien anglais, lord Kelvin, ne semble pas l'admettre. « Je ne suis jamais satisfait, dit-il dans sa *Mécanique moléculaire*, tant que je n'ai pu faire un modèle mécanique de l'objet. Si je puis faire ce modèle, je comprends ; si je ne puis pas le faire, je ne comprends pas. »

Cette tendance d'un si vigoureux esprit, à ne se contenter que d'explications mécaniques, a été celle de la majorité des hommes de science jusqu'à présent. Et c'est d'elle qu'est sortie la notion scientifique de la matière.

« Qu'est-ce en effet que la matière pour le mécanicien ? C'est la *masse*. Toute la mécanique se construit avec des masses et des forces. — Laplace dit : « La masse d'un corps est la somme de ses points matériels. » Pour Poisson, la masse est la quantité de matière dont se compose le corps. Matière est donc confondue avec masse. Or, la *masse* est la caractéristique du mouvement que prend un corps sous un effort donné : elle définit l'obéissance ou la résistance aux causes du mouvement ; c'est le *paramètre mécanique* ; c'est le coefficient propre à chaque corps mobile ; c'est le premier *invariant* dont la conception ait permis à la science de s'établir.

A la vérité, le mot de matière paraît pris avec d'autres acceptions par les physiciens ; mais ce n'est qu'une apparence. Ils n'ont fait qu'élargir la notion des mécaniciens. Ils ont caractérisé la matière par toute la série des manifestations phénoménales qui *sont proportionnelles à la masse*, telles que : poids, volume, propriétés chimiques, — de telle sorte qu'il est permis de dire que la notion de matière n'intervient pas scientifiquement avec une signification différente de celle de masse.

Deux espèces de matières : pondérable et impondérable. — On a distingué, en physique, deux espèces de matières : la matière pondérable qui obéit à l'attraction universelle ou pesanteur, la matière impondérable ou éther qu'ils supposent exister et échapper à cette force. L'éther n'est pas pesant, ou seulement extrêmement peu. Il est matériel, en tant qu'il a une masse. C'est sa masse qui lui confère l'existence au point de vue mécanique, — existence logique, inférée de la nécessité d'expliquer la propagation de la chaleur, de la lumière ou de l'électricité.

On pourra faire observer que l'emploi de la masse revient, en somme, à faire intervenir un autre élément, la *force*, que nous verrons être en liaison avec l'énergie, et, par conséquent, à définir la matière, indirectement, par l'énergie. Les deux éléments fondamentaux ne sont donc pas irréductibles : au contraire, ils se confondraient.

L'énergie est la seule réalité objective. — Cette fusion deviendra plus évidente encore lorsque nous examinerons les diverses variétés de l'énergie, dont chacune répond précisément à l'un des aspects de la matière active. Définira-t-on, en effet, comme certains philosophes, la matière par l'*étendue*, par la portion d'espace qu'elle occupe? Le physicien répondra que l'espace ne nous est connu que par la dépense d'énergie nécessaire pour le pénétrer (activité de nos différents sens). Le poids? c'est l'*énergie de position* (attraction universelle). Et ainsi des autres attributs. De telle sorte que si l'on séparait la matière de ces phénomènes énergétiques qui nous la révèlent : poids ou énergie de position, impénétrabilité ou énergie de volume, propriétés chimiques ou énergies chimiques, masse ou capacité pour l'énergie cinétique, la notion même de matière s'évanouirait. Et ceci revient bien à dire, qu'au fond, il n'y a qu'une réalité objective, l'*énergie*.

Point de vue philosophique. — Mais, au point de vue philosophique, y a-t-il des réalités objectives? C'est là une question plus vaste, qui met en doute la matière elle-même, et que nous n'avons pas à envisager ici. Il sera toujours loisible à un métaphysicien de discuter et de nier l'existence du monde objectif. On peut soutenir que l'homme ne connaît pas autre chose que ses sensations et qu'il ne fait que les objectiver et les projeter hors de lui par une sorte d'illusion héréditaire.

Il faut écarter de parti pris toutes ces difficultés.

La physique les néglige provisoirement, c'est-à-dire qu'elle en ajourne la considération.

Dans une première approximation, on convient de n'envisager que la matière pondérable. — La chimie nous en fait connaître les formes diverses. Ce sont les différents corps simples, métalloïdes, métaux, et les corps composés, minéraux ou organiques. — On peut dire, dès lors, que la chimie est *l'histoire des mutations de la matière*. Depuis Lavoisier, cette science en suit les transformations, la balance à la main, et elle constate qu'elles s'accomplissent sans changement de poids.

Loi de conservation de la matière. — Que l'on imagine un système de corps enfermé dans un vase clos et celui-ci posé sur le plateau d'une balance; toutes les réactions chimiques capables de modifier de fond en comble l'état de ce système, ne peuvent rien sur le fléau de cette balance. Le poids total est le même, avant, pendant et après. C'est précisément cette égalité de poids que l'on exprime dans toutes les équations qui remplissent les traités de chimie.

D'un point de vue plus élevé, on reconnaît ici, dans cette *loi de Lavoisier* ou de la *conservation des poids*, la vérification d'une des grandes lois de la nature, que l'on étend à toute espèce de matière, pondérable ou non; c'est la *loi de la conservation de la matière*, ou encore, de l'indestructibilité de la matière : « Rien ne se perd; rien ne se crée; tout se transforme ».

C'est précisément comme le dit P. Tait, cette impossibilité de créer, ou de détruire la matière, qui est une preuve de son existence objective.

Cette indestructibilité de la matière pondérable est, en même temps, la base fondamentale de la chimie. L'analyse chimique ne pourrait exister si le chimiste n'était sûr que le contenu de ses vases, à la fin de ses opérations, doit être quantitativement, c'est-à-dire pondéralement, le même qu'au début, et pendant tout le cours de l'expérience (1).

§ 2. — L'énergie.

La notion d'énergie dérivée de la doctrine cinétique. — La notion d'énergie n'est pas moins claire que la notion de *matière*; elle est seulement plus nouvelle à notre esprit. — On y a été conduit par la conception mécanique qui domine aujourd'hui la physique tout entière, la *conception cinétique*, d'après laquelle il n'y a dans l'univers sensible, rien autre chose que des phénomènes de mouvement. La chaleur, le son, la lumière, avec toutes leurs manifestations si complexes et si variées, peuvent, d'après cette doctrine, s'expliquer par des mouvements. Mais alors, si en dehors du cerveau et de l'esprit qui a conscience et qui perçoit, la nature ne nous offre véritablement que des mouvements, il en résulte que tous les phénomènes sont essentiellement homogènes entre eux et que leur hétérogénéité apparente n'est que le résultat de l'intervention de notre sensorium. Ils ne diffèrent entre eux qu'autant que sont susceptibles de différer des mouvements, c'est-à-dire par les vitesses, les masses et les trajectoires. — Il y'

1. Il faut ajouter que la rigueur absolue de cette loi a été mise en doute dans des recherches récentes ; elle n'aurait qu'une valeur approchée.

a quelque chose de fondamental qui leur est commun : ce *quid commune* c'est l'*énergie*. On fait donc dériver la notion d'énergie de la conception cinétique. C'est ainsi qu'elle est habituellement exposée.

Cette méthode a le grand inconvénient de faire dépendre d'une hypothèse une notion qui prétend à la réalité. Elle en donne d'ailleurs une idée qui peut être fausse. Elle fait, des diverses formes de l'énergie, quelque chose de plus que des variétés équivalentes entre elles ; elle en fait *une seule et même chose*. Elle confond les modalités de l'énergie dans l'énergie mécanique. A la notion expérimentale de l'équivalence, la théorie cinétique substitue la notion arbitraire de l'égalité, de la confusion, de l'homogénéité fondamentale des phénomènes. C'est ainsi, sans doute, que les fondateurs de l'énergétique, Helmholtz, Clausius et lord Kelvin ont compris les choses. Mais une étude plus attentive, un scrupule plus vif de ne point outrepasser les enseignements de l'expérience, doivent nous obliger à réformer cette manière de voir. Et c'est le mérite d'Ostwald d'avoir insisté, après Hamilton, sur cette vérité que les différentes espèces de grandeurs physiques fournies par l'observation des phénomènes, sont différentes et caractéristiques. On peut, en particulier, en distinguer qui appartiennent à l'ordre des grandeurs *scalaires*, d'autres à l'ordre des *vecteurs*.

La notion d'énergie dérivée de la liaison des phénomènes. — La notion d'énergie n'est pas absolument liée à la doctrine cinétique ; elle ne doit pas être exposée aux vicissitudes de celle-ci ; elle est d'une vérité supérieure. On peut la faire dériver d'une idée moins hasardeuse, à savoir celle de la *liaison des phénomènes* de la nature. Il faut, pour la concevoir, s'habituer à cette première vérité, qu'il n'y a pas de *phénomènes isolés* dans le temps ni dans l'espace. Cette affirmation contient tout le point de vue de l'énergétique.

L'ancienne physique n'avait qu'une vue incomplète des choses, en considérant les phénomènes indépendamment les uns des autres.

Ceux-ci, pour les besoins de l'analyse, y étaient classés dans des compartiments distincts et séparés : pesanteur, chaleur, électricité, magnétisme, lumière. Chaque phénomène était étudié à part, sans préoccupation de ce qui l'avait précédé ou de ce qui devait le suivre. Rien de plus artificiel qu'une pareille méthode. En fait, tout se suit, tout s'enchaîne, *tout se précède et se succède dans la nature*; il n'y a que des séries. Le fait isolé, sans antécédent et sans conséquent, est un mythe. Toute manifestation phénoménale est solidaire d'une autre; elle est une métamorphose d'un état de choses dans un autre : c'est une mutation. Elle implique un état de choses antérieur à celui que nous observons, une forme phénoménale qui a précédé celle du moment présent.

Or, il existe un lien entre l'état antérieur et l'état suivant, c'est-à-dire entre la forme nouvelle qui apparaît et la forme précédente qui disparaît. La science de l'énergie montre que quelque chose a passé de la première condition à la seconde, mais en se couvrant d'un vêtement nouveau; en un mot, qu'il subsiste dans le passage d'une condition à l'autre quelque chose d'actif et de permanent, et que ce qui a changé, c'est seulement un aspect, une apparence.

Ce quelque chose de constant qui s'aperçoit sous l'inconstance et la variété des formes et qui circule, en une certaine façon, du phénomène antécédent au suivant, c'est l'énergie.

Ce n'est encore là qu'une vue bien vague et qui semblera arbitraire. Elle se précisera par des exemples que l'on peut emprunter aux diverses catégories de phénomènes de la nature. Il y a des modalités énergétiques en rapport avec les diverses modalités phénoménales. Les différents ordres de phénomènes qui peuvent se présenter, mécaniques, chimiques, thermiques, électriques, donnent lieu à des formes d'énergie correspondantes.

Quand à un phénomène mécanique succède un phénomène mécanique, ou thermique, ou électrique, etc., on dit en embrassant la mutation dans sa totalité qu'il y a eu transformation d'énergie mécanique en une autre forme d'énergie mécanique, ou en énergie thermique, ou en énergie électrique, etc.

Cette notion se précise si l'on examine successivement chacun de ces cas et les lois qui les régissent.

§ 3. — L'énergie mécanique.

L'énergie mécanique est la plus simple et la plus anciennement connue.

Éléments mécaniques ; temps, espace, force, travail, puissance. — Les phénomènes mécaniques peuvent être conçus sous deux conditions fondamentales : le *temps* et l'*espace*, qui sont, en quelque sorte, des éléments logiques auxquels vient se joindre un troisième élément, expérimental celui-là, ayant son fondement dans nos sensations, à savoir la *force*, le *travail* ou la *puissance*.

Les notions de force, de travail et de puissance sont tirées de l'expérience que l'homme fait de son activité musculaire. Il n'a pas moins fallu pour les préciser et les débrouiller que l'application des plus grands esprits mathématiques, de Descartes à Leibniz.

Force. — Le prototype de la force, c'est la pesanteur, l'attraction universelle. L'expérience nous apprend que tout corps tombe, aussitôt que quelque obstacle ne s'oppose pas à sa chute. C'est une propriété si universelle de la matière qu'elle sert à la définir. La *force* pesanteur est donc le nom donné à la cause de la chute des corps.

La force, en général, est la *cause du mouvement*. D'après cela, il n'y aurait donc de force qu'en tant qu'il y a mouvement : il n'y aurait de force qu'en action. C'était là la façon de voir de Newton. Elle n'a point prévalu, elle n'a pas été celle de ses successeurs. Le nom de force a été donné non seulement à la cause qui produit le mouvement ou le modifie, mais à la cause qui lui résiste, qui l'empêche. Et, alors, on a considéré non seulement des *forces en action* (dynamique), mais des *forces au repos* (statique). Pour Newton, il n'y avait pas de statique. Les forces ne continuent point d'exister lorsqu'elles ne produisent pas de mouvement : elles ne s'équilibrent pas, elles se détruisent.

La notion de force est donc une notion métaphysique puisqu'elle contient l'idée de *cause*. Mais elle devient expérimentale lorsque, précisément, on l'envisage comme résistant au mouvement, à la façon des contradicteurs de Newton. Elle a son fondement dans l'activité musculaire de l'homme.

L'homme peut supporter un fardeau sans fléchir ni bouger. Ce fardeau, c'est un poids, c'est-à-dire une masse sollicitée par la force de la pesanteur. L'homme résiste à cette force, de manière à en empêcher l'effet. S'il n'était annihilé par *l'effort* de l'homme, cet effet serait le mouvement ou la chute du corps pesant. L'*effort* équilibre donc la *force* : il lui est égal et opposé. Il donne à l'homme qui l'exerce la notion consciente de *force*. Nous connaissons donc la force par l'effort. Toutes les idées nettes que nous pouvons avoir de la *force* viennent de l'observation de notre effort musculaire.

La notion de force est ainsi une notion anthropomorphique. Lorsqu'un effet est produit, dans la nature, en dehors de l'intervention humaine, nous disons qu'il l'est par quelque chose d'analogue à ce qui, chez l'homme, est l'effort, et nous donnons à ce quelque chose un nom qui est analogue aussi, *force*. Nous n'avons pas besoin, pour nommer l'*effort*, et pour comparer les efforts en grandeur, de les connaître à fond, de savoir en quoi ils consistent essentiellement, de quelle suite d'actions physiques, chimiques et physiologiques ils sont la conséquence. Et, de même en est-il pour la force. C'est une résistance à un mouvement ou c'est la cause d'un mouvement. Cette cause de mouvement peut être un mouvement antérieur (force cinétique). Ce peut être une énergie physique antérieure (forces physiques et chimiques).

On mesure les forces dans le système C. G. S. en les comparant à l'unité nommée *dyne* (1); dans la pratique on les compare à une unité plus grande, la *gramme*, qui est la force pesanteur agissant sur l'unité de masse, celle de 1ᶜᶜ d'eau distillée à 4°.

Travail. — L'activité musculaire de l'homme peut être mise en jeu d'une autre manière encore. Quand on emploie des ouvriers, comme le dit Carnot dans son *Essai sur l'équilibre et le mouvement*, il ne s'agit pas « de savoir les fardeaux qu'ils pourraient porter sans bouger de place », mais plutôt ceux qu'ils pourraient transporter. Par exemple, l'ouvrier peut avoir à élever de l'eau du fond d'un puits à une hauteur donnée; et le cas est le même pour les animaux que nous employons. « C'est de cette manière que l'on entend le mot force, lorsqu'on dit que le cheval équivaut pour la force à sept hommes; on ne veut pas dire que, si sept hommes tiraient d'un côté et le cheval de l'autre, il y aurait équilibre, mais que, dans un travail

---

1. La *dyne* est la force qui, appliquée à l'unité de masse, lui imprime l'unité d'accélération.

suivi, le cheval à lui seul élèvera par exemple autant d'eau du fond d'un puits à une hauteur donnée, que les sept hommes ensemble dans le même temps (1). »
Il s'agit ici, en effet, de cette seconde forme d'activité musculaire que l'on nomme, en mécanique, le *travail*, au moins si l'on veut bien, dans la citation précédente, ne pas accorder d'importance spéciale à ces mots : « dans le même temps » et ne retenir que l'emploi de l'activité musculaire « dans un régime suivi ». Le travail mécanique se compare à l'élévation d'un poids à une certaine hauteur : il se mesure par le produit de la *force* (entendue dans le sens de tout à l'heure, c'est-à-dire comme cause de mouvement ou obstacle au mouvement) par le déplacement dû à ce mouvement. L'unité est le kilogrammètre, c'est-à-dire le travail nécessaire pour élever un poids d'un kilogramme à la hauteur d'un mètre.

On remarquera que le temps n'intervient pas dans l'estimation du travail ; la notion est dégagée des idées de vitesse et de temps. « La lenteur plus ou moins grande que nous mettons à exécuter un travail ne peut servir à mesurer sa grandeur, pas plus que le nombre d'années qu'un homme aurait mis à s'enrichir ou à se ruiner ne pourrait servir à évaluer le chiffre actuel de sa fortune. »

Pour en revenir à la comparaison de Carnot, un patron qui n'emploierait ses ouvriers qu'à la tâche, c'est-à-dire qui ne serait sensible en définitive qu'à la besogne faite et indifférent au temps qu'ils y ont employé, serait placé au même point de vue que les théoriciens de la mécanique. M. Bouasse, que nous suivons ici, a fait remarquer que cette notion du travail mécanique remontait à Descartes. Ses prédécesseurs, et particulièrement Galilée, avaient une idée toute différente de la manière dont il fallait estimer

1. Ces mots gâtent tout, car le temps n'a rien à voir ici.

l'activité mécanique ; et de même, parmi les mathématiciens du xviiie siècle, Leibniz et plus tard Jean Bernouilli, furent à peu près seuls à adopter cette manière de voir.

Énergie. — C'est précisément le travail ainsi entendu qui est *l'énergie mécanique* : il représente l'effet durable et objectif de l'activité mécanique indépendamment de toutes les circonstances d'exécution. Un même travail peut s'effectuer dans des conditions de temps, de vitesse, de force, de déplacement bien différentes. Il est, par suite, l'élément permanent à travers la variété des aspects mécaniques. C'est le travail, qui dans le choc des corps, par exemple, lorsque le mouvement d'un corps paraît s'anéantir au contact d'un autre, se retrouve comme force vive indestructible. C'est donc bien lui qui est, dans un sens précis, *l'énergie*. Et si nous convenons de l'appeler ainsi, — nous pourrons dire que l'énergie se conserve invariable à travers toutes les transformations mécaniques.

Distinction du travail et de la force, de l'énergie et du travail. — L'histoire de la mécanique nous apprend quelles peines et quels efforts ont été dépensés pour arriver à distinguer le *travail* (aujourd'hui l'énergie mécanique) de la *force*.

Il vaudrait la peine d'insister sur cette distinction. On montrerait facilement que la force n'a pas d'existence objective : elle n'a ni durée, ni permanence ; elle ne survit pas à son effet, le mouvement ; elle ne se conserve pas ; elle passe instantanément de l'infini à zéro ; c'est une *grandeur vectorielle*, c'est-à-dire qu'elle comporte l'idée de direction. — Le travail, au contraire, est l'élément réel ; c'est une *grandeur scalaire* qui comporte l'opposition de sens indiquée par les signes $+$ et $-$. Le travail et la force sont des grandeurs hétérogènes entre elles. L'énergie, et c'est le seul trait par lequel elle se distingue du travail, est une *grandeur absolue* n'admettant pas même l'opposition de signes.

Un exemple peut servir à mettre en lumière ces caractères, c'est celui de la presse hydraulique. On recueille sur la plate-forme exactement le travail qu'on a développé de l'autre côté. La machine n'a fait qu'en changer la forme. Au contraire, on a multiplié la force à l'infini. On peut, en effet, considérer un nombre infini de surfaces égales à celle du petit piston, placées et orientées comme l'on voudra, à l'intérieur du liquide ; chacune, d'après le principe de Pascal, supportera une pression égale à celle que l'on exerce. Dès que l'on cesse d'appuyer, cet infini tombe du coup à zéro. Quelque chose de réel pourrait-il passer instantanément de l'infini au néant ?

Un habile et très savant physiologiste, M. Chauveau, a voulu employer la même désignation « d'énergie de contraction » pour les deux phénomènes de l'effort (force) et du travail. Il semble bien qu'au point de vue de la dépense imposée à l'organisme ces deux modes d'activité, la *contraction statique* (effort) et la *contraction dynamique* (travail) soient, en effet, parfaitement comparables. Mais bien que cette manière de concevoir les phénomènes soit certainement exacte, et présente une haute valeur, la notion de force n'en doit pas moins rester distincte de celle de travail. La persistance de l'auteur à contrarier, sur ce point, les usages reçus, l'a empêché de faire comprendre et accepter des mécaniciens et même de quelques physiologistes des vérités très utiles.

Puissance. — La notion de *puissance* mécanique diffère de celles de force et de travail. Elle fait intervenir l'idée de temps. Il ne suffit pas, en effet, pour caractériser une opération mécanique, d'indiquer la tâche accomplie ; il peut être utile ou nécessaire de savoir combien de temps elle a exigé. Cela est vrai surtout lorsque l'on se préoccupe des circonstances de l'exécution autant que des résultats ; et c'est précisément le cas quand on veut comparer des machines. On dira que celle qui exécute le travail dans le moindre laps de temps est la plus puissante. L'unité de puissance est le *kilogrammètre-seconde*, c'est-à-dire la puissance d'une machine qui exécute un kilogrammètre dans une seconde. Dans l'industrie, en général, on emploie une unité 75 fois plus grande : le *cheval-vapeur*. C'est la puissance d'une machine qui effectue 75 kilogrammètres par seconde. Dans l'industrie électrique on compte par *kilowatt* qui vaut 1,36 cheval-vapeur, ou par *watt*, unité mille fois plus petite.

Ajoutons que la puissance d'une machine n'est pas une caractéristique absolue et permanente de cette machine. Elle dépend des circonstances dans lesquelles on la fait travailler. Et c'est pour cela, en particulier, que l'on ne peut pas se proposer d'apprécier la puissance de la machine humaine, comparativement aux machines industrielles ; c'est là une tentative vaine. L'expérience a montré que la puissance mécanique des êtres vivants dépend de la nature du travail qu'ils effectuent. Il y a, à cet égard, dans la science, de très intéressantes recherches que le célèbre physicien Coulomb communiqua, en l'an VI à l'Institut. Un homme du poids moyen de 70 kilogrammes était astreint à monter l'escalier d'une maison de 20 mètres de hauteur. Il exécutait cette ascension à raison de 14 mètres par minute ; et il soutenait cette besogne quotidiennement pendant 4 heures effectives. Un tel travail équivalait à 235,000 kilogrammètres. Mais si, au lieu de monter sans fardeau, le même homme était astreint à porter une charge, le résultat était tout différent. Le manœuvre de Coulomb montait six voies de bois par jour à 12 mètres en 66 voyages, ce qui correspondait à un travail maximum de 109,000 kilogrammètres seulement au lieu de 235,000. La puissance mécanique de la machine humaine variait ainsi, d'un cas à l'autre, dans le rapport de 235 à 109.

Les deux aspects de l'énergie mécanique : actuelle, potentielle. — L'énergie ou travail mécanique peut s'offrir à nous sous deux formes : *l'énergie actuelle*, correspondant au phénomène mécanique réellement exécuté, et *l'énergie potentielle*, ou énergie de réserve.

Un corps qui a été élevé à une certaine hauteur, développera, si on le laisse tomber, un travail qui a précisément pour mesure, en kilogrammètres, le produit de son poids par la hauteur de chute. Un tel travail peut être utilisé de bien des manières. C'est ainsi, par exemple, que l'on fait marcher les horloges publiques. Or, tandis que le contrepoids « remonté » n'est pas encore lâché, qu'il est immobile, l'ancienne physique dirait qu'il n'y a rien à considérer : le phénomène, c'est la chute ; elle va avoir lieu ; au moment présent, il n'y a rien encore.

En énergétique, on ne raisonne pas ainsi. On dit que le corps possède une *capacité de travail* qu'il manifestera à l'occasion, une énergie emmagasinée, une énergie en puissance, ou *énergie potentielle*, ou encore *énergie de position*, qui se transformera en énergie actuelle ou travail réel lorsque le corps tombera.

Demandons-nous d'où vient cette énergie ? Elle vient de l'opération antérieure qui a élevé le poids de la surface du sol à la position qu'il occupe. — Par exemple, s'il s'agit du contrepoids d'une horloge publique, qui en tombant développera pendant 15 jours le travail nécessaire à la marche des rouages, de la sonnerie et des aiguilles, ce travail devra nous faire penser à celui, exactement égal et contraire, exécuté par l'horloger qui a dû soutenir le poids et le *remonter* depuis le sol jusqu'à son point de départ. Le travail de chute est la contre-partie fidèle du travail d'élévation. — Le phénomène a donc en réalité deux phases; on retrouve dans la seconde exactement ce que l'on avait mis dans la première, la même quantité d'énergie, c'est-à-dire le même travail. Entre ces deux phases s'intercale la phase intermédiaire dont nous disons que c'est une période *d'énergie virtuelle ou potentielle*. C'est une manière de garder souvenir en quelque sorte du phénomène qui a précédé, c'est-à-dire du travail de l'ascension, et d'indiquer le phénomène qui suivra, c'est-à-dire le travail de la chute. Nous relions ainsi par la pensée l'état actuel à l'état antécédent et à l'état suivant, et c'est de cette seule considération de continuité que sort la conception de l'énergie, c'est-à-dire de quelque chose qui se conserve et se retrouve permanent dans la succession des phénomènes. Cette énergie dont nous ne perdons pas la trace ne nous paraît pas nouvelle quand elle se manifeste. Notre imagination finit par en matérialiser l'idée ; nous la suivons comme un être réel, ayant une existence objective, qui sommeille dans la période potentielle latente et se révèle où se manifeste ensuite.

Parmi d'autres exemples, celui du ressort tendu qui se débande, est particulièrement propre à montrer ce caractère fondamental de la notion d'énergie mécanique, qui est la plus claire de toutes. Les machines ne sont que des transformateurs d'énergie mécanique et non des créateurs : elles ne font que changer une forme en une autre.

De même encore, le cours d'eau ou le torrent d'une région montagneuse peut être utilisé pour mettre en branle les roues et les turbines de l'usine située dans la vallée ; sa descente produit un travail mécanique qui serait une création *ex nihilo*, si l'on ne rattachait pas le phénomène à ses antécédents. On constate que ce n'est qu'une simple restitution, lorsque l'on envisage l'origine de cette eau qui a été transportée et montée en quelque sorte à son niveau par le jeu des forces naturelles, l'évaporation sous l'action du soleil, la formation des nuages, le transport par les vents, etc. Et l'on voit encore ici qu'une énergie complexe s'est transformée, dans une première condition phénoménale, en *énergie potentielle*, et que cette énergie potentielle se dépense ensuite dans la seconde phase, sans perte ni gain.

Diverses variétés d'énergie mécanique; de mouvement, de position. — Il y a autant de formes d'énergie que de catégories distinctes de phénomènes ou de variétés dans ces catégories. Les physiciens distinguent deux espèces d'énergie mécanique : l'énergie de mouvement et l'énergie de position. — L'énergie de position présente diverses variantes : l'énergie de distance qui répond à la force; nous venons d'en parler; l'énergie de surface qui correspond à des phénomènes particuliers de tension superficielle; et l'énergie de volume qui répond aux phénomènes de pression. — L'énergie de mouvement, *énergie cinétique*, s'évalue de deux manières, comme *travail* (produit de la force par le déplacement : $T = f \times d$) ou comme *force vive* (demi-produit de la masse par le carré de la vitesse : $U = \frac{mv^2}{2}$) (1).

1. On peut se rendre compte que les mesures de la force et du travail, font intervenir la masse, l'espace et le temps. La pesanteur force typique, se mesure par $p = mg$. D'autre part, on a, d'après les lois de la chute des corps :
$$v = gt, e = 1/2\, gt^2 \text{ d'où } g = \frac{2e}{t^2} \text{ et } p = m\frac{2e}{t^2}$$
ou, en employant les désignations F pour la force, M pour la masse, L pour l'espace parcouru, T pour le temps, on a $F = M L T^{-2}$ qui exprime ce que l'on appelle les *dimensions* de la force, c'est-à-dire les grandeurs, avec leur degré, qui entrent dans son expression.
On peut avoir aussi facilement les dimensions du travail,
$$T = f \times d = \frac{mv^2}{2} = M.\, L^2\, T^{-2}.$$

§ 4. — L'énergie thermique.

On enseigne aujourd'hui dans tous les éléments de physique que le travail mécanique peut se transformer en chaleur, et réciproquement la chaleur en travail mécanique. Les frottements, le choc et la percussion, la compression et la décompression détruisent ou anéantissent l'énergie mécanique communiquée à un corps ou aux organes d'une machine. En même temps que disparaît le mouvement on voit apparaître la chaleur. Les exemples abondent : c'est la boîte de la roue échauffée par le frottement de l'essieu ; c'est l'inflammation des parcelles d'acier échauffées par le choc de la pierre, dans le briquet ; c'est la fonte des deux morceaux de glace obtenue par Davy en les frottant l'un contre l'autre, la température extérieure étant inférieure à zéro ; c'est l'ébullition d'une masse d'eau produite par le foret, observée par Rumford dès 1790, pendant la fabrication des canons de bronze ; c'est l'échauffement du métal qu'on bat sur l'enclume ; c'est l'élévation de température, poussée jusqu'à la fusion, de la balle de plomb qui vient s'aplatir contre l'obstacle résistant ; c'est enfin et en un symbole, l'origine du feu dans la fable de Prométhée, au moyen du frottement de ces morceaux de bois que les Hindous appellent encore *pramantha*. La corrélation est constante entre ces phénomènes calorifiques et mécaniques, corrélation qui est devenue évidente, dès que les observateurs ont cessé de se restreindre à la constatation de l'un ou l'autre fait isolément. Il n'y a jamais de destruction réelle de chaleur et de mouvement au vrai sens du mot ; ce qui s'évanouit sous une forme se remontre sous une autre ; comme si quelque chose d'indestructible apparaissait sous des déguisements successifs. On traduit cette impression en disant que l'énergie mécanique s'est métamorphosée en énergie calorifique.

Équivalent mécanique de la chaleur. — L'interprétation prend un caractère de précision saisissant qui l'impose tout à fait à l'esprit, lorsque la physique applique à ces mutations l'exactitude presque absolue de ses mesures. On constate alors que le taux de l'échange est invariable. Les transformations de chaleur en mouvement et réciproquement s'accomplissent suivant une loi numérique rigoureuse qui fait correspondre exactement la quantité de l'un à la quantité de l'autre. L'effet mécanique s'évalue, comme nous l'avons dit, en travail, c'est-à-dire en kilogrammètres; la chaleur se mesure en calories, la calorie étant la quantité de chaleur nécessaire pour élever de 0° à 1° un kilogramme d'eau (grande calorie), ou 1 gramme d'eau (petite calorie). On constate que, quels que soient les corps et les phénomènes qui servent d'intermédiaires pour opérer la transformation, il faut toujours dépenser 425 kilogrammètres pour créer une calorie, ou dépenser $0^{cal},00234$ pour créer un kilogrammètre. Le nombre 425 est l'équivalent mécanique de la calorie, ou, comme on le dit incorrectement, de la chaleur. Et c'est ce fait constant qui constitue le *principe de l'équivalence de la chaleur et du travail mécanique.*

§ 5. — L'énergie chimique.

On ne sait pas encore actuellement mesurer l'activité chimique d'une manière directe. Mais on sait que l'action chimique peut engendrer toutes les autres modalités phénoménales. Elle en est la source la plus ordinaire, et c'est à elle que pratiquement s'adresse l'industrie pour obtenir la chaleur, l'électricité, l'action mécanique. Dans la machine à vapeur, par exemple, le travail recueilli vient d'une combustion du charbon par l'oxygène de l'air; celle-ci donne naissance à la chaleur qui vaporise l'eau, développe la tension de la vapeur, et finalement produit le déplacement du piston. On pourrait réduire la théorie de la machine à vapeur à ces deux propositions : l'activité chimique engendre la chaleur; la chaleur engendre le mouvement; ou, pour employer le langage dont le lecteur commence sans doute à prendre l'habitude, l'énergie chimique se transforme en énergie calorifique et celle-ci en énergie mécanique. C'est une série d'avatars et de changements à vue. Et toujours l'échange se fait à un taux réglé par des chiffres rigides.

Mesure de l'énergie chimique. — La connaissance de l'énergie chimique est moins avancée que celle des énergies de la chaleur et du mouvement sensible. On n'en est pas encore aux vérifications numériques. On ne peut donc qu'affirmer, mais sans l'appuyer de déterminations de nombres, l'équivalence entre l'énergie chimique et l'énergie calorifique, parce que l'on ne sait pas encore, dans l'état actuel de la science, mesurer directement l'énergie chimique. Les autres énergies connues sont toujours le produit de deux facteurs : l'énergie mécanique de position ou travail se mesure au moyen du produit de la force par le déplacement e; on a $T = f \times e$; l'énergie mécanique de mouvement $U = \dfrac{mv^2}{2}$ se mesure au moyen de la masse par le demi-carré de la vitesse; l'énergie calorifique s'évalue par le produit de la température et de la chaleur spécifique, l'énergie électrique par le produit de la quantité d'électricité (en coulombs) et de la force électro-motrice (en volts). Pour ce qui est de l'énergie chimique, on soupçonne qu'elle pourrait s'évaluer directement, selon le système de Berthollet repris par les chimistes norvégiens Guldberg et Waage, au moyen du produit des masses par une force ou coefficient d'affinité qui dépend de la nature des substances mises en présence, de la température et des autres circonstances physiques de la réaction. D'un autre côté, les recherches de M. Berthelot permettent, dans beaucoup de cas, d'en avoir une évaluation indirecte par la mesure de la chaleur équivalente.

Ses deux formes. — Il est intéressant de signaler que l'énergie chimique peut être envisagée, elle aussi, sous les deux états *d'énergie potentielle et d'énergie actuelle*. Le système charbon-oxygène, pour brûler dans le foyer de la machine à vapeur, a besoin d'être amorcé par un travail préliminaire (inflammation en un point), comme le poids élevé et laissé immobile à une certaine hauteur, d'être par un faible effort détaché de son support. Cette condition remplie, l'énergie va se manifester avec évidence. Nous devons admettre qu'elle existait à l'état latent, à l'état *d'énergie potentielle chimique*. Sous l'excitation reçue, le carbone se combine à l'oxygène et fournit de l'acide carbonique : $C + 2\,O$ devient CO^2 ; l'énergie potentielle se change en énergie chimique actuelle, et aussitôt après en énergie calorifique. On n'aurait qu'une idée très incomplète et fragmentaire de la réalité des choses si l'on considérait isolément ce phénomène de combustion : il faut le rapprocher de celui qui a précisément créé l'énergie qu'il va dissiper. Ce fait antécédent, c'est l'action du soleil sur la feuille verte. Le charbon qui brûle dans le foyer de la machine sort de la mine où il était accumulé à l'état de houille, c'est-à-dire d'un produit primitivement végétal qui s'était formé aux dépens de l'acide carbonique de l'air. La plante avait séparé, aux frais de l'énergie solaire, ce carbone de l'oxygène auquel il était uni dans l'acide carbonique de l'atmosphère; elle avait créé le système $C + 2O$. Ainsi l'énergie solaire avait produit l'énergie potentielle chimique qui a si longtemps attendu son utilisation : la combustion dépense cette énergie en refaisant l'acide carbonique.

Matérialisation de l'énergie. — La fécondité de la notion d'énergie vient donc, d'après tous ces exemples, de la liaison qu'elle établit entre les phénomènes de la nature, dont elle rétablit l'articulation nécessaire rompue par l'analyse à outrance de la science ancienne. Elle nous amène à ne voir dans le monde des phénomènes pas autre chose que des mutations d'énergie. Et ces mutations elles-mêmes nous les envisageons comme la circulation d'une sorte d'agent indestructible qui passe d'une détermination formelle à une autre, comme s'il changeait simplement de déguisement. Si notre intelligence a besoin d'images ou de symboles pour embrasser les faits et saisir leur rapport, elle peut les introduire ici. Elle matérialisera l'énergie; elle en fera une sorte d'être imaginaire, et lui conférera une réalité objective. Et, c'est là pour l'esprit, à la condition qu'il ne devienne pas dupe du fantôme que lui-même aura forgé, un artifice éminemment compréhensif qui rend saisissants les rapports des phénomènes et leur lien de filiation.

Le monde nous apparaît alors, comme nous le disions au début, construit avec une symétrie singulière. Il ne nous offre plus que des mutations de matière et des mutations d'énergie ; ces deux sortes de métamorphoses étant gouvernées par deux lois égales en nécessité, la conservation de la matière et la conservation de l'énergie, qui expriment : la première, que la matière est indestructible, et passe d'une détermination phénoménale à l'autre intégralement au taux d'égalité pondérale ; la seconde, que l'énergie est indestructible, et qu'elle passe d'une détermination phénoménale à l'autre au taux d'équivalence fixé pour chacune des catégories par les découvertes des physiciens.

§ 6. — Les transformations de l'énergie.

La notion de l'énergie est devenue le point de départ d'une science, l'*Énergétique*, à la constitution de laquelle un grand nombre de physiciens contemporains, parmi lesquels Ostwald, Le Châtelier, etc. ont consacré leurs efforts. — C'est l'étude des phénomènes envisagés au point de vue de l'énergie. Nous avons dit qu'elle prétend à coordonner et à embrasser toutes les autres sciences.

Le premier objet de l'Énergétique doit être de considérer les diverses formes d'énergie actuellement connues, de les définir, de les mesurer. C'est ce que nous venons de faire, à grands traits.

En second lieu, il y aurait à envisager chaque forme d'énergie par rapport à chacune des autres ; à déterminer si la transformation de celle-ci dans celle-là est réalisable directement et par quels moyens, et enfin, suivant quel taux d'équivalence. Ce nouveau chapitre est une œuvre laborieuse qui obligerait à parcourir le champ entier de la physique.

De ce long examen nous n'avons à retenir ici que trois ou quatre résultats qui seront plus particulièrement importants dans le cas des applications aux êtres vivants. Ils sont relatifs à l'énergie mécanique, aux rapports de l'énergie calorifique avec l'énergie chimique, au rôle terminal de l'énergie calorifique,

— et enfin à l'extrême malléabilité de l'énergie électrique.

1° *Transformation de l'énergie mécanique, amorçage.* — L'énergie mécanique peut se muer en toutes les autres, et toutes les autres en elle à une exception près, celle de l'énergie chimique. L'effort mécanique ne produit pas de combinaison chimique. Ce que l'on sait du rôle de la pression dans les réactions de dissociation semble au premier abord démentir cette assertion. Mais ce n'est là qu'une vaine apparence. La pression n'intervient dans ces opérations que comme *travail préliminaire ou d'amorçage* destiné à mettre les corps en présence, dans l'état même où il faut qu'ils soient pour que les affinités chimiques puissent entrer en jeu.

2° *Transformation de l'énergie thermique, amorçage.* — L'énergie calorifique (ou lumineuse) ne se mue pas directement en énergie chimique. A la vérité, la chaleur et la lumière favorisent et déterminent même un grand nombre de réactions chimiques; mais si l'on descend au fond des choses, on ne tarde pas à se convaincre que la chaleur et la lumière ne servent en quelque sorte qu'à *amorcer* le phénomène, qu'à préparer l'action chimique, à amener le corps dans l'état physique (liquide, vapeur), ou au degré de température (400°, par exemple, pour la combinaison de l'oxygène et de l'hydrogène), qui sont les conditions préliminaires indispensables de l'entrée en scène des affinités chimiques.

Au contraire, l'énergie chimique peut réellement se transformer en énergie calorifique. On en a un exemple dans les réactions qui s'accomplissent sans le secours d'une énergie étrangère; et encore dans celles, très nombreuses, qui, comme la combustion de l'hydrogène et du carbone, ou la décomposition des explosifs, se continuent une fois amorcées.

Il y a, à propos des énergies calorifique et lumineuse une autre observation à faire. Ce ne sont point deux formes réellement et essentiellement distinctes, comme le croyait l'ancienne physique. A considérer les choses objectivement, il n'y a pas de lumière absolument sans chaleur ; lumière et chaleur sont un seul et même agent. Suivant qu'il est à tel ou tel autre degré de son échelle de grandeur, il impressionne plus fortement la peau (sensation de chaleur), ou la rétine de l'homme et des animaux (sensation de lumière). La différence est imputable à la diversité de l'organe et non à la diversité de l'agent. La doctrine cinétique nous montre que l'agent est identique qualitativement. Les mots de chaleur et de lumière expriment seulement le hasard de la rencontre de l'agent rayonnant avec une peau et une rétine. Au moindre degré d'activité, cet agent n'exerce aucune action sur les terminaisons des nerfs cutanés thermiques, ni sur les terminaisons nerveuses optiques ; son degré augmentant, les premiers de ces nerfs sont impressionnés (froid, chaleur) et le sont à l'exclusion des nerfs de la vision ; puis ils sont impressionnés les uns et les autres (sensation de chaleur et de lumière), et enfin au delà la vue seule est affectée. La transformation d'une énergie dans l'autre se réduit donc ici à la possibilité d'accroître ou de diminuer l'intensité d'action de cet agent commun dans la proportion juste convenable pour passer de l'une des conditions à l'autre ; et ceci est facile lorsqu'il s'agit d'aller du côté lumière, et au contraire n'est pas réalisable directement, c'est-à-dire sans un secours étranger, lorsqu'il s'agit de redescendre l'échelle, du côté chaleur.

3° *La chaleur forme dégradée de l'énergie.* — On a vu que l'énergie calorifique ne se transforme pas directement en énergie chimique. Une autre restriction apparaît encore pour cette énergie calorifique lorsque l'on étudie les lois qui président à la circulation et aux mutations de l'énergie calorifique, et la plus importante tient à la condition d'impossibilité où elle est de se transporter d'un corps à température plus basse sur un corps à température plus élevée. Au total et par suite de toutes ces restrictions, l'énergie calorifique est une variété imparfaite de l'énergie universelle; elle en est, comme disent les physiciens anglais, une *forme dégradée*.

4° *Transformations faciles de l'énergie électrique. Son rôle d'intermédiaire.* — Au contraire, l'énergie électrique représente une forme perfectionnée et infiniment avantageuse de cette même énergie universelle, et c'est là ce qui explique l'immense développement qu'en moins d'un siècle ont pu prendre ses applications industrielles. Ce n'est pas qu'elle soit mieux connue que les autres dans son essence et dans l'intimité de son action; au contraire, on discute plus que jamais sur sa nature. Pour les uns, l'électricité, qui se transporte et se propage avec la même vitesse que la lumière, est un véritable flux d'éther comme le voulait le Père Secchi, qui l'assimilait au courant de l'eau dans une conduite. Elle produirait son travail, comme l'eau du moulin produit le sien, en coulant sur la roue ou à travers la turbine. L'électricité, comme l'eau dans ce cas, serait non pas une énergie en elle-même, mais un moyen de transport de l'énergie.

Pour d'autres, avec Clausius, avec Hertz et avec Maxwell, ce n'est pas cela. Le courant électrique n'est point un transport d'énergie. C'est un état de l'éther d'une nature particulière, spécifique, qui se produit périodiquement (oscillation électrique), et se propage avec une vitesse de l'ordre de celle de la lumière.

Quoi qu'il en soit, ce qui constitue la particularité

essentielle de l'énergie électrique, et ce qui en fait le prix, c'est qu'elle est un agent de transformation incomparable. Toutes les formes connues de l'énergie peuvent se convertir en elle, et, inversement, l'énergie électrique peut se muer, avec la plus grande facilité, dans toutes les autres énergies. Cette extrême malléabilité lui assigne le rôle d'intermédiaire entre les autres agents moins dociles. L'énergie mécanique, par exemple, se prête difficilement à la production de la lumière, c'est-à-dire à une métamorphose en énergie lumineuse (variété de calorifique). — Une chute d'eau ne pourrait être utilisée directement pour l'éclairage. Le travail mécanique de cette chute, inexploitable sous sa forme présente, sert à mettre en mouvement, dans les installations industrielles d'éclairage, des machines électriques, des dynamos, qui alimentent les lampes à incandescence. — Le travail mécanique s'est changé en énergie électrique, et celle-ci en énergie calorifique et lumineuse. L'électricité a rempli là le rôle d'un utile intermédiaire.

La dernière partie de l'Énergétique devrait être consacrée à l'étude des principes généraux de cette science. — Ces principes sont au nombre de deux : le principe de la *Conservation de l'énergie* ou principe de Mayer, et le principe des *Transformations de l'énergie* ou principe de Carnot.

La doctrine de l'Énergie réduit ainsi à deux lois fondamentales la multitude des lois, qualifiées souvent de générales, qui régissent les sciences de la nature.

§ 7. — Le principe de la conservation de l'énergie.

Dans tout ce qui précède, il a été, pour ainsi dire, question à chaque pas du principe de la conservation.

La notion même d'énergie est attachée, en effet, à l'existence de ce principe. Son origine se trouve dans les méditations des mathématiciens philosophes qui ont établi les fondements de la mécanique, Newton, Liebniz, d'Alembert, Helmholtz; ou des physiciens généralisateurs tels que lord Kelvin. Sa démonstration expérimentale, esquissée par Marc Seguin et Robert Mayer, est due à Colding et Joule.

Il est indépendant de la théorie cinétique. — La loi de Mayer exprime que l'énergie est indestructible, que toute phénoménalité n'est autre chose qu'une mutation d'énergie d'une forme dans une autre et que cette mutation se fait soit à valeur égale, soit plutôt suivant un certain taux d'équivalence; c'est ce qui a lieu pour la transformation de l'énergie calorifique en énergie mécanique (équivalent : 425). Ce taux d'équivalence est fixé pour chacune des catégories d'énergie par les travaux des physiciens.

On remarquera que cette loi et cette doctrine de l'énergie que les auteurs élémentaires présentent toujours comme une conséquence de la théorie cinétique en est tout à fait indépendante. Dans ce qui précède, nous n'en avons pas même prononcé le nom de cette théorie. Nous n'avons pas supposé que tous les phénomènes étaient des mouvements ou des transformations de mouvements, sensibles ou vibratoires : nous n'avons pas dit que ce qui passait d'une détermination phénoménale à l'autre ce fût précisément la force vive de ce mouvement, comme il arrive dans le choc des corps élastiques. Sans doute la théorie cinétique fournit une image saisissante de clarté de ces vérités indépendantes d'elle; mais elle pourrait être fausse : la théorie de l'Énergie qui suppose le minimum d'hypothèse possible, serait encore vraie.

Il contient un grand nombre d'autres principes. — Le principe de la conservation de l'énergie contient un grand nombre des principes les plus généraux des sciences. On démontre par exemple, sans trop de peine, qu'il enferme le principe de l'inertie de la matière posé par Galilée et Descartes; celui de l'égalité de l'action et de la réaction, proclamé par Newton; celui même de la conservation de la matière, ou mieux de la masse, dû à Lavoisier; enfin la loi expérimentale d'équivalence à laquelle est attaché le nom du physicien anglais Joule, d'où l'on fait sortir la loi de Hess et le principe de l'état initial et de l'état final de Berthelot.

Il entraîne la loi d'équivalence. — Contentons-nous de remarquer ici que la loi de conservation de l'énergie entraîne l'existence de relations d'équivalence entre les diverses variétés. Une certaine quantité d'une énergie donnée, — mesurée, comme on l'a vu, par le produit de deux facteurs, — équivaut à une certaine quantité déterminée de toute autre énergie en laquelle elle peut être convertie. Les règles qui président aux transformations énergétiques contiennent donc à la fois, aux points de vue qualitatif et quantitatif, tous les enchaînements des phénomènes de l'univers. Étudier ces règles dans leur détail, c'est la tâche que doit s'assigner la physique.

La conversion par voie d'équivalence des diverses formes d'énergie les unes dans les autres n'est qu'une possibilité. Elle subit, en fait, toutes sortes de restrictions, dont les plus importantes résultent précisément du second principe.

§ 8. — Principe de Carnot. — Sa généralité.

Le second principe fondamental est celui des transformations de l'équilibre, ou des conditions de réversibilité, ou encore principe de Carnot. Celui-ci, qui a revêtu d'abord une forme concrète en thermodynamique, a reçu successivement une extension de plus en plus considérable. Il est arrivé à un degré de généralité tel que les théoriciens de la physique contemporaine, tels que lord Kelvin, Le Châtelier, etc., le considèrent comme la loi universelle de l'équilibre physique, mécanique et chimique.

Ce principe de Carnot renferme, comme l'a montré G. Robin, le principe des vitesses virtuelles de d'Alembert, et, selon les physiciens actuels, ainsi que nous venons de le dire, les lois particulières de l'équilibre physico-chimique. C'est l'application de ce principe qui fournit les équations différentielles d'où sont tirées les relations numériques entre les diverses énergies ou les diverses modalités de l'énergie universelle.

Son caractère. — Il est très remarquable que l'on ne puisse donner un énoncé général de ce principe dont la puissance révélatrice a changé la face de la physique. C'est que c'est moins une loi proprement dite qu'une méthode ou manière d'interpréter les rapports des différentes formes d'énergie, et particulièrement les rapports de la chaleur avec l'énergie mécanique.

Conversion du travail en chaleur et réciproquement. — La conversion du *travail en chaleur* s'accomplit sans difficulté. Par exemple, le martèlement d'un morceau de fer sur l'enclume peut l'amener au rouge; l'obus qui traverse la plaque de blindage échauffe, fond et volatilise le métal au pourtour de l'orifice. En utilisant l'action mécanique sous forme de frottement, toute l'énergie peut être convertie en chaleur.

La transformation inverse de *la chaleur en travail*, au contraire, ne peut être totale. Le meilleur moteur que l'on puisse concevoir, — à plus forte raison réaliser, — ne peut transformer qu'un tiers ou un quart de la chaleur qu'on lui fournit.

C'est là un fait extrêmement important. Il est d'une conséquence incalculable pour la philosophie naturelle, et peut être mis en balance avec les découvertes les plus considérables.

Formes supérieures, formes dégradées de l'énergie. — On peut s'en rendre compte en distinguant parmi les variétés de l'énergie universelle des *formes supérieures* et des *formes inférieures ou dégradées*. C'est, en un mot, le principe de la *dégradation de l'énergie* qui se trouve mis en cause et celui-ci peut être regardé comme un aspect particulier du second principe de l'énergétique ou principe de Carnot. L'énergie mécanique est une forme supérieure ; l'énergie calorifique est une forme inférieure, une forme dégradée et qui présente des degrés dans la dégradation. — L'énergie supérieure, en général, peut être intégralement convertie en énergie inférieure, par exemple le travail en chaleur : c'est une pente facile à descendre, mais difficile à remonter ; l'énergie inférieure ne peut être que partiellement transformée en énergie supérieure, et la fraction ainsi utilisable dépend de certaines conditions sur lesquelles le principe de Carnot a projeté une vive lumière.

Ainsi, bien qu'en théorie, l'énergie calorifique d'un corps ait son équivalent en énergie mécanique, la transformation intégrale n'est réalisable que de celle-ci à celle-là, et non de celle-là à celle-ci. — Cela tient à une condition de l'énergie thermique qui est la *température*.

Une même quantité d'énergie thermique, de chaleur, peut être emmagasinée dans un même corps à diverses températures. Si cette quantité d'énergie calorifique est dans un corps très chaud, on pourra en utiliser une grande partie; si elle est dans un corps relativement froid, on ne pourra en convertir qu'une faible proportion en travail mécanique. La valeur de l'énergie, c'est-à-dire sa capacité d'être convertie en une forme supérieure, plus utile, dépend donc de la température.

La capacité de conversion dépend de la température. — La conversion, en effet, de la chaleur en travail, suppose deux corps de températures différentes, l'un chaud, l'autre froid : une chaudière et un condenseur. Toute machine thermique charrie une certaine quantité de chaleur de la chaudière au condenseur ; c'est le reste, échappant à ce transport, qui est changé en travail. Ce reste n'est qu'une fraction assez faible, un quart, un tiers au plus, de la chaleur employée, — et cela, dans la machine la plus parfaite théoriquement, dans la machine idéale.

Ce rendement, cette fraction utilisable, dépend de la chute de température du niveau supérieur au niveau inférieur, comme le travail d'une turbine dépend de la hauteur de chute de l'eau qui la traverse. Mais il dépend aussi des conditions de cette chute, des pertes accessoires par rayonnement et conductibilité. — Cependant Carnot a montré que le rendement est le même, et maximum pour une même chute de température, quel que soit l'agent qui travaille (vapeur, air chaud, etc.), quelle que soit la machine, — pourvu que cet agent, cette substance qui travaille ne soit pas exposée à des pertes accessoires, qu'elle ne soit jamais en contact avec un corps ayant une température différente de la sienne, — ou encore qu'elle n'ait de rapport qu'avec des corps imperméables à la chaleur.

C'est en cela que consiste le principe de Carnot, sous l'une de ses formes concrètes.

Une machine qui réalise cette condition que l'agent

(vapeur, alcool, éther), soit en rapport, à toutes les phases de son fonctionnement, avec des corps qui ne peuvent lui prendre ni lui céder de la chaleur, est une *machine réversible*. — Une telle machine est parfaite. La fraction de chaleur qu'elle transforme en mouvement est constante; elle est maxima; elle est indépendante du moteur, de ses organes, de l'agent : elle exprime véritablement la transformabilité de l'agent chaleur en agent mécanique dans les conditions données.

Dégradation, réhabilitation de l'énergie. — La fraction non utilisée, celle qui est transportée au condenseur, à une température plus basse, est *dégradée*. Elle ne pourrait être utilisée que par un nouvel agent, dans une nouvelle machine où la chaudière aurait précisément la température du condenseur de la première, et le nouveau condenseur une température plus basse. Et ainsi de suite. La proportion de l'énergie utilisable va ainsi en diminuant; son utilisation exige des conditions de plus en plus irréalisables. L'énergie calorifique perd son rang, sa valeur; elle se dégrade de plus en plus à mesure que sa température se rapproche de celle du milieu ambiant.

L'énergie dégradée a conservé théoriquement sa valeur d'équivalence, mais, pratiquement, elle est incapable de se convertir. On montre en physique que l'on peut cependant la relever et la rétablir à son niveau initial. Mais il faut pour cela user d'une autre énergie que l'on dégradera au profit de la première.

Fin de l'univers. — Ce que l'on vient de voir à propos de la chaleur et du mouvement est vrai, à quelque degré, de toutes les autres énergies, ainsi que l'a montré lord Kelvin. Le principe de la dégradation d'énergie est très général. Toute manifestation de la nature est une transformation énergétique : à chacune de ces transformations, il y a dégradation de l'énergie, c'est-à-dire qu'une certaine fraction est abaissée et devient moins facilement transformable. Et, ainsi, l'énergie de l'univers se dégrade de plus en plus; les formes supérieures s'abaissent à la forme calorifique, celle-ci s'accumulant à des températures qui se rapprochent de plus en plus de l'uniformité. La fin de l'univers, d'après cela, serait donc l'unité d'énergie (calorifique) dans l'uniformité de température.

Importance de la notion d'énergie en physiologie. — Nous avons dit que l'application du principe de Carnot fournissait les relations numériques entre les diverses transformations énergétiques.

La science des êtres vivants n'en est pas encore à ce point de développement qu'il soit possible d'aborder ses relations numériques. Cependant la considération de l'énergie et du principe de conservation a transformé le point de vue de la physiologie sur beaucoup de questions qui sont de l'ordre le plus élevé.

La détermination des sources où les plantes et les animaux puisent leurs énergies vitales; la transformation médiate de l'énergie chimique en chaleur animale dans la nutrition, ou en mouvement dans la contraction musculaire; l'évolution chimique des aliments; l'étude des ferments solubles, toutes ces questions ont une valeur considérable pour l'intelligence des mécanismes de la vie. Et ce sont là autant de parties déjà fort avancées de l'énergétique physiologique.

CHAPITRE II

L'ÉNERGIE EN BIOLOGIE

1. L'énergie chez les êtres vivants. — § 2. Première loi de l'énergétique biologique : Tous les phénomènes vitaux sont des mutations énergétiques. — § 3. Deuxième loi : L'origine de l'énergie vitale est dans l'énergie chimique. Fonctionnement et destruction. — § 4. Troisième loi : Le terme des mutations énergétiques de l'animal est l'énergie thermique. La chaleur est un excretum.

La doctrine de l'énergie a été conçue en physiologie avant de passer en physique et d'y faire la merveilleuse fortune que l'on sait. Robert Mayer était naturaliste et médecin; Helmholtz était physiologiste autant que physicien. L'un et l'autre avaient vu, dès l'origine, dans la notion nouvelle, un puissant instrument de pénétration physiologique. La publication dans laquelle Robert Mayer exposait, en 1845, ses vues remarquables « *Du mouvement organique dans ses rapports avec la nutrition,* » et le commentaire d'Helmholtz ne laissent aucun doute à cet égard. Les « *Remarques sur l'équivalent mécanique de la chaleur,* » d'un caractère plus particulièrement physique, sont postérieures de six années à ce premier ouvrage.

Rapports de l'énergétique et de la biologie. — La doctrine de l'énergie ne fait donc aujourd'hui que retourner à son berceau. Elle y revient, consacrée par la démonstration de la physique, comme la plus générale des doctrines qui aient jamais été proposées en philosophie naturelle et comme la moins chargée d'hypothèses. Elle réduit toutes les lois particulières à deux principes fondamentaux : celui de la conservation de l'énergie, qui contient les principes de Galilée et Descartes, de Newton, de Lavoisier, la loi de Joule, la loi de Hess et le principe de l'état initial et de l'état final de Berthelot; et le principe de Carnot, d'où l'on fait sortir les lois de l'équilibre physicochimique et chimique. Ces deux principes résument donc toute la science de la nature. Ils expriment la relation nécessaire de tous les phénomènes de l'univers, leur liaison génétique ininterrompue, leur continuité.

A priori, il y aurait peu de vraisemblance qu'une doctrine si universelle et si bien vérifiée dans le monde physique dût s'arrêter à ses confins et rester sans valeur pour le monde vivant. Une telle supposition serait contraire à la méthode de la science qui tend toujours à la généralisation et à l'extension des lois élémentaires. L'esprit humain a toujours procédé ainsi : il a appliqué à l'ordre inconnu des phénomènes vivants, les lois les plus générales de la physique du temps.

Cette application s'est trouvée légitime et a reçu la consécration de l'expérience toutes les fois qu'il s'agissait des lois ou des conditions véritablement fondamentales ou élémentaires des phénomènes : elle a été, au contraire, malheureuse, lorsqu'elle s'arrêtait à des traits secondaires. En admettant aujourd'hui la sujétion des êtres vivants aux lois si générales de l'énergétique, on suit donc une méthode traditionnelle. On ne saurait douter que cette application ne soit légitime et que l'expérience ne doive la justifier *a posteriori*.

On admettra donc, comme un *postulat* provisoire dont les conséquences devront être ultérieurement justifiées, que le monde vivant comme le monde inanimé n'offre rien autre chose que des *mutations de matière et des mutations d'énergie*. Le mot phénomène n'aura pas d'autre signification, quel que soit le théâtre où il se produise. Les manifestations si variées qui traduisent l'activité des êtres vivants correspondent, d'après cela, à des transformations d'énergie, à des conversions d'une forme dans une autre, conformément aux règles d'équivalence fixées par les physiciens. On pourra formuler cette conception de la manière suivante : *Les phénomènes de la vie sont des métamorphoses énergétiques au même titre que les autres phénomènes de la nature.*

Ce postulat est le fondement de l'énergétique biologique. Il n'est pas inutile d'entrer dans quelques éclaircissements relativement à la signification, à l'origine et à la portée de cette affirmation.

L'énergétique biologique n'est autre chose que la physiologie générale ramenée aux principes communs à toutes les sciences physiques. On peut croire que Robert Mayer et Helmholtz ont le mieux caractérisé cette science et l'ont le mieux limitée en la définissant : « l'étude des phénomènes de la vie, envisagés au point de vue de l'énergie ».

§ 1. — Énergie en jeu chez les êtres vivants. — Énergies communes ou physiques. — Énergies vitales.

Les premiers objets de cette étude devraient être de définir et d'énumérer les énergies qui sont en jeu chez les êtres vivants; de déterminer les mutations plus ou moins faciles des unes dans les autres; de mettre en lumière les lois générales qui président à ces mutations; et enfin, d'appliquer celles-ci à l'étude détaillée des phénomènes. C'est un programme en quatre parties.

Dans le monde physique, les formes spécifiques d'énergie sont peu nombreuses.

Quand on a nommé les énergies mécaniques, l'énergie chimique, les énergies rayonnantes, calorifique et lumineuse, l'énergie électrique avec laquelle se confond l'énergie magnétique, on a épuisé le catalogue des agents naturels.

La liste est-elle close à jamais? Les énergies vitales sont-elles comprises dans cette liste? Voilà les premières questions qui se posent.

Les mécanicistes, les iatro-mécaniciens, ont *a priori* conclu par l'affirmative. Il y a sans doute dans l'organisme vivant beaucoup de manifestations qui sont de pures manifestations physiques des énergies connues, mécanique, chimique, thermique, etc. Mais toutes les manifestations de l'être vivant sont-elles de cet ordre? Sont-elles toutes d'ores et déjà réductibles aux catégories et aux variétés d'énergie étudiées en physique? C'est ce qu'ont affirmé ces écoles. Mais c'est là une affirmation imprudente. En principe, notre postulat fondamental affirme que c'est l'énergie universelle qui se manifeste dans les corps vivants; mais, en fait, rien ne permet d'affirmer qu'elle n'y revêt pas des formes particulières, en rapport avec les circonstances spéciales au théâtre sur lequel elles se produisent.

Ces *formes spéciales d'énergie*, manifestées dans les conditions propres aux êtres vivants, viendraient grossir la liste dressée par les physiciens. Et ce ne serait pas le premier exemple d'une extension de ce genre. L'histoire de la science en enregistre de remarquables. Il n'y a guère plus d'un siècle que l'énergie électrique a commencé à être connue. Cette découverte dans le monde de l'énergie, accomplie pour ainsi dire sous nos yeux, d'un agent qui joue un si grand rôle dans la nature, laisse évidemment la porte ouverte à d'autres surprises.

Nous admettrons donc comme possible qu'il y ait d'autres formes d'énergie en jeu chez les êtres vivants, que celles que nous connaissons actuellement dans le monde physique. Cette réserve permettrait de comprendre à la fois par quels caractères essentiels les phénomènes vitaux se réduisent d'ores et déjà à la physique universelle, et par quelles différences purement formelles ils en restent encore séparés.

S'il y a réellement des énergies spéciales chez les êtres vivants, notre postulat uniciste nous porte à affirmer que ces énergies sont homogènes aux autres, et qu'elles n'en diffèrent pas plus que celles-ci ne diffèrent entre elles. Il est vraisemblable qu'elles seront découvertes quelque jour en dehors des corps vivants, si les conditions matérielles (ce qu'il est toujours possible d'imaginer), en sont réalisées en dehors d'eux. Et si, enfin, on devait admettre que la particularité du milieu est telle que ces formes devront rester indéfiniment exclusives aux êtres vivants, nous pouvons affirmer en toute confiance que ces énergies spéciales n'obéissent pas à des lois spéciales. Elles sont soumises aux deux principes fondamentaux de Robert Mayer et de Carnot. Elles s'échangent avec les autres formes physiques d'énergies actuellement connues suivant les règles fixées.

Nous devons, en résumé, établir trois catégories dans les formes d'énergie qui traduisent les phénomènes de la vitalité.

En premier lieu, le plus grand nombre de ces énergies sont celles qui déjà sont étudiées et connues en physique générale; ce sont les mêmes énergies, chimique, thermique, mécanique, avec leurs caractères de mutabilité, leur barème d'équivalence, leurs états actuel et potentiel.

En second lieu, il peut arriver, et il arrivera probablement, comme il est advenu au siècle dernier pour l'électricité, qu'on découvrira quelque forme d'énergie inédite, qui appartiendra à l'ordre universel, comme à l'ordre vivant. Ce sera une conquête de la physique générale aussi bien que de la biologie.

Enfin, on peut admettre à la rigueur et à titre provisoire, une dernière catégorie *d'énergies vitales proprement dites*.

Il est difficile de donner beaucoup de précision à la notion des *énergies vitales proprement dites*. Il sera plus aisé d'en déterminer la mesure, par voie d'équivalence, que d'en indiquer la nature. C'est du reste le cas ordinaire pour les agents physiques; on sait les mesurer sans savoir ce qu'ils sont.

Caractères des énergies vitales. — On voit les raisons qui ne permettent pas de préciser *a priori* la nature des énergies vitales. D'abord, elles se traduisent par les faits qui s'accomplissent dans les tissus en activité, et qui ne sont pas actuellement identifiables aux types connus des phénomènes physiques, chimiques, mécaniques. C'est une première raison, intrinsèque, pour ne pas les distinguer aisément, puisque ces faits eux-mêmes ne se distinguent point par les apparences phénoménales auxquelles nous sommes habitués.

Il y a une seconde raison extrinsèque. Ces phénomènes vitaux sont intermédiaires, comme nous allons le dire, entre des manifestations d'énergies connues : ils se placent entre un phénomène chimique qui les précède toujours, et un phénomène thermique qui les suit; ils sont, en quelque sorte, étranglés entre ces manifestations qui, elles, frappent notre attention. D'une façon générale, même en physique, les énergies intermédiaires nous échappent souvent : nous ne saisissons bien que les manifestations extrêmes. Nous sommes, en présence de l'organisme, comme en présence d'une usine d'éclairage électrique par utilisation de chute d'eau, où nous n'apercevons d'abord que l'énergie mécanique de l'eau qui tombe, de la turbine et du dynamo qui tournent et l'énergie lumineuse de la lampe qui éclaire. L'énergie électrique, intermédiaire, qui n'a qu'une existence fugace, ne s'impose pas à notre attention.

Ainsi, les *énergies vitales* sont peu apparentes, par cette double raison extrinsèque et intrinsèque : l'analyse attentive du physiologiste est nécessaire pour les révéler. Ce sont des actes le plus souvent silencieux et invisibles par eux-mêmes et que nous ne reconnaissons guère qu'à leurs effets, après qu'ils ont abouti aux formes phénoménales familières. C'est, par exemple, ce qui se passe dans le muscle qui prépare son raccourcissement, dans le nerf qui conduit l'influx nerveux, dans la glande qui secrète. Voilà ce qui constitue les différentes formes d'énergie que nous appelons *propriétés vitales, énergies vitales, énergies vivantes*. M. Chauveau et à sa suite M. Laulanié emploient pour les distinguer le mot de *travail physiologique*. Le nom d'*énergie vitale* serait préférable : il exprime mieux l'analogie de cette forme spéciale avec les autres formes de l'énergie universelle ; il fait mieux comprendre que nous devons la considérer, dès à présent, comme échangeable par voie d'équivalence avec les énergies du monde physique, comme celles-ci le sont entre elles.

§ 2. — Première loi de l'énergétique biologique.

Il est facile de comprendre, après ces éclaircissements, la signification et la portée de cette affirmation qui constitue le premier principe de l'énergétique biologique, à savoir que les phénomènes de la vie sont des métamorphoses énergétiques au même titre que les autres phénomènes de la nature.

Irréversibilité des énergies vitales. — Toutefois, il y a un caractère des énergies vitales qui mérite la plus grande attention. Leurs mutations ont une direction en quelque sorte fatale. Elles descendent une pente qui ne se remonte pas. Elles paraissent irréversibles. Ostwald a insisté, avec raison, sur ce trait fondamental, qui n'est pas sans doute celui de tous les phénomènes, sans exception, de l'être vivant, mais qui est bien celui des plus essentiels. Il y a certainement des phénomènes réversibles dans les organismes ; il y a des mutations énergétiques qui peuvent se faire d'une forme d'énergie vers une autre ou inversement. Mais les plus caractéristiques de la vitalité n'ont pas cette manière d'être. Nous verrons tout à l'heure que la plupart des actes physiologiques fonctionnels commencent par une action chimique et finissent par une action thermique : la série des mutations énergétiques se déroule toujours dans une direction fatale, de l'énergie chimique à l'énergie thermique. — L'ordre de succession des énergies banales est donc réglé, dans la machine de l'organisme, et cela par suite des conditions de cette machine. L'ordre de mutation des énergies vitales est encore bien plus rigoureusement réglé, et les phénomènes de la vie évoluent de l'enfance à l'âge mûr et à la vieillesse, sans retour possible.

Les lois de l'énergétique biologique sont au nombre de trois. Il y a d'abord le principe fondamental que nous venons de développer et qui est, pour ainsi dire, posé a priori ; et il y a deux autres principes, ceux-là établis par l'expérience et résumant en quelque sorte la multitude des faits physiologiques connus. De ces deux lois expérimentales, l'une est relative à *l'origine*, l'autre au *terme des énergies développées chez les êtres vivants*.

§ 3. — Seconde loi de l'énergétique biologique.

Origine de l'énergie vitale. — Les énergies vitales ont leur origine dans l'une des *énergies extérieures ou communes*, — non pas dans l'une quelconque, comme on pourrait le croire, — mais dans une seule, l'énergie chimique. Le troisième principe nous montrera qu'elles ont leur aboutissement dans une autre d'entre elles, ou dans un petit nombre d'autres tout aussi exactement fixées.

Il résulte de là que les phénomènes de la vie devront nous apparaître comme une circulation d'énergie qui, partie d'un point fixe du monde physique, fait retour à ce monde par un petit nombre de points également fixes, après une traversée fugitive de l'organisme animal.

C'est, avec plus de précision, la transposition dans l'ordre de l'énergie de ce qu'était l'idée du *tourbillon vital* de Cuvier et des naturalistes dans l'ordre de la matière. Ceux-ci définissaient la vie par sa propriété la plus constante, la nutrition. La nutrition, c'était précisément ce courant de matière que l'organisme puise au dehors par l'alimentation, qu'il y rejette par l'excrétion, et dont l'interruption même momentanée, si elle était d'ailleurs complète, serait le signal de la mort. — Le circulus d'énergie est la contre-partie exacte de ce circulus de matière.

La seconde vérité qu'enseigne la physiologie générale, et qu'elle a tirée de l'expérience s'énonce donc ainsi : *L'entretien de la vie ne consomme aucune énergie qui lui soit propre ; elle emprunte au monde extérieur toute celle qu'elle met en œuvre, et elle la lui emprunte sous forme d'énergie chimique potentielle*. — Telle est la traduction, dans le langage de l'énergétique, des résultats acquis en physiologie animale depuis cinquante ans. Il n'est pas besoin de commentaires pour faire saisir l'importance d'un tel principe : il révèle l'origine première de l'activité animale; il découvre la source d'où procède cette énergie qui, à un moment de ses transformations, dans l'organisme animal, sera une *énergie vitale*.

Le *primum movens* de l'activité vitale est donc, d'après cette loi, l'énergie chimique emmagasinée dans les principes immédiats de l'organisme.

Essayons de suivre le mouvement de cette énergie à travers l'organisme et de préciser les circonstances de ses transformations.

Fonctionnement organique et destruction des réserves. — Imaginons, dans ce dessein, que notre attention se porte sur une partie déterminée et limitée de cet organisme, sur un certain tissu. Saisissons-le, en quelque sorte, par l'observation, à un moment donné; et, faisons partir de cet instant conventionnel, l'examen de son fonctionnement. Ce fonctionnement, comme tout phénomène vital, résultera, ainsi qu'on vient de l'expliquer, d'une transformation de l'énergie chimique potentielle que recèlent les matériaux mis en réserve dans le tissu. Voilà le premier fait perceptible. — Cette énergie dégagée fournira à l'action vitale les moyens de se continuer.

Il y a donc *destruction fonctionnelle*. Il y a, au début du processus fonctionnel, par un effet nécessaire de ce processus même, une libération d'énergie chimique; et cela ne peut se faire que par une décomposition des principes immédiats du tissu, ou, suivant l'expression consacrée, par une destruction du matériel organique. Claude Bernard avait beaucoup insisté sur cette considération que le fonctionnement vital s'accompagnait d'une destruction du matériel organique. « Quand le mouvement se produit, qu'un muscle se contracte, quand la volonté et la sensibilité se manifestent, quand la pensée s'exerce, quand la glande secrète, la substance des muscles, des nerfs, du cerveau, du tissu glandulaire se désorganise, se détruit, et se consume. » — La raison profonde de cette coïncidence entre la destruction chimique et le fonctionnement dont Claude Bernard avait eu l'intuition, l'Énergétique nous la rend saisissable. Une portion du matériel organique se décompose, se simplifie chimiquement, descend à un moindre degré de complication et abandonne dans cette sorte de chute l'énergie chimique qu'elle recélait à l'état potentiel. C'est cette énergie qui devient la trame même du phénomène vital.

Il est clair que la réserve d'énergie ainsi dépensée devra être reconstituée pour que l'organisme se conserve dans son équilibre. C'est l'alimentation qui y pourvoit.

Comment elle y pourvoit? C'est là une question qui mérite un examen détaillé. Nous ne pouvons pas la traiter incidemment d'une manière complète, nous ne pouvons qu'en indiquer les grands traits.

Reconstitution des réserves. — On sait que ce n'est point d'une manière directe que l'aliment reconstitue la réserve de l'énergie consommée par le fonctionnement. Ce n'est pas son énergie chimique potentielle qui remplace purement et simplement l'énergie qui a été mise en jeu, consommée, ou mieux transformée dans l'organe ou le tissu actifs. L'aliment tel qu'il est introduit, l'aliment brut, ne va pas se placer, en effet, *tel qu'il est*, sans avoir subi de changements, dans cet organe et ce tissu, pour rétablir l'état des choses *ut ante*. Avant de reconstituer le tissu, il aura subi des modifications diverses dans l'appareil digestif; il en aura subi encore dans l'appareil circulatoire, dans le foie, dans l'organe lui-même que nous considérons. C'est à la suite de tous ces changements qu'il sera assimilé; il sera mis en place. Il aura passé alors à l'état de *réserve*.

L'aliment digéré, modifié, et incorporé enfin comme partie intégrante dans le tissu, où il pourra se dépenser, est donc dans un état nouveau, différent plus ou moins de celui sous lequel il a été ingéré. Il fait partie du tissu vivant à l'état de *réserve* constitutive. Son énergie chimique potentielle n'est pas exactement celle de l'aliment introduit : elle peut en différer très notablement, à la suite des remaniements subis.

Nous ne savons pas d'une façon certaine aux dépens de quelle catégorie d'aliments, tel ou tel organe donné constitue sa réserve. On tend à admettre, par exemple, — à la suite de M. Chauveau, — que le muscle fonctionne aux dépens de la *réserve de glycogène* qu'il contient : l'énergie chimique potentielle de cette substance serait la source de l'énergie mécanique musculaire. Mais on ne sait pas exactement aux dépens de quels aliments, albuminoïdes, gras, ou hydrocarbonés, le muscle reconstitue la réserve de glycogène qu'il a dépensée dans sa contraction. Il est probable qu'il la reconstitue aux dépens de chacune de ces trois catégories, à la suite de remaniements divers, plus ou moins faciles, que ces matériaux auront subis dans le tube digestif, le sang, le foie ou d'autres organes.

Cette reconstitution des réserves, complément et contre-partie de la *destruction fonctionnelle*, n'est pas une synthèse chimique. Elle est au contraire, en général et au total, une simplification de l'aliment introduit. C'est vrai, au moins, pour le muscle. Pourtant cette opération a reçu de Claude Bernard, le nom de *synthèse organisatrice* et cette expression n'est pas heureuse. En tous cas, l'éminent physiologiste ne s'est point trompé sur le caractère de l'opération.

« La synthèse organisatrice, dit-il, reste intérieure, silencieuse, cachée dans son expression phénoménale, rassemblant sans bruit les matériaux qui seront dépensés. »

Les considérations qui précèdent font comprendre l'existence des deux grandes catégories dans lesquelles l'éminent physiologiste distribue les phénomènes de la vie animale : les phénomènes de *destruction des réserves* qui correspondent aux *faits fonctionnels*, c'est-à-dire à des dépenses d'énergie, et les phénomènes *plastiques*, de *reconstitution des réserves*, de régénération organique, qui correspondent au *repos fonctionnel*, c'est-à-dire au ravitaillement des tissus en énergie.

Distinction du protoplasma actif et des réserves. — Si ce n'est pas exactement dans ces termes que Claude Bernard a formulé sa féconde pensée, c'est au moins ainsi qu'il faut l'interpréter. On ne fait d'ailleurs, en cela, que lui donner un peu plus de précision. On applique plus rigoureusement que l'éminent physiologiste la distinction que lui-même avait créée entre le *protoplasma réellement actif et vivant* et les *réserves* que celui-ci prépare. On restreint à ces dernières la destruction par le fonctionnement et la reconstitution par le repos.

La classification de Claude Bernard est rigoureusement vraie pour les réserves. Il est facile de soulever aujourd'hui des critiques sur les incertitudes et les tâtonnements de l'expression dont le célèbre physiologiste a revêtu ses idées. L'antique adage l'excusera : *Obscuritate rerum verba obscurantur*. En pleines ténèbres il a eu une illumination de génie ; il n'a peut-être pas trouvé la formule définitive et en quelque sorte lapidaire qui convenait à sa pensée. Mais, à cet égard, il a laissé à ses successeurs la besogne facile.

Loi de l'assimilation fonctionnelle. — Le progrès des connaissances en physiologie oblige donc à distinguer dans la constitution des éléments anatomiques deux parties : les matériaux de *réserve* et le *protoplasma* réellement *actif* et vivant. Nous venons de voir comment se comportaient les réserves, alternativement détruites par le fonctionnement et reconstituées ensuite par l'ingestion des aliments, suivie des opérations de digestion, élaboration, assimilation. Il reste à se demander comment se comporte la matière protoplasmique réellement active et vivante. Suit-elle la même loi ? Se détruit-elle pendant le fonctionnement pour se reconstituer ensuite ? Nous n'en savons rien. M. Le Dantec, comble la lacune de nos connaissances, à cet égard, par une hypothèse. Il suppose que cette matière essentiellement active *s'accroît pendant le fonctionnement* et se détruit pendant le repos ; c'est ce qu'il appelle la *Loi de l'assimilation fonctionnelle*. Le protoplasma se comporterait donc exactement à l'inverse des réserves : il en jouerait la contre-partie. Mais ce n'est qu'une hypothèse, qui échappe dans l'état actuel de nos connaissances, au contrôle de l'expérience. On peut aussi bien soutenir que le protoplasma s'accroît par le fonctionnement ou qu'il se détruit. Ni les arguments, ni les objections pour ou contre, n'ont de valeur décisive. Les faits allégués dans un sens ou dans l'autre comportent trop d'interprétations diverses (1). Le seul argument favorable

1. La raison en est dans le grand nombre d'indéterminées que comporte le problème à résoudre. Il suffit de les énumérer : les deux matières qui existent dans l'élément anatomique, protoplasma et réserves, auxquelles on confère des rôles contraires ; les deux conditions qu'on attribue au protoplasma, d'activité manifestée ou latente ; la faculté pour l'une et l'autre de celles-ci de se prolonger pendant une durée indéterminée, et d'empiéter sur son protagoniste, alors que l'on s'est mis dans le cas où elle devrait cesser d'exister. Voilà plus d'éléments qu'il n'en faut pour expliquer les résultats positifs ou négatifs de toutes les épreuves du monde.

(non démonstratif) est fourni par l'énergétique. Le voici. La *reconstitution du protoplasma* n'est pas comme l'*organisation des réserves*, un phénomène de faible complication ou même de simplification, comme il arrive dans le cas de la réserve de glycogène musculaire ; Le glycogène, en effet, est constitué aux dépens d'aliments chimiquement plus complexes. C'est, au contraire, un phénomène de synthèse évident, de complication chimique certaine, puisqu'il aboutit à constituer le protoplasma actif, qui est en quelque sorte au plus haut échelon de complexité. Sa formation, aux dépens des matériaux alimentaires plus simples, exige donc une quantité appréciable d'énergie.

L'assimilation qui organise le protoplasma actif, a donc besoin, pour être réalisée, d'employer de l'énergie. Or, au moment du fonctionnement, et par une conséquence forcée de celui-ci, la destruction ou simplification chimique de la substance de réserve, en libère précisément. Il y a là de quoi couvrir le besoin : la coïncidence est à noter. Cela ne veut pas dire que l'énergie disponible soit réellement employée à accroître le protoplasma, ni que celui-ci s'accroisse, en effet, par ce même acte. Cela signifie seulement qu'il y a de quoi pourvoir à l'accroissement, s'il a lieu.

Il est donc *possible* que le protoplasma actif suive la loi de l'assimilation fonctionnelle ; mais il est *certain* que les réserves suivent la loi de Claude Bernard.

Toutes ces considérations aboutissent, en définitive, à consolider cette seconde loi de la physiologie générale, d'après laquelle toutes les énergies vitales sont empruntées à l'énergie chimique potentielle des réserves d'origine alimentaire.

§ 4. — Troisième loi de l'énergétique biologique.

La troisième loi de l'énergétique biologique est également tirée de l'expérience. Elle est relative, non plus au point de départ du circulus de l'énergie animale, mais à son terme. *Le terme des mutations énergétiques de l'animal est l'énergie thermique.*

C'est ici la partie la plus nouvelle de la doctrine et disons-le, la moins comprise des physiologistes eux-mêmes. L'énergie, issue du potentiel chimique des aliments, après avoir traversé l'organisme (ou simplement l'organe que l'on considère en action) et avoir donné lieu aux apparences phénoménales plus ou moins diversifiées, plus ou moins sourdes ou bruyantes, obscures ou éclatantes, qui sont les manifestations propres ou encore irréductibles de la vitalité, fait enfin retour au monde physique. Ce retour s'opère (sauf les restrictions qui seront indiquées tout à l'heure) sous la forme ultime d'énergie calorifique. Voilà ce qu'enseigne l'expérience. Les phénomènes de fonctionnement vital sont exothermiques.

Les véritables phénomènes vitaux se classent ainsi entre l'énergie chimique qui leur donne naissance et les phénomènes thermiques qu'ils engendrent à leur tour. La place du fait vital dans le cycle de l'énergie universelle est donc parfaitement déterminée. C'est là une conclusion d'une importance capitale pour la biologie. On peut l'exprimer dans une formule concise qui résume pour ainsi dire, en quelques mots, tout ce que la philosophie naturelle doit retenir de l'énergétique appliquée aux êtres vivants. « L'énergie vitale est, en fin de compte, une transformation d'énergie chimique en énergie calorifique. »

Restrictions. — Il y a des restrictions à la rigueur de cet énoncé. Elles sont peu nombreuses.

Il faut d'abord remarquer qu'il s'applique à la *vie animale* seulement.

Pour les végétaux, envisagés dans leur ensemble, la loi devrait subir une modification. Leur énergie vitale a une autre source; elle a un autre terme. Au lieu d'être des destructeurs d'énergie potentielle chimique, ils en sont des créateurs. Ils édifient au moyen des matériaux inertes et simples que leur offre l'atmosphère et le sol, les principes immédiats qui remplissent leurs cellules. Leur fonctionnement vital forme par synthèse des réserves, des hydrates de carbone (sucres et féculents), des graisses, des matières azotées albuminoïdes, c'est-à-dire précisément les trois principales catégories d'aliments utilisés par les animaux.

Pour en revenir à ceux-ci, il faut remarquer enfin que l'énergie calorifique n'est pas le seul terme de l'activité vitale, comme le ferait supposer l'énoncé trop absolu qui précède; il en est seulement le principal. Le cycle de l'énergie aboutit occasionnellement à l'énergie mécanique (phénomènes de mouvement) et dans une faible mesure à d'autres énergies, telles, par exemple, que l'énergie électrique produite dans le fonctionnement des nerfs et des muscles chez tous les animaux; ou dans le fonctionnement d'organes spéciaux chez les raies, les torpilles et les malaptérures, ou enfin à l'énergie lumineuse des animaux phosphorescents. Mais ce sont là des faits secondaires.

La chaleur est un excretum. — Le troisième principe de l'énergétique biologique s'énoncera donc ainsi: *L'énergie vitale aboutit, comme dernier terme, à l'énergie thermique*. Ce principe nous enseigne que si l'énergie chimique est la forme génératrice, matricielle des énergies vitales, l'énergie calorifique en est la forme de déchet, d'émonction, la forme dégradée, suivant l'expression des physiciens. La chaleur est dans l'ordre dynamique un *excretum* de la vie animale, comme l'urée, l'acide carbonique et l'eau en sont des *excreta* dans l'ordre substantiel. C'est donc tout à fait à tort que, par suite d'une fausse interprétation du principe de l'équivalence mécanique de la chaleur, ou par ignorance du principe de Carnot, quelques physiologistes parlent encore de la transformation de la chaleur en mouvement ou en électricité dans l'organisme animal. La chaleur ne se transforme en rien, dans l'organisme animal, elle se dissipe. Son utilité vient, non pas de sa valeur énergétique, mais de son rôle d'amorçant dans les réactions chimiques, ainsi qu'il a été expliqué à propos des caractères généraux de l'*énergie chimique*.

Conséquences de l'énergétique pour l'intelligence des enchaînements de l'univers. — Les conséquences de ces principes, si généraux et si clairs de la physiologie énergétique sont de la plus haute importance au point de vue pratique autant qu'au point de vue théorique.

Et d'abord, ils montrent bien la place et le rang des phénomènes de la vie dans l'ensemble de l'univers. Ils font concevoir, sous un jour nouveau, cette belle harmonie des deux règnes, animal et végétal, que Priestley, Ingenhousz, Senebier et l'école chimique du commencement du xixe siècle ont dévoilée et que Dumas a exposée avec une clarté et un éclat incomparables. L'énergétique l'exprime en deux mots : « Le monde animal dépense l'énergie que le monde végétal a accumulée ». Elle étend ces vues au delà des règnes vivants. Elle montre comment le monde végétal tire lui-même son activité de l'énergie rayonnée par le soleil et comment les animaux la restituent enfin, en chaleur dissipée, au milieu cosmique. L'harmonie des deux règnes, elle l'étend à toute la nature. La science nouvelle fait de l'univers tout entier un système lié.

A un point de vue plus restreint, et pour n'envisager que le seul domaine de la physiologie animale, les lois de l'énergétique y résument et y expliquent une multitude de faits et de lois d'expérience, par exemple, la loi de l'intermittence de l'activité physiologique, le fait de la fatigue, le rôle et les principes généraux de l'alimentation, les conditions de la contraction musculaire.

CHAPITRE III

L'ÉNERGÉTIQUE ALIMENTAIRE

Problèmes divers de l'alimentation. — § 1. *L'aliment source d'énergie et de matière.* Les deux formes d'énergie apportées par l'aliment : énergie vitale, énergie calorifique. L'aliment source de chaleur. Rôle de la chaleur. — § 2. *Mesure de l'apport d'énergie* — par la méthode calorimétrique — par la méthode chimique. — § 3. Type régulier d'aliment, biothermogène — et type irrégulier, thermogène. — § 4. L'aliment considéré comme source de chaleur. Loi des surfaces. Limites de l'isodynamie. — § 5. Rôle plastique de l'aliment. Prépondérance des aliments azotés.

Parmi les questions sur lesquelles l'énergétique a projeté une vive lumière, nous avons cité celles de l'alimentation, de la contraction musculaire et celle, plus générale encore, de l'intermittence du fonctionnement vital. Il est utile de commencer par l'étude de l'alimentation.

Problèmes divers de l'alimentation. — Qu'est-ce qu'un aliment ? En quoi consiste l'alimentation ? Le dictionnaire de l'Académie nous donnera une première réponse. Le nom d'aliment, nous dira-t-il, s'applique à toutes « les matières, quelle qu'en soit la nature, qui servent habituellement ou peuvent servir à la nutrition. » C'est fort bien dit. Mais encore faudra-t-il savoir ce que c'est que la nutrition. Et cela n'est pas facile. A la vérité, on s'entend, à peu près, sur ce que, dans une société civilisée et polie, il est honnête de servir sur une table soignée. Mais, ce sont précisément les raisons profondes de ces pratiques traditionnelles qu'il faut pénétrer.

Le problème de l'alimentation offre mille aspects. Il est culinaire, sans doute, et gastronomique ; mais il est aussi économique et social, agricole, fiscal, hygiénique, médical et même moral. Et d'abord, et avant tout, il est physiologique. Il comprend et suppose la connaissance de la composition générale des aliments, de leurs transformations dans l'appareil digestif, de leur utilité comparative pour l'entretien et le bon fonctionnement de l'organisme. A ce premier groupe d'études s'en rattachent d'autres relatives aux effets de l'inanition, de l'alimentation insuffisante, de l'alimentation surabondante. Et pour éclairer tous ces aspects du problème de l'alimentation, il ne s'agit de rien moins, comme on le voit, que de dévoiler les réactions les plus intimes et les plus délicates par lesquelles l'organisme s'entretient et se répare, et, pour répéter l'expression d'un célèbre physiologiste, de pénétrer jusque dans « la cuisine des phénomènes vitaux ». Ce n'est ni Apicius, ni Brillat-Savarin, ni Berchoux, ni les moralistes ou les économistes qui peuvent nous y servir de guides. Il faut nous adresser aux savants qui, à l'exemple de Lavoisier, Berzélius, Regnault, Liebig, ont appliqué à l'étude des êtres vivants les ressources de la science générale et fondé ainsi la *chimie biologique*.

Cette branche de la physiologie a pris un développement considérable dans la seconde moitié de ce siècle ; elle a maintenant ses méthodes, sa technique, ses chaires dans les Universités, ses laboratoires et ses recueils. Elle s'est particulièrement appliquée à l'étude des « échanges matériels », ou *métabolisme* des êtres vivants ; et pour cela elle a fait deux choses.

Elle a d'abord déterminé la composition des matériaux constitutifs de l'organisme ; puis, analysant qualitativement et quantitativement tout ce qui y pénètre dans un temps donné, c'est-à-dire tous les *ingesta* alimentaires ou respiratoires, et tout ce qui en sort, c'est-à-dire toutes les excrétions, tous les *egesta*, elle a pu établir les *bilans nutritifs* qui correspondent aux diverses conditions de la vie, soit naturelles, soit artificiellement créées. On a pu dire ainsi quels étaient les régimes alimentaires qui se soldaient en bénéfice et quels autres en déficit, et quels enfin amenaient l'équilibre.

Nous ne nous proposons pas de rendre un compte détaillé de ce mouvement scientifique. C'est le rôle des ouvrages spéciaux. Nous voulons seulement indiquer ici les résultats les plus généraux de ces laborieuses recherches, c'est-à-dire les lois et les doctrines où elles aboutissent, les théories qu'elles ont suscitées. C'est par là seulement qu'elles se rattachent à la science générale et qu'elles peuvent intéresser le lecteur. Les faits de détail ne manquent jamais d'historiens ; il est plus profitable de montrer le mouvement des idées. Les théories de l'alimentation mettent aux prises des conceptions très différentes du fonctionnement vital. Il y a là une mêlée assez confuse d'opinions qu'il n'est pas sans intérêt d'essayer d'éclaircir.

§ 1. — L'aliment source d'énergie et de matière.

Définitions de l'aliment ; leur insuffisance. — Avant l'introduction en physiologie de la notion d'énergie, on n'avait point réussi à donner de l'aliment et de l'alimentation une idée exacte et une définition précise. Tous les physiologistes et les médecins qui s'y étaient essayés, avaient échoué. Et cela pour des raisons diverses.

La cause la plus générale de ces échecs c'est que la plupart des définitions, vulgaires ou savantes, faisaient intervenir la condition, pour l'aliment, d'être introduit dans l'appareil digestif. « C'est, disait-on, une substance qui, introduite dans le tube digestif, subit, etc. » Mais les plantes puisent dans le sol des aliments et elles ne possèdent point d'appareil digestif ; de même, il y a beaucoup d'animaux privés de tube intestinal ; et, dans une même espèce, tels que certains rotifères, les mâles en sont dépourvus, tandis que les femelles le possèdent. Tous les animaux s'alimentent néanmoins.

D'autre part, il y a d'autres substances que celles qui empruntent la voie digestive pour pénétrer dans l'organisme, qui sont éminemment utiles ou nécessaires à l'entretien de la vie. Il y a en particulier l'oxygène.

Le trait distinctif de l'aliment, c'est l'*utilité* dont, — convenablement introduit ou employé, — il peut être à l'être vivant. Substance prise dans le milieu extérieur, « nécessaire à l'entretien des phénomènes de l'organisme sain et à la réparation des pertes qu'il fait constamment » — telle est la définition de Claude Bernard. — « Substance qui apporte un élément nécessaire à la constitution de l'organisme, ou qui *diminue sa désintégration* » (aliment d'épargne) telle est la définition du physiologiste allemand C. Voit. — M. Duclaux dit, de son côté, mais d'une façon beaucoup trop extensive : « C'est une substance qui contribue à assurer le bon fonctionnement de l'un quelconque des organes d'un être vivant. » — Toutes ces manières de caractériser l'aliment en donnent une idée incomplète.

L'aliment, source d'énergie et de matière. — L'intervention de la notion d'énergie fait mieux comprendre la vraie nature de l'aliment. Il faut, en effet, recourir à la conception énergétique pour se rendre compte de tout ce que l'organisme exige de l'aliment. Il ne lui demande pas seulement de la *matière*, mais aussi et surtout, de l'*énergie*.

Les naturalistes s'attachaient jusqu'ici exclusivement à la nécessité d'un apport de matière, c'est-à-dire qu'ils n'envisageaient qu'une face du problème de l'alimentation. Le corps vivant présente, en chacun de ses points, une série ininterrompue d'écroulements et de réédifications, dont les matériaux sont puisés au dehors par l'alimentation et y sont rejetés par l'excrétion. Cuvier appelait *tourbillon vital*, cette circulation incessante de la matière ambiante, à travers le monde vital ; il en faisait, avec raison, la caractéristique de la nutrition et le trait distinctif de la vie.

Cette notion du *circulus de matière* a été complétée de notre temps par celle du *circulus d'énergie*. Tous les phénomènes de l'univers, et, par suite, ceux de la vie, sont conçus comme des mutations énergétiques. On les envisage dans leur enchaînement, au lieu de les considérer isolément, à la façon ancienne ; chacun a un antécédent et un conséquent, auxquels il est lié en grandeur par une loi d'équivalence que la physique contemporaine a fait connaître ; et ainsi, l'on peut concevoir leur succession comme la circulation d'une sorte d'agent indestructible, qui change seulement d'apparence ou de déguisement en passant de l'un à l'autre, mais qui se conserve en grandeur ; c'est l'*énergie*. Or, l'être vivant n'est pas seulement le siège d'une circulation de matière, il est aussi le siège d'une circulation d'énergie.

Le résultat le plus général des études de chimie physiologique depuis le temps de Lavoisier jusqu'à ce jour a été de nous apprendre que *l'antécédent du phénomène vital est toujours un phénomène chimique*. Les énergies vitales tirent leur origine de l'énergie chimique potentielle accumulée dans les principes immédiats constitutifs de l'organisme. De même, le *phénomène conséquent du phénomène vital est, en général, un phénomène calorifique* : l'énergie vitale aboutit à l'énergie thermique. Ces trois affirmations, — relatives à la nature, à l'origine et au terme des phénomènes vitaux, — constituent les trois principes fondamentaux, les trois lois de l'énergétique biologique.

L'aliment, source de chaleur. Ce n'est pas en tant que source de chaleur que l'aliment est la source de l'énergie vitale. — La place de l'énergie vitale dans le cycle de l'énergie universelle est, de ce chef, parfaitement déterminée. Elle se classe entre l'énergie chimique qui en est la forme génératrice, et l'énergie calorifique qui en est la forme de disparition, de déchet, la « forme dégradée, » selon l'expression des physiciens. De là une conséquence qui va trouver son application immédiate dans la théorie de l'aliment. C'est à savoir, que la chaleur est, dans l'ordre dynamique, un *excretum* de la vie animale rejeté par l'être vivant, comme dans l'ordre substantiel, l'urée, l'acide carbonique et l'eau sont des matériaux usés et encore rejetés par lui. Il ne faut donc point parler de transformation dans l'organisme animal de la chaleur en énergie vitale, comme certains physiologistes le répètent chaque jour; ni même, comme le faisait autrefois Béclard, de sa transformation en mouvement musculaire; ou comme d'autres l'ont soutenu, en électricité animale. C'est là une erreur de doctrine en même temps que de fait. Elle provient d'une fausse interprétation du principe de l'équivalence mécanique de la chaleur et d'une méconnaissance du principe de Carnot. L'énergie thermique ne remonte pas le cours du flux énergétique dans l'organisme animal.

La chaleur ne s'y transforme en rien ; elle se dissipe simplement.

Rôle de la chaleur animale comme condition des manifestations physiologiques. — Est-ce à dire que la chaleur soit inutile à la vie chez les êtres où précisément elle se produit le plus abondamment, c'est-à-dire chez l'homme et chez les vertébrés à sang chaud ? Bien loin de là, elle lui est nécessaire. Mais son utilité a un caractère particulier qu'il ne faut ni méconnaître, ni exagérer ; ce n'est pas de se transformer en réactions chimiques ou vitales, mais simplement de leur créer une condition favorable.

D'après le premier principe de l'énergétique, il faudrait, pour que le fait vital dérivât du fait thermique, que la chaleur pût elle-même se transformer préalablement en énergie chimique, puisque celle-ci est nécessairement la forme antécédente et génératrice de l'énergie vitale. Or, cette transformation régressive est impossible, selon la doctrine régnante en physique générale. Le rôle de la chaleur dans l'acte de la combinaison chimique est d'amorcer la réaction ; il consiste à mettre, en changeant leur état ou en modifiant leur température, les corps réagissants dans la condition où ils doivent être pour que les forces chimiques puissent s'exercer. Et, par exemple, dans la combinaison de l'hydrogène et de l'oxygène par inflammation du mélange détonant, la chaleur ne fait qu'amorcer le phénomène, parce que les deux gaz, indifférents à la température ordinaire, ont besoin d'être portés à 400 degrés pour que l'affinité chimique puisse entrer en jeu. Il en est ainsi pour les réactions qui s'accomplissent dans l'organisme. Elles ont un optimum de température ; c'est le rôle de la chaleur animale de le leur fournir.

Il résulte de ces explications que la chaleur intervient dans la vie animale à deux titres : d'abord et surtout comme *excretum* ou aboutissant du phénomène vital, du *travail physiologique* — et d'autre part comme *condition* ou *amorce* des réactions chimiques de l'organisme; et, d'une façon générale, comme condition favorable pour l'apparition des manifestations physiologiques de la matière vivante. — Elle ne se dissipe donc pas en pure perte.

Ces idées que nous-mêmes avions déduites, il y a plusieurs années, de quelques expériences sur le rôle alimentaire de l'alcool, nous ne savions pas alors qu'elles avaient été déjà exprimées par l'un des maîtres de la physiologie contemporaine, par M. A. Chauveau, et qu'elles se rattachaient, dans son esprit, à tout un ensemble de conceptions et de travaux d'un haut intérêt, au développement desquels nous avons assisté depuis lors.

Deux formes d'énergie apportées par l'aliment chez les animaux. — Dire que l'aliment est un apport d'énergie en même temps qu'un apport de matière, c'est en définitive exprimer en deux mots la conception fondamentale de la biologie, en vertu de laquelle la vie ne met en œuvre aucun substratum ou aucun dynamisme qui lui soit propre. L'être vivant nous apparaît, d'après cela, comme le siège d'une incessante circulation de matière et d'énergie qui part du monde extérieur pour y revenir. Cette matière et cette énergie, c'est précisément tout l'aliment. Tous ses caractères, l'appréciation de son rôle, de son évolution, toutes les règles de l'alimentation découlent comme de simples conséquences de ce principe, interprété à la lumière de l'énergétique.

Et d'abord demandons-nous quelles formes d'énergie apporte l'aliment? Il est aisé de voir qu'il en apporte deux : il est essentiellement une source d'énergie chimique; il est secondairement et accessoirement une source de chaleur. L'énergie chimique est la seule, d'après la seconde des lois de l'énergétique, qui soit apte à se transformer en énergie vitale. Cela est vrai tout au moins pour les animaux; car chez les plantes il en est autrement : le cycle vital n'y présente ni le même point de départ, ni le même terme ; la circulation d'énergie ne s'y fait pas de la même manière.

D'autre part, — et c'est la troisième loi qui l'enseigne, — l'énergie mise en jeu dans les phénomènes vitaux est libérée enfin et restituée au monde physique sous forme de chaleur. Nous venons de dire que ce dégagement de calorique est employé à élever la température interne de l'être vivant : c'est la chaleur animale.

Telles sont les deux espèces d'énergie qu'apporte l'aliment : chimique et calorifique.

Si l'on veut ne rien omettre, il faut ajouter que ce ne sont pas les seules, mais seulement les principales et de beaucoup les plus importantes. Il n'est pas absolument vrai que la chaleur soit l'unique aboutissant du cycle vital. Il n'en est ainsi que chez le sujet au repos, qui se contenterait de vivre paresseusement sans exécuter de travail mécanique extérieur, sans soulever aucun outil ou aucun fardeau, fût-ce celui de son corps. Et, encore, en parlant de la sorte, négligeons-nous tous les mouvements et tous les travaux mécaniques qui s'exécutent, en dehors de la volonté, par les battements du cœur et des artères, les mouvements de la respiration et les contractions du tube digestif.

Le travail mécanique est, en effet, une seconde terminaison possible du circulus d'énergie ; mais celle-là déjà n'a plus rien de nécessaire, de fatal, puisque le mouvement et l'usage de la force sont, dans une certaine mesure, subordonnés à la volonté capricieuse de l'animal (1). — D'autres fois, encore,

1. Il y a une autre raison pour laquelle la part de l'énergie mécanique se trouve réduite par rapport à celle de l'énergie calo-

c'est un phénomène électrique qui termine le cycle vital, et c'est en effet ainsi que les choses se passent dans le fonctionnement des nerfs et des muscles chez tous les animaux et dans le fonctionnement de l'organe électrique chez les poissons, tels que la raie et la torpille. — Enfin, le terme peut être un phénomène lumineux ; et c'est ce qui arrive chez les animaux phosphorescents.

Il est inutile d'énerver les principes en énumérant ainsi toutes les restrictions qu'ils comportent. On sait assez qu'il n'y a pas de principes absolus dans la nature. Disons donc que l'énergie qui anime temporairement l'être vivant lui est fournie par le monde extérieur sous la forme exclusive d'énergie chimique potentielle ; mais que, si elle n'a qu'une porte d'entrée, elle a deux portes de sortie : elle fait retour au monde extérieur sous la forme principale d'énergie calorifique, et sous la forme accessoire d'énergie mécanique.

§ 2. — Mesure de l'apport d'énergie alimentaire.

Méthode calorimétrique. — Il est clair, d'après ce qui précède, que si le flux énergétique qui circule à travers l'animal en sort, indivis, à l'état de chaleur, la mesure de cette chaleur devient la mesure même de l'énergie vitale, dont l'origine première remonte à l'aliment. Si le flux se partage en deux courants, mécanique et thermique, il faut les mesurer l'un et l'autre et additionner leurs valeurs. Dans

rifique, dans le partage de l'énergie alimentaire afférente, au moins chez les animaux qui ne sont pas assujettis à un travail excessif. L'unité de chaleur, la calorie, équivaut à 425 unités de travail, à 425 kilogrammètres. Chez l'animal au repos, le nombre de kilogrammètres qui représente les divers travaux exécutés est faible ; le nombre de calories correspondantes est encore 425 fois plus petit. Il devient presque négligeable en comparaison du nombre considérable de calories dissipées sous forme de chaleur.

le cas où l'animal ne produit pas de travail mécanique et où tout finit en chaleur, il suffit de capter ce flux énergétique, à la sortie, au moyen d'un calorimètre, pour avoir une évaluation en grandeur et en nombre de l'énergie en mouvement dans l'être vivant. Les physiologistes disposent à cet effet, d'une instrumentation variée. Lavoisier et Laplace se servaient du calorimètre de glace, c'est-à-dire d'un bloc de glace dans lequel ils enfermaient un animal de petite taille, un cobaye; et ils appréciaient sa production calorifique par la quantité de glace qu'il avait fait fondre. Dans une de leurs expériences, par exemple, ils trouvèrent que le cochon d'Inde avait fait fondre 341 grammes de glace dans l'espace de dix heures, et dégagé, en conséquence, 27 calories.

On a imaginé, depuis, des instruments plus parfaits. M. d'Arsonval a employé un calorimètre à air qui n'est autre chose qu'un thermomètre différentiel très ingénieusement agencé et rendu enregistreur. MM. Rosenthal, Richet, Hirn et Kaufmann, Lefèvre, ont plus ou moins simplifié ou compliqué ces calorimètres à air. D'autres, à l'exemple de Dulong et de Despretz, ont fait usage des calorimètres à eau et à mercure, — ou, comme Liebermeister, Winternitz et J. Lefèvre (du Havre), ont eu recours à la méthode des bains. — Il y a là un mouvement de recherches considérable, qui a conduit à des faits très intéressants.

Mesure de l'apport d'énergie alimentaire par la méthode chimique. — On peut encore arriver au résultat d'une autre manière. Au lieu de surprendre le courant d'énergie à la sortie et sous la forme de chaleur on peut essayer de le capter à l'entrée sous forme d'énergie chimique potentielle.

L'évaluation de l'énergie chimique potentielle peut précisément être faite avec la même unité de mesure que la précédente, c'est-à-dire en calories. Si l'on considère, par exemple, l'homme et les mammifères, on sait que l'infinie variété de leurs aliments n'est qu'apparente. On peut dire qu'ils se nourrissent seulement de trois substances. C'est un fait bien remarquable, que toute la complication et la multiplicité de viandes, de fruits, de graines, de feuilles, de tissus animaux et de produits végétaux dont il est fait usage, aboutissent à une simplicité et à une uniformité si grande; que toutes ces substances se ramènent à trois types seulement : d'abord des albuminoïdes comme l'albumine ou blanc d'œuf, — les aliments d'origine animale sont des variétés d'albumine ; — puis des hydrates de carbone, qui sont des variétés plus ou moins déguisées d'amidon ou de sucre ; enfin, des graisses.

Voilà au point de vue chimique, — abstraction faite de quelques matières minérales, — les principales catégories de matières alimentaires : voilà, avec l'oxygène amené par la respiration, tout ce qui pénètre dans l'économie.

Et maintenant qu'en sort-il ? Trois choses seulement, de l'eau, de l'acide carbonique et de l'urée. Or, celles-ci sont les produits de la combustion de celles-là. Si l'on considère un organisme adulte, en parfait équilibre, qui ne varie, au cours de la durée de l'expérience, ni en poids ni en composition, on peut dire que les recettes compensent les dépenses. L'albumine, le sucre, la graisse, plus l'oxygène importés balancent quantitativement, l'eau, l'acide carbonique et l'urée exportés. — Les choses se passent, en fin de compte, comme si les aliments des trois catégories étaient brûlés plus ou moins complètement par l'oxygène.

C'est cette combustion qu'on sait, depuis Lavoisier, être la source de la chaleur animale. On peut aisément déterminer la quantité de chaleur laissée par l'albumine passant à l'état d'urée, et par l'amidon, les sucres et les graisses réduits à l'état d'eau et d'acide carbonique. — Cette quantité de chaleur ne dépend pas, en effet, de la variété des produits intermédiaires inconnus qui ont pu se former dans l'économie. Berthelot a montré que cette quantité de chaleur, — qui mesure l'énergie chimique libérée par ces substances, — est la même que l'on obtiendrait en brûlant dans un appareil de chimie, dans la bombe calorimétrique, les sucres et les graisses complètement jusqu'à l'état d'acide carbonique et d'eau et l'albumine jusqu'à l'état d'urée. Ce résultat est une conséquence du *principe des états initial et final* de Berthelot. La chaleur libérée ne dépend que de l'état initial et de l'état final, et non des états intermédiaires.

La chaleur laissée dans l'économie par les aliments étant la même que celle laissée dans la bombe calorimétrique, il est facile aux chimistes de la déterminer. On a vu ainsi que 1 gramme d'albumine produisait 4,8 calories; 1 gramme de sucre, 4,2 calories; 1 gramme de graisse, 9,4 calories. On apprécie ainsi ce qu'une ration donnée, — mélange en certaines proportions de ces diverses sortes d'aliments — apporte à l'organisme et lui laisse d'énergie, évaluée en calories.

Le calcul peut atteindre une grande précision si, au lieu de s'en tenir aux grands traits du problème, on entre dans le détail rigoureux. Ce n'est, en effet, que par approximation que nous avons réduit tous les aliments à l'albumine, au sucre et à la graisse, et les excreta à l'eau, l'acide carbonique et l'urée.

La réalité est un peu plus compliquée. Il y a des variétés d'albumine, d'hydrates de carbone et de corps gras dont les chaleurs de combustion dans l'organisme oscillent respectivement autour des nombres 4,8 — 4,2 — 9,4. On a examiné chacun de ces corps isolément et des tables numériques ont été dressées par Berthelot, Rubner, Stohmann, Van Noorden, etc. Elles font connaître la valeur calorifique ou énergétique des aliments les plus divers.

Dans nos climats, l'homme adulte, moyen, n'exécutant aucun travail pénible, consomme quotidiennement une ration d'entretien, composée en général de 100 grammes d'albuminoïdes, 49 grammes de graisses et 403 grammes d'hydrates de carbone. Cette ration a une valeur énergétique de 2,600 calories environ.

C'est donc grâce aux conquêtes de la thermochimie et aux principes posés dès 1864 par M. Berthelot que cette seconde manière d'aborder le dynamisme nutritif a été rendue possible. Les physiologistes, à l'aide de ces méthodes, ont établi les *bilans d'énergie* pour les êtres vivants, comme auparavant ils établissaient des *bilans de matière*.

Ce sont précisément les recherches de ce genre que nous présentons ici comme une conséquence de l'énergétique biologique, qui, en réalité, ont contribué à l'édifier. Ce sont elles qui nous ont appris que, conformément aux *principes de la Thermodynamique*, il n'y avait pas, en fait, dans l'organisme, transformation de la chaleur en travail mécanique, comme les physiologistes avaient pu le croire un moment, sur l'autorité de Béclard. — Avec le secours de la théorie, cette erreur n'est plus possible. La doctrine énergétique nous montre, en effet, le courant d'énergie se divisant au sortir de l'être vivant en deux branches divergentes, l'une thermique et l'autre mécanique, étrangères l'une à l'autre, quoique issues toutes deux du même tronc commun, et n'ayant entre elles d'autre rapport que celui-ci, à savoir que leurs débits additionnés représentent le total de l'énergie en mouvement.

Recouvrons maintenant ces notions si simples, des

mots plus ou moins barbares, en usage dans la physiologie. — Nous nous convaincrons, en passant, de la vérité du mot de Buffon que « le langage de la Science est plus difficile à connaître que la science elle-même ». — Nous dirons alors que l'énergie chimique, que l'unité de poids de l'aliment est susceptible de déposer dans l'organisme, constitue le *potentiel alimentaire*; la *valeur énergétique* de cette substance, son *pouvoir dynamogène*. Elle s'évalue en unités de chaleur, en calories, que la substance est susceptible d'abandonner à l'organisme; l'évaluation se fait d'après les principes de la thermochimie, au moyen des tables numériques de M. Berthelot, de Rubner et de Stohmann. Le même nombre exprime encore le *pouvoir thermogène*, virtuel ou théorique, de la substance alimentaire. Cette énergie étant destinée à se transformer en *énergies vitales* (*travail physiologique* de Chauveau, *énergie physiologique*), la *valeur dynamogène* et *thermogène* de l'aliment est en même temps sa *valeur biogénétique*. Deux poids d'aliments différents qui apportent à l'organisme le même nombre de calories, c'est-à-dire pour lesquels ces valeurs numériques sont les mêmes, seront dits des poids *isodynames* ou *isodynamogènes*, *isobiogénétiques*, *isoénergétiques*; ils s'équivaudront au point de vue de leur valeur alimentaire. Et enfin, si, comme c'est le cas habituel, le cycle de l'énergie s'achève en production de chaleur, l'aliment qui a été utilisé à cet effet a une *valeur thermogène* réelle identique à sa valeur thermogène théorique ; on pourra la déterminer expérimentalement dans ce cas, par la calorimétrie directe, en mesurant la chaleur produite par l'animal supposé identique à lui-même avant la consommation et après la consommation de cet aliment.

§ 3. — Différents types d'aliments : type régulier, bio-thermogène et type irrégulier, thermogène.

L'aliment est une source d'énergie calorifique pour l'organisme parce qu'il s'y décompose, parce qu'il y subit une dégradation chimique. La chimie physiologique nous apprend que, quelle que soit la manière dont se fait sa dislocation, celle-ci aboutit toujours au même corps et libère toujours la même quantité de chaleur. Mais si le point de départ et le point d'arrivée sont les mêmes, il est possible que la route parcourue ne soit pas constamment identique. Par exemple, 1 gramme de graisse fournira toujours la même quantité de chaleur, 9,4 calories, et sortira toujours à l'état final d'acide carbonique et d'eau; mais, de la graisse au mélange gaz carbonique et eau, il y a bien des intermédiaires différents. On conçoit, en un mot, des cycles d'évolutions alimentaires variés.

Au point de vue de la chaleur produite, il vient d'être dit que ces cycles s'équivalent. Mais s'équivalent-ils au point de vue vital ? Question essentielle.

Imaginons l'alternative la plus ordinaire. L'aliment passe de l'état naturel à l'état final après s'être incorporé aux éléments des tissus et avoir participé aux opérations vitales : le potentiel chimique ne s'évanouit en énergie calorifique qu'après avoir traversé une certaine phase intermédiaire d'énergie vitale. C'est là le cas normal, le *type régulier de l'évolution alimentaire*. On peut dire, dans ce cas, que l'aliment a rempli tout son office ; il a servi au fonctionnement vital avant de produire de la chaleur ; il a été *bio-thermogène*.

Type irrégulier ou thermogène pur. — Et maintenant, concevons le *type irrégulier ou aberrant* le plus simple. L'aliment passe de l'état initial à l'état final sans s'incorporer aux cellules vivantes de l'organisme, sans prendre part au fonctionnement vital; il reste confiné dans le sang et les liquides circulants, il y subit pourtant, en fin de compte, la même désintégration moléculaire que tout à l'heure et libère la même quantité de chaleur. Son énergie chimique se mue d'emblée en énergie thermique. L'aliment est un *thermogène pur*. Il n'a rempli qu'une partie de son office; il a été d'une moindre utilité vitale.

Ce cas se présente-t-il dans la réalité? Y a-t-il des aliments qui ne seraient que des *thermogènes purs*, c'est-à-dire qui ne s'incorporeraient point en réalité, aux éléments anatomiques vivants; qui n'en feraient partie, ni à l'état de constituants provisoires du protoplasme vivant, ni même à l'état de réserves; qui resteraient dans le milieu intérieur, dans le sang et la lymphe, et y subiraient leur évolution chimique? — Ou bien encore, si la totalité de l'aliment n'échappe pas à l'assimilation, serait-il possible qu'une partie y échappât? Serait-il possible qu'une même substance alimentaire fût incorporée pour une part et, pour une autre part, maintenue dans le sang ou la lymphe, dans les liquides circulants, *ad limina corporis*, pour ainsi dire? En d'autres termes, un même aliment peut-il être, suivant le cas, un *bio-thermogène* ou un *thermogène pur*? Quelques physiologistes, parmi lesquels Fick, de Wurzburg, ont prétendu qu'il en était réellement ainsi pour la plupart des aliments azotés, hydrocarbonés et gras; tous seraient capables d'évoluer suivant les deux types. Au contraire, Zuntz et von Mering ont absolument contesté l'existence du type aberrant ou thermogène pur : aucune substance ne se décomposerait directement dans les liquides organiques en dehors de l'intervention fonctionnelle des éléments histologiques. D'autres auteurs, enfin, enseignent qu'il y a un petit nombre de substances alimentaires qui subissent ainsi la combustion directe, et, parmi elles, l'alcool.

Consommation de luxe de Liebig. — La *Théorie de la consommation de luxe*, de J. Liebig, et la *Théorie de l'albumine circulante*, de Voit, affirment que les aliments protéiques subissent en partie la combustion directe dans les vaisseaux sanguins. L'organisme n'en incorpore qu'une partie qui répond à la nécessité physiologique. Quant au surplus d'aliment qui lui est offert, il l'accepte et, pour ainsi dire, il le gaspille : il le brûle directement ; il en fait une consommation somptuaire, une consommation de luxe.

Il s'est élevé, à ce propos, un débat célèbre qui divise encore les physiologistes. Si l'on dégage l'objet essentiel de la discussion de tous les voiles qui l'enveloppent, on s'assure qu'il s'agit, au fond, de décider si un aliment suit toujours la même évolution, quelles que soient les circonstances, et en particulier quand il est introduit en grand excès. Liebig pensait que la partie surabondante, échappant au processus ordinaire, était détruite par une combustion directe. Il affirmait, par exemple, que les substances azotées en excès, au lieu de parcourir leur cycle habituel d'opérations vitales, étaient directement brûlées dans le sang. Nous exprimerions aujourd'hui la même idée en disant qu'elles subissent alors une évolution accélérée. Au lieu de passer du sang dans l'élément anatomique, pour revenir, sous la forme disloquée, de l'élément anatomique au sang, elles opèrent leur dislocation dans le sang lui-même ; elles économisent un déplacement, et, par suite, restent en réalité étrangères à la construction de l'édifice vivant. Leur énergie, franchissant l'étape vitale intermédiaire, passe d'un saut de la forme chimique à la forme thermique.
— La doctrine de Liebig réduite à cette idée fonda-

mentale, méritait de survivre. Des erreurs sur des points accessoires entraînèrent sa ruine.

Albumine circulante de Voit. — Quelques années plus tard, le célèbre chimiste physiologiste de Munich, C. Voit la releva, sous une forme plus outrée. — Pour lui c'était la presque totalité de l'élément albuminoïde qui se brûlait directement dans le sang. Il interprétait certaines expériences sur l'utilisation des aliments azotés en imaginant que ces substances introduites dans le sang à la suite de la digestion s'y divisaient en deux parts : l'une très minime, qui s'incorporait aux éléments vivants, et passait à l'état d'*albumine organisée* ; l'autre, correspondant à la majeure partie de l'albumine alimentaire, restait mélangée au sang et à la lymphe, et était soumise, dans ce milieu, à la combustion directe : c'était l'*albumine circulante*. Dans cette doctrine, les tissus sont à peu près stables ; les liquides organiques seuls sont sujets aux transformations oxydantes, au métabolisme nutritif. L'évolution accélérée que Liebig considérait comme un cas exceptionnel était donc la règle pour C. Voit.

Idées actuelles sur le rôle des aliments. — Les idées actuelles ne sont pas celles de Voit ; mais elles n'en diffèrent pourtant pas essentiellement. On n'admet plus que la majeure partie de l'albumine ingérée et digérée reste confinée dans le milieu circulant, étrangère aux éléments anatomiques. On croit, avec Pflüger et l'école de Bonn, qu'elle pénètre dans l'élément anatomique, qu'elle y est incorporée ; mais, d'accord avec Voit, on pense qu'une très faible partie s'assimile à la matière réellement vivante, au protoplasme proprement dit : la majeure partie est déposée dans l'élément cellulaire à l'état de réserve. — Le matériel proprement dit de la machine vivante n'éprouve pas des destructions et des réparations aussi étendues que le croyaient nos prédécesseurs ; il n'a pas besoin de grosses réparations. Au contraire, l'activité physiologique consomme largement les réserves. Aussi, la plus grande partie des aliments sert, après avoir subi une élaboration convenable, à remplacer les réserves détruites dans chaque élément anatomique par le fonctionnement vital.

Faits expérimentaux. — Parmi les faits qui avaient amené les physiologistes de l'école de Voit à croire que la plupart des aliments ne dépassaient point le milieu intérieur, il y en a un qui mérite d'être rappelé ici. On a observé que la consommation d'oxygène amenée par la respiration augmente notablement (d'un cinquième environ de sa valeur) aussitôt après le repas. Qu'est-ce à dire ? Le délai est trop court pour que les substances alimentaires digérées aient pu être élaborées et incorporées aux cellules vivantes. On suppose qu'il faut un temps appréciable pour cette complète assimilation. Les produits de la digestion alimentaire sont donc encore vraisemblablement dans le sang et dans les liquides interstitiels en communication avec lui ; l'augmentation de l'oxygène consommé indiquerait qu'une assez grande portion de ces substances alibiles absorbées et passées dans le sang y seraient oxydées et détruites sur place. Mais cette interprétation, pour vraisemblable qu'elle soit, n'est pas tellement ajustée aux faits, qu'on doive la considérer comme démontrée. — Quelques expériences de Zuntz et Mering sont contraires, en effet, à l'idée que les combustions soient faciles dans le sang. Ces physiologistes ont injecté certaines substances oxydables dans les vaisseaux, sans parvenir à en déterminer l'oxydation immédiate. Il est vrai de dire que l'on peut opposer à ces tentatives infructueuses d'autres essais plus heureux.

Catégorie d'aliments purement thermogènes, à évolution accélérée; alcool, acides des fruits. — L'évolution accélérée des aliments, — évolution qui s'accomplirait dans le sang, c'est-à-dire en dehors des éléments réellement vivants, — reste donc très incertaine, en ce qui considère les aliments ordinaires. — On a pensé qu'elle l'était un peu moins, en ce qui concerne la catégorie spéciale de l'alcool, des acides des fruits, de la glycérine.

Quelques auteurs considèrent ces corps comme de *purs thermogènes*. Lorsque, disent-ils, l'alcool est ingéré à doses modérées, un dixième environ de la quantité absorbée se fixe sur les tissus vivants; le reste est de l'« alcool circulant », qui s'oxyderait directement dans le sang et la lymphe, sans intervenir dans les opérations vitales autrement que par la chaleur qu'il produit. Au regard de la théorie énergétique, ce ne sont pas des aliments véritables, puisque leur énergie potentielle ne se transforme en aucune espèce d'énergie vitale, mais passe, d'un trait, à la forme calorifique.

Au contraire, d'autres physiologistes regardent l'alcool comme étant réellement un aliment. C'est que, pour eux, est réputé aliment tout ce qui, dans l'organisme, se transforme en produisant de la chaleur; et ils apprécient la valeur alibile d'une substance par le nombre de calories qu'elle peut céder à l'organisme. A ce titre, l'alcool serait un aliment supérieur aux hydrates de carbone et aux substances azotées. Une quantité déterminée d'alcool, le gramme par exemple, vaut autant au point de vue thermique que $1^{gr},66$ de sucre, que $1^{gr},44$ d'albumine et que $0^{gr},73$ de graisse. Ces quantités seraient *isodynames*.

L'expérience n'a pas décidé entièrement pour ou contre cette doctrine. Cependant les premières épreuves ne lui ont pas été favorables.

Les recherches de C. von Noorden et de ses élèves,

Stammreich et Miura, ont précisément établi d'une manière directe que l'alcool ne peut pas être substitué, dans une ration d'entretien, à une quantité exactement isodyname d'hydrates de carbone. Si l'on opère cette substitution, la ration naguère capable de maintenir l'organisme en équilibre, devient insuffisante ; l'animal diminue de poids ; il perd plus de matières azotées qu'il n'en récupère par son régime ; situation insoutenable à la longue. — D'autre part, les célèbres recherches de l'Américain Atwater plaideraient, au contraire, en faveur d'une substitution presque isodyname. Et, enfin, Duclaux a fait observer que l'alcool était un aliment véritable, bio-thermogène pour certains organismes végétaux. Mais l'urée aussi est un aliment pour le *micrococcus ureæ*. Cela ne veut pas dire qu'il le soit pour les mammifères. La solution reste en suspens, *ad hùc sub judice*.

Conclusion : caractère énergétique de l'aliment. — En résumé, dans ce qui précède, nous nous sommes bornés à envisager un seul caractère de l'aliment, le plus essentiel à la vérité, le caractère énergétique. Il faut que l'aliment fournisse de l'énergie à l'organisme et pour cela qu'il s'y décompose, s'y disloque et qu'il en sorte simplifié. C'est ainsi, par exemple, que les graisses, qui sont des édifices moléculaires compliqués au point de vue chimique, s'échappent à l'état d'acide carbonique et d'eau. — Il en est de même pour les hydrates de carbone, matières amylacées et sucrées. C'est parce que ces composés descendent à un moindre degré de complication durant leur excursion à travers l'organisme, qu'ils abandonnent, par cette sorte de chute, l'énergie chimique qu'ils recélaient à l'état potentiel. La thermochimie permet de tirer de la comparaison de l'état initial avec l'état final, la valeur de l'énergie cédée à l'être vivant ; cette valeur énergétique, dynamogène ou thermogène, donne ainsi une mesure de la capacité alimentaire de la substance. Un gramme de graisse, par exemple, laisse à l'organisme une quantité d'énergie équivalente à 9,4 calories ; la valeur thermogène ou calorifique des hydrates de carbone est moitié moindre ; elle est de 4,2 calories ; la valeur thermogène des albuminoïdes est de 4,8. — Les choses étant ainsi, on comprend pourquoi l'animal se nourrit d'aliments qui sont des produits très élevés dans l'échelle de la complication chimique.

§ 4. — L'aliment considéré exclusivement comme source de chaleur.

On a vu que l'aliment était en premier lieu une source d'*énergie chimique*; secondairement la source de l'*énergie vitale*; — enfin, et conséquemment, une source d'*énergie calorifique*. — C'est ce dernier point de vue qui a exclusivement frappé l'attention de quelques physiologistes. De là une manière particulière de concevoir le rôle de l'aliment. Elle consiste à le considérer comme une source d'énergie calorifique. Cette conception s'applique facilement aux animaux à sang chaud, mais exclusivement à eux ; — et c'est là un premier vice. L'animal est plus chaud que le milieu, en général ; il lui cède constamment de la chaleur : pour réparer cette perte de calorique, il prend des aliments et il les prend en proportion même de la perte qu'il a faite. — Lorsqu'il s'agit des vertébrés à sang froid qui vivent dans les eaux et dont le plus souvent la température interne ne se distingue pas de celle du milieu, on voit moins nettement le rôle calorifique de l'aliment. Il semble bien, alors, que la production de chaleur est un phénomène épisodique, n'existant point pour lui-même.

Quoi qu'il en soit, l'aliment est secondairement une

source d'énergie calorifique pour l'organisme. Inversement, peut-on dire que toute substance qui, introduite dans l'économie, s'y disloque avec dégagement de chaleur, est un aliment? — C'est une question controversée. Il en a été dit un mot tout à l'heure à propos des aliments purement thermogènes. Cependant, la plupart des physiologistes ont une tendance à donner une réponse positive. La notion d'aliment se confond, pour eux, avec le fait d'une production de chaleur. Ils prennent la conséquence pour la cause. Est réputé aliment, pour ces physiologistes, tout ingestat qui dégage de la chaleur dans l'intérieur du corps.

C'est, en effet, un besoin très impérieux des animaux supérieurs d'être alimentés en chaleur. Si ce besoin n'est pas satisfait, les activités fonctionnelles s'engourdissent; l'animal tombe en torpeur et s'il est capable de vie atténuée, de vie plus ou moins latente, il s'endort du sommeil hibernal; s'il n'en est pas capable il meurt. L'animal à sang chaud et à température fixe est organisé pour que cette constance de la température soit nécessaire à l'exercice et à la conservation de la vie. — Il faut un apport continuel d'énergie calorifique pour maintenir cette fixité indispensable. La nécessité de l'alimentation se confond, d'après cela, avec la nécessité d'un apport de chaleur pour couvrir le déficit dû au refroidissement inévitable de l'organisme. Tel est le point de vue auquel se placent quelques théoriciens; et l'on ne saurait y contredire. On ne proteste que contre l'exagération de ce principe, et la subordination des autres rôles de l'aliment à ce rôle unique de thermogène. C'est la grandeur des pertes thermiques qui, selon ces physiologistes, détermine le besoin d'aliments et règle la valeur totale de la ration d'entretien. Au point de vue quantitatif, c'est approximativement vrai; qualitativement, c'est faux.

Telle est la théorie qui s'oppose à la théorie de l'énergie chimique et vitale. Elle compte un grand nombre d'adeptes, parmi lesquels Rubner, Stohmann, von Noorden ; elle a été défendue, dans un article du *Dictionnaire de Physiologie*, par MM. Ch. Richet et Lapicque. — Pour eux, la thermogénèse domine absolument le jeu des échanges nutritifs ; et, ce sont les besoins de la calorification qui règlent la demande totale de calories que chaque organisme exige de sa ration. Ce n'est point parce qu'il produit trop de chaleur que l'organisme en disperse par sa périphérie ; c'est plutôt parce qu'il en disperse fatalement qu'il s'adapte à en produire.

Expériences de Rubner. — Cette conception du rôle de l'alimentation repose sur deux arguments. Le premier est fourni par les dernières expériences de Rubner (1893). Elles consistent à laisser vivre pendant une période assez longue (de deux à douze jours) un chien dans un calorimètre, à mesurer la quantité de chaleur produite dans ce laps de temps et à la comparer à la chaleur apportée par les aliments. L'accord est remarquable, en toutes circonstances. Mais serait-il possible que l'accord n'existât point? Évidemment non, puisqu'il y a un mécanisme régulateur bien connu, qui, précisément, proportionne sans cesse les pertes et les gains de chaleur à la nécessité de maintenir la fixité de la température interne. Ce premier argument n'est donc pas concluant.

Loi des surfaces. — Le second argument est tiré de ce que l'on a appelé *la loi des surfaces*, nettement aperçue par Regnault et Reiset dans leur célèbre mémoire de 1849, formulée par Rubner en 1884 et bien mise en lumière par Ch. Richet. En comparant les rations d'entretien pour des sujets de poids très différents, placés dans des conditions très diverses, on constate que le régime introduit toujours la même quantité de calories pour la même étendue de peau, c'est-à-dire (de surface), de refroidissement. Les données numériques recueillies par E. Voit (1901) prouvent que, dans des conditions identiques, tous les animaux à sang chaud dépensaient quotidiennement la même quantité de chaleur par unité de surface, soit 1,036 calories par mètre carré. La ration moyenne introduit précisément la quantité d'aliments qui dégage sensiblement ce même nombre de calories. C'est là un fait intéressant, mais qui, pas plus que le précédent, n'a de force démonstrative.

Objections. Limites de l'isodynamie. — Tout au contraire il y a des objections graves. La valeur calorifique des principes nutritifs ne représente qu'un aspect de leur rôle physiologique. A la vérité, les animaux et l'homme sont capables de tirer le même profit et les mêmes effets de rations dans lesquelles l'un des aliments est remplacé par une proportion des deux autres *isodyname*, c'est-à-dire développant la même quantité de chaleur. Mais cette substitution a des limites très proches. — L'isodynamie, c'est-à-dire la faculté pour les aliments de se suppléer au prorata de leurs valeurs calorifiques, est bornée de tous côtés par des exceptions. Et d'abord il y a une petite quantité d'aliments azotés qu'aucun autre principe nutritif ne peut suppléer; en outre, au delà de ce minimum, quand cette suppléance a lieu, elle n'est point parfaite; exacte entre les albuminoïdes et les hydrates de carbone vis-à-vis des graisses, elle ne l'est plus entre les deux dernières catégories vis-à-vis des matières azotées. Si le pouvoir calorifique des aliments était la seule chose qu'il y eût à considérer en eux, la suppléance isodyname ne ferait pas défaut dans toute une catégorie de principes tels que l'alcool, la glycérine et les acides gras. Enfin, si le pouvoir calorifique d'un aliment est la seule mesure de son utilité physiologique, on est fondé à se demander pourquoi l'on ne pourrait pas remplacer une dose d'aliment par une dose de chaleur. Le chauffage par le dehors devrait tenir lieu du chauffage alimentaire par le dedans. On pourrait concevoir l'ambition de substituer aux rations de sucre et de graisse une quantité isodyname de charbon de calorifère et de nourrir un homme en chauffant convenablement l'appartement qu'il habite.

Dans la réalité, l'aliment a encore d'autres offices à remplir que de chauffer le corps et de lui fournir de l'énergie, c'est-à-dire de pourvoir au fonctionnement de la machine vivante. Il doit servir aussi à la remettre en état. L'organisme a besoin de recevoir une quantité convenable de certains principes déterminés, organiques et minéraux. Ces substances sont évidemment destinées à remplacer celles qui ont été entraînées dans le circulus de matière, et à reconstituer le matériel organique. On peut donner à ces matériaux le nom d'aliments *histogénétiques* (réparateurs des tissus) ou d'aliments *plastiques*.

§ 5. — Rôle plastique de l'aliment.

Opinion des anciens physiologistes. — C'est sous ce point de vue que les anciens envisageaient le rôle de l'alimentation. Hippocrate, Aristote et Galien croyaient à l'existence d'une substance nutritive unique qui aurait existé dans tous les corps infiniment divers que l'homme et les animaux utilisent pour leur nourriture. Il faut arriver à Lavoisier pour voir naître l'idée d'un rôle dynamogène ou calorifique des aliments. Enfin la vue d'ensemble de ces deux espèces d'attributs et leur distinction nette est due à J. Liebig qui les désigna sous les noms d'*aliments plastiques* et d'*aliments dynamogènes*. Il pensait d'ailleurs qu'une même substance pouvait cumuler les deux attributs; et tel était, à ses yeux, le cas pour les aliments albuminoïdes, à la fois *plastiques* et *dynamogènes*.

Prépondérance des aliments azotés. — Magendie, le premier, en 1836, avait introduit, dans l'interminable liste des aliments, une première coupe simple. Il les avait distingués en *substances protéiques*, encore appelées albuminoïdes, azotées, quaternaires, — et *substances ternaires*. Les matières protéiques sont capables de suffire à l'entretien de la vie. De là l'importance prépondérante que l'éminent physiologiste crut devoir attribuer à cet ordre d'aliments. Ces résultats ont été vérifiés depuis. Pflüger (de Bonn) en a donné, il y a peu d'années, une démonstration très convaincante. Il a nourri, fait travailler et finalement engraissé un chien en ne lui donnant pas autre chose que de la viande débarrassée, aussi rigoureusement que possible, de toute autre matière (1). — La même expérience a montré que l'organisme peut fabriquer des graisses et des hydrates de carbone aux dépens de l'aliment azoté, quand il ne les trouve pas tout formés dans sa ration. L'albumine est capable de subvenir à tous les besoins d'énergie et de matière. En résumé, il n'y a pas de graisse nécessaire, il n'y a point d'hydrate de carbone nécessaire; l'albuminoïde seul est indispensable. Théoriquement l'animal et l'homme pourraient entretenir leur vie par l'usage exclusif de l'aliment protéique; mais, pratiquement, cela n'est point possible pour l'homme, à cause de l'énorme quantité de viande (3 kilos par jour) dont il devrait faire usage.

L'alimentation usuelle comprend un mélange des trois ordres de substances, — et dans ce mélange l'al-

1. Il n'est pas certain, toutefois, que toutes les précautions prises aient assuré le résultat cherché. On ne peut pas débarrasser entièrement la viande de ses hydrates de carbone.

bumine apporte l'élément plastique matériellement nécessaire à la réparation de l'organisme : il apporte aussi de l'énergie. Les deux autres variétés n'apportent que de l'énergie. Dans ces régimes mixtes, il faut que la quantité d'albumine ne descende jamais au-dessous d'un certain minimum. Les efforts des physiologistes, en ces dernières années, ont tendu à fixer avec précision cette *ration minima* d'albuminoïdes ou, comme l'on dit par abréviation, d'*albumine* au-dessous de laquelle l'organisme dépérirait. Voit avait, pour l'homme moyen, adulte, pesant 70 kilos, indiqué le chiffre de 118 grammes d'albumine ; il est certainement trop élevé. Des médecins japonais, Mori, Tsuboï et Murato, ont montré qu'une partie considérable de la population du Japon se contente, sans inconvénient, d'un régime beaucoup plus pauvre en azote. Les Abyssins, d'après Lapicque, ingèrent, en moyenne, 67 grammes seulement d'albumine par jour. Un physiologiste scandinave, Siven, opérant sur lui-même, a pu réduire la ration d'albumine nécessaire à l'entretien et à l'équilibre de l'organisme aux chiffres les plus bas qui aient été atteints, à savoir : de 35 grammes à 46 grammes par jour. Ces expériences, qui datent d'un an à peine, ont besoin d'être confirmées et interprétées. D'ailleurs, il importe de bien spécifier que la ration d'albumine la plus avantageuse a besoin d'être notablement au-dessus de la quantité strictement suffisante.

Il resterait à signaler plusieurs autres recherches récentes. Les plus importantes de beaucoup sont celles que M. Chauveau a publiées sur les transformations réciproques des principes immédiats dans l'organisme suivant les conditions de son fonctionnement et les circonstances de son activité. Il faudrait pour en parler avec le développement qu'elles méritent, étudier la physiologie de la contraction musculaire et du mouvement, c'est-à-dire de l'énergétique musculaire.

LIVRE III

LES CARACTÈRES COMMUNS AUX ÊTRES VIVANTS

Sommaire. — Chapitre I : Doctrine de l'unité vitale. — Chapitre II : L'unité morphologique des êtres vivants. — Chapitre III : L'unité chimique des êtres vivants. — Chapitre IV : Mutabilité des êtres vivants. — Chapitre V : La forme spécifique, son acquisition, sa réparation. — Chapitre VI : La nutrition. — Chapitre VII : La génération.

CHAPITRE I

DOCTRINE DE L'UNITÉ VITALE

Phénomènes communs à tous les êtres vivants. — Doctrine de la dualité vitale. — Unité dans la formation des principes immédiats. — Unité dans les actes digestifs. — Fonds vital commun.

Lorsqu'on demande aux écoles philosophiques ce que c'est que la vie, les unes nous montrent une cornue, les autres nous présentent une âme. Mécanistes ou vitalistes, voilà les adversaires qui, depuis l'origine de la philosophie, se disputent vainement la possession du secret de la vie. Nous n'avons pas à nous mêler à leur éternelle querelle. Nous n'avons pas à demander à Pythagore, à Platon, à Aristote, à Hippocrate, à Paracelse, à Van Helmont, à Stahl, l'idée qu'ils se formaient du principe vital; nous n'avons pas davantage à approfondir les idées d'Épicure, de Démocrite, de Boerhaave, de Willis, de Lamettrie, ou des Iatro-mécanistes ou chimistes sur la nature vivante. Il y a mieux à faire; il y a à interroger la nature.

Phénomènes communs à tous les êtres vivants. — La nature nous montre un nombre infini d'êtres, animaux ou végétaux, que la langue ordinaire qualifie d'*êtres vivants*. Ce langage suppose donc implicitement quelque chose de commun à tous, une manière d'être universelle, qui leur appartient indistinctement, sans acception des différences d'espèces, de genres ou de règnes. — D'autre part, l'analyse anatomique nous apprend que les êtres animés et les plantes sont résolubles en parties de moins en moins complexes, dont la dernière et la plus simple est l'*élément anatomique*, la *cellule*, organite microscopique qui, lui aussi, est vivant. L'opinion vulgaire soupçonne que tous ces êtres, entiers comme les individus animaux et végétaux, ou fragmentaires comme les éléments cellulaires, possèdent une manière d'être identique, qu'ils présentent un ensemble de caractères communs qui leur mérite cette désignation univoque d'êtres vivants. La vie serait alors essentiellement cette manière d'être commune aux animaux, aux végétaux et à leurs éléments. Saisir isolément ces traits communs, nécessaires, permanents, les synthétiser ensuite en un tout, ce sera la méthode vraiment scientifique de définir la vie et de la faire connaître.

Voilà donc que surgit immédiatement une question préjudicielle, fondamentale, question de fait qui doit être résolue avant tout. « Y a-t-il vraiment une manière d'être commune à tous ces êtres? La vie animale, la *vie végétale*, la vie des éléments ou *vie élémentaire* sont-elles les mêmes ? Y a-t-il un ensemble de caractères qui puisse définir *la vie* en général ? »

Les physiologistes, à la suite de Claude Bernard, répondent affirmativement. Ils acceptent pour valable et convaincante la démonstration que l'illustre expérimentateur a fournie de cette communauté vitale. — Cependant, il existe à cet assentiment universel quelques rares exceptions. Il y a, dans ce concert de voix approbatives, au moins une voix discordante : celle de M. F. Le Dantec (1).

Doctrine de la dualité vitale des animaux et des

1. M. Le Dantec, dont nous apprécions très vivement l'esprit philosophique et rigoureusement systématique, a exposé une conception nouvelle de la vie dont le fondement essentiel est précisément la distinction entre la vie élémentaire et la vie ordinaire ; entre la vie des éléments ou des êtres formés d'une cellule unique, protophytes et protozoaires, et la vie des animaux et des plantes ordinaires, qui sont des complexes polycellulaires, formés de plusieurs cellules, et appelés, en raison de cette circonstance, *métazoaires et métaphytes*.

De plus, dans la *vie élémentaire*, spéciale aux êtres monocellulaires (protozoaires et éléments cellulaires), M. Le Dantec distingue trois manières d'être : la condition n° 1, qui est la vie élémentaire manifestée dans toute sa perfection, la santé cellulaire ; la condition n° 2 qui est la vie élémentaire altérée, la *maladie cellulaire* ; la condition n° 3 qui est la *vie latente*. — Nous devons dire immédiatement qu'en ce qui concerne la distinction fondamentale des phénomènes de la *vie élémentaire*, d'avec ceux de la vie d'ensemble des animaux et des plantes ordinaires, métazoaires ou métaphytes, nous ne la trouvons ni justifiée ni utile. De plus, la *vie élémentaire manifestée*, comme l'entend M. Le Dantec, n'appartiendrait qu'à un petit nombre d'*êtres élémentaires*, — puisque déjà les protozoaires lui échappent à partir des infusoires, — et à un nombre encore moindre d'*éléments anatomiques*, puisque, chez les vertébrés, nous ne voyons guère comme seuls éléments qui y satisfassent que l'ovule et peut-être le leucocyte. — Les physiologistes sont donc en désaccord avec M. Le Dantec sur l'utilité qu'il peut y avoir d'ajouter un état de plus à ceux que tout le monde admet, à savoir : la vie élémentaire manifestée et la vie latente.

plantes. — Il y a donc des biologistes qui, sur le terrain de la théorie, et en vertu d'interprétations ou de conceptions plus ou moins fondées, séparent la *vie élémentaire* des autres formes vitales et rompent ainsi le faisceau de l'*unité vitale* proclamée par Claude Bernard. Cette doctrine unitaire, à ses débuts, a rencontré d'autres adversaires, cette fois sur le terrain des faits. Mais, de ceux-ci, elle a triomphé en s'établissant. Il s'agit des savants qui, comme J.-B. Dumas et Boussingault, séparaient la *vie animale* de la *vie végétale*.

Rappelons, en deux mots, cette lutte victorieuse de la doctrine unitaire contre le dualisme des deux règnes. — Si l'on considère un animal en action, disaient les champions du dualisme vital, on constate qu'il sent, qu'il se meut, qu'il respire, qu'il digère, et, enfin, qu'il détruit, par une véritable opération d'analyse chimique, les matériaux que lui fournit le monde ambiant. C'est par ces phénomènes que se manifeste son activité, sa vie. — Or, ajoutaient les dualistes, les plantes ne sentent, ne se meuvent, ne respirent ni ne digèrent ; elles édifient en principes immédiats, par une opération de synthèse chimique, les matériaux qu'elles empruntent au sol qui les porte ou à l'atmosphère qui les entoure. — Rien, par conséquent, de commun entre les représentants des deux règnes, si l'on se borne à l'examen des phénomènes actuels dont ils sont présentement le théâtre. — Pour trouver une ressemblance entre l'animal et le végétal, disaient encore les dualistes, il faut faire abstraction de ce qu'ils *font*, car ils font des choses différentes ou même contraires : il faut considérer d'où ils viennent et ce qu'ils *deviennent*. Les uns et les autres ont une origine dans un organisme semblable à eux ; ils grandissent, évoluent et engendrent de la même manière qu'ils ont été engendrés. En d'autres termes, tandis que leurs actes actuels séparent les plantes des animaux, leur mode d'origine et d'évolution, seuls, les rapprochent. De telles analogies ne sont pas peu de chose; mais elles étaient neutralisées par des dissemblances que l'école dualiste exagérait.

Il est clair que le mot de *vie* perdrait toute signification actuelle pour ceux qui la réduiraient à la faculté d'évolution et qui sépareraient toutes ses manifestations réelles chez les êtres animés et chez les plantes. S'il y a deux vies, l'une animale, l'autre végétale, il n'y en a plus; ou, ce qui revient au même, il y en a une infinité qui n'ont en commun que le nom ou tout au plus, la possession de quelques traits secondaires: il y en a autant que d'êtres différents, puisque chacun a son évolution particulière. Le spécifique est ici la négation du général et l'efface, au lieu de lui être subordonné. Le principe de la vie devient pour chaque être quelque chose d'individuel comme son évolution même. C'est ainsi, à bien considérer les choses, que les philosophes envisagent la vie. Telle est la raison intime de leur désaccord avec l'école physiologique.

Démonstration de la doctrine unitaire. — Au contraire, sous les déguisements des formes vivantes, le physiologiste reconnaît l'existence d'un fonds identique. Son oreille exercée saisit, à travers l'instrumentation surchargée de l'œuvre vitale, le bourdonnement reconnaissable d'un thème constant. Ce fut l'œuvre de Claude Bernard de mettre en évidence ce fonds commun. Il a fait voir que les plantes vivent comme les animaux, qu'elles respirent, digèrent, ont des réactions sensibles, se meuvent essentiellement comme eux, détruisent et édifient de la même manière les principes chimiques immédiats.

Il fallait, pour cela, passer en revue, en les examinant jusque dans leur fonds intime et en discernant l'essentiel de l'accessoire, les diverses manifestations vitales, la digestion, la respiration, la sensibilité, la motilité, la nutrition. — C'est ce que Claude Bernard a fait dans son ouvrage sur les *Phénomènes de la vie communs aux animaux et aux plantes*. Il n'y a qu'à rappeler les grands traits de cette longue démonstration.

Unité dans la formation des principes chimiques immédiats. — La première et la plus importante des différences signalées entre la vie des animaux et celle des plantes était relative à la formation des principes immédiats. C'est sur ce terrain, en effet, que le dualisme vital avait élevé sa forteresse. — On considérait le règne animal, dans son ensemble, comme le parasite du règne végétal. Pour J.-B. Dumas, « les « animaux, quels qu'ils soient, ne font ni graisse, « ni aucune matière organique élémentaire; ils « empruntent tous leurs aliments, qu'ils soient « sucrés, amylacés, gras ou azotés, au règne végétal ». Vers l'année 1843, les recherches des chimistes et de Payen, en particulier, avaient réussi à montrer la présence, à peu près constante, des matières grasses dans les végétaux; de plus, ces matières y existaient en proportions plus que suffisantes pour expliquer l'engraissement du bétail qui s'en nourrissait. — Les chimistes prêtèrent à la nature autant de sens pratique qu'ils en avaient eux-mêmes; et, puisque le foin de la ration et les herbages apportaient la graisse toute faite au cheval, au bœuf et au mouton, ils déclarèrent que l'organisme animal ne devait prendre d'autre peine que de la mettre en place dans les tissus ou de la faire passer dans le lait. Mais la nature n'est pas si sage et si économe qu'on la supposait à l'Académie des Sciences. A la suite d'une discussion mémorable, dans laquelle intervinrent Dumas, Boussingault, Payen, Liebig, Persoz, Milne-Edwards, Flourens, Chossat et, plus tard, Berthelot et Claude Bernard, il fut établi que l'animal ne s'engraisse pas avec l'aliment gras qu'on lui donnait, et, qu'aussi bien que le végétal, mais d'une autre manière, il fabrique lui-même sa graisse. — De même, le sucre, substance constitutive normale, nécessaire à la nutrition des animaux et des plantes, au lieu d'être un produit végétal, passant par l'alimentation chez les herbivores et de là chez les carnivores, est fabriqué par l'animal lui-même. — En général, les principes immédiats existent au même titre dans les deux règnes. L'un et l'autre forment et détruisent les substances indispensables à la vie.

Voici donc l'une des barrières élevées entre la vie animale et la vie végétale renversée et détruite.

Unité des actes digestifs chez les animaux et les plantes. — Une autre barrière tombe également si l'on montre que la digestion, longtemps considérée comme une fonction exclusive aux animaux — et, en particulier, aux animaux supérieurs, — est en réalité universelle.

Cuvier signalait l'absence d'appareil digestif comme un caractère très général et distinctif des plantes. — Mais l'absence d'appareil digestif ne veut pas dire l'absence de digestion. L'acte essentiel de la digestion est indépendant de la variété infinie des organes, comme une réaction de la forme du vase où elle s'accomplit; c'est, en effet, une transformation chimique d'une substance alimentaire. — Cette transformation peut être réalisée en dehors de l'organisme, *in vitro*, de la même manière que chez le vivant, sans organes masticateurs, sans appareil intestinal, sans glandes, dans un vase mis à l'étuve, simplement au moyen de quelques ferments solubles, pepsine, trypsine, diastases amylolytiques.

Toute substance alimentaire, qu'elle soit prise au dehors ou qu'elle soit empruntée aux réserves accumulées dans les entrepôts intérieurs de l'organisme, doit subir une préparation ; cette préparation, c'est la digestion. La digestion est le prologue de la nutrition. Son terme est atteint lorsque la matière réparatrice, aliment ou réserve, est mise dans un état qui permet son passage dans le sang et son utilisation par l'organisme.

Identité des catégories d'aliments dans les deux règnes. — Or, les substances alimentaires sont les mêmes dans les deux règnes et leur préparation digestive est également la même.

Les matériaux alimentaires forment quatre classes : substances albuminoïdes, féculentes, grasses et sucrées. L'animal les prend au dehors (aliments proprement dits), ou en lui-même (réserves). La fécule, par exemple, est apportée à l'homme par les divers mets farineux. Elle peut être, tout aussi bien, empruntée à la *réserve* de fécule que nous portons en nous-mêmes, dans notre foie, véritable grenier d'abondance, bondé de matière féculente, le glycogène. — Chez les végétaux, les choses vont de même. La pomme de terre a sa provision de fécule dans son tubercule, comme l'animal dans son foie ; la graine qui va germer l'a en réserve dans ses cotylédons ou dans son albumen ; le bourgeon qui va se développer en bois ou en fleur la porte à sa base.

Les mêmes conclusions sont vraies pour la seconde classe des substances, les substances sucrées. Celles-ci peuvent être un aliment pris au dehors, ou une réserve entreposée dans les tissus. L'animal prend au dehors, dans les fruits par exemple, le sucre ordinaire qui flatte son goût. La betterave, au moment de fleurir et de fructifier, tire cette substance de sa racine où elle s'est amassée par provision ; la canne à sucre, au moment de monter en graine, emprunte le sucre aux épargnes qu'elle possède dans sa tige. La levure de bière, le *saccharomices cerevisiæ*, agent de la fermentation alcoolique, trouve cette même substance dans les jus sucrés favorables à son développement.

De même, des substances grasses identiques, sous forme d'aliment ou de réserve, servent à la nutrition chez les animaux et chez les végétaux; et cela est encore vrai des substances de la quatrième classe, les substances albuminoïdes, identiques dans les deux règnes, aliments ou réserves, dans l'un comme dans l'autre, également utilisables après digestion.

Identité des agents et des mécanismes digestifs chez les plantes et les animaux. — Or, le résultat des recherches contemporaines a été d'établir qu'il existe une surprenante ressemblance dans les modifications qu'éprouvent ces aliments ou réserves chez les animaux et chez les plantes; mêmes ressemblances dans les agents qui les réalisent, dans les mécanismes par lesquels elles s'accomplissent. Il y a là une véritable unité. La fécule accumulée dans le tubercule de la pomme de terre est liquéfiée et digérée au moment de la pousse des bourgeons ou de la floraison, exactement comme l'amidon du foie ou la fécule alimentaire est digérée par l'animal. — La matière grasse mise en épargne dans la graine oléagineuse est digérée au moment de la germination comme, au moment du repas, la graisse est digérée dans l'intestin de l'animal. — Au moment où la betterave monte en graine, la racine se dégarnit de son sucre, et cette réserve va se distribuer dans la tige, après avoir été digérée, exactement de la même manière qu'elle l'eût été dans le canal digestif de l'homme.

Les végétaux digèrent donc en réalité. C'est une véritable digestion que subissent les quatre classes de matières citées plus haut pour passer de leur forme actuelle, impropre aux échanges interstitiels, à une autre forme propice à la nutrition. Comme il y a quatre espèces d'aliments, il y a quatre espèces de digestions, quatre espèces d'agents fermentifères, diastases amylolytiques, protéolitiques, sacchariques, lipasiques, identiques chez l'animal et la plante. L'identité des ferments crée l'identité des digestions. A descendre au fond des choses, l'acte digestif n'est autre que l'action de ce ferment. Le nœud de la question est là. Tout le reste n'est que diversité de décor, variantes dans les moyens d'exécution et dans les accessoires, différence de mise en scène. Mais la pièce qui se joue est la même et les acteurs sont les mêmes ainsi que l'action qui se déroule.

Cette identité de la vie animale et de la vie végétale se retrouve dans les phénomènes de la respiration et de la motilité. Les limites de cette étude ne nous permettent pas d'entrer dans le détail des faits. Au surplus, ils sont classiques et on les retrouve dans tous les traités de physiologie générale. Cette science nous fait donc apercevoir l'unité imposante de la vie dans ses manifestations essentielles.

La communauté des phénomènes de la vitalité chez les animaux et les plantes étant mise hors de doute, il s'agit d'en comprendre la raison. — Cette raison, elle est dans leur unité anatomique et dans leur unité chimique. Les phénomènes fondamentaux sont communs parce que la composition est commune et que le fond anatomique universel, la cellule, possède partout un ensemble de propriétés identiques.

Si nous demandons à la physiologie d'énumérer les caractères communs aux êtres vivants, en général, elle nous fournira les suivants : — une structure ou organisation ; — une certaine composition chimique qui est celle de la *matière vivante* ; — une forme spécifique ; — une évolution qui, au moindre degré, amène l'être à grandir et se développer jusqu'à ce qu'il se divise, et qui, au plus haut degré, embrasse un ou plusieurs cycles évolutifs avec croissance, état adulte, sénescence et mort ; — une propriété d'accroissement ou nutrition, avec sa conséquence qui est une relation d'échanges matériels avec le milieu ambiant ; — enfin une propriété de reproduction. Il importe de les passer en revue rapidement.

CHAPITRE II

UNITÉ MORPHOLOGIQUE DES ÊTRES VIVANTS

§ 1. Doctrine cellulaire. Première période : démembrement de l'organisme. — § 2. Deuxième période : démembrement de la cellule. Le cytoplasme. Le noyau. — § 3. Constitution physique de la matière vivante. Théorie micellaire. — § 4. Individualité des êtres complexes. Loi de la constitution des organismes.

Le premier caractère des êtres vivants, c'est l'*organisation*. On veut dire par là qu'ils ont une structure ; que ce sont des corps complexes formés de parties alliquotes plus petites et groupées suivant une certaine disposition. L'être élémentaire le plus simple n'est pas encore homogène ; il est hétérogène, il est organisé. Les protoplasmes les moins compliqués, celui des bactéries par exemple, possèdent encore une structure physique ; Künstler y distingue deux matières non miscibles, présentant une organisation alvéolaire. — Animaux et plantes présentent donc une organisation. Celle-ci est sensiblement constante d'un bout à l'autre de l'échelle des êtres. Il y a une *unité morphologique*.

§ 1. — Doctrine cellulaire. Première période : démembrement de l'organisme en cellules.

Doctrine cellulaire ; première période. — L'unité morphologique résulte de l'existence d'un fond analomique universel qui est *la cellule*. La doctrine cellulaire résume les enseignements de l'anatomie générale ou histologie.

L'anatomie, au commencement du XIXe siècle, suivait une ancienne routine. Elle démontait les machines animales ou végétales en unités d'ordre décroissant, d'abord en appareils (appareils circulatoire, respiratoire, digestif, etc.); puis les appareils en organes qu'elle examinait pièce à pièce; figurant et décrivant chacune de celles-ci sous tous les aspects avec un scrupule d'exactitude et une patience infatigables. — Si l'on songe à l'ancienneté de ces études, — l'*Iliade*, au dire de Malgaigne, contenant déjà les éléments d'une très belle anatomie des régions, — et surtout à la puissante impulsion qu'elles avaient reçue au XVIIe et au XVIIIe siècle, on comprendra l'illusion de ceux qui, au temps de X. Bichat, pouvaient croire la tâche de l'anatomie près d'être achevée.

En réalité cette tâche commençait à peine, puisque l'on ne connaissait rien de la structure intime des organes. X. Bichat accomplit une révolution quand il décomposa le corps vivant en tissus. — Ses successeurs faisant un pas de plus dans l'analyse, dissocièrent les tissus en éléments. — Ces éléments, à leur tour, que l'on aurait pu croire infiniment variés, furent ramenés à un *prototype* commun, la cellule.

Le corps vivant, désagrégé par l'histologiste, se résout, sous le microscope, en une poussière dont chaque grain est *la cellule*. Celle-ci est un élément anatomique dont la constitution est la même d'une partie à l'autre du même être, et d'un être à l'autre, et dont les dimensions, sensiblement constantes dans toute l'étendue du monde vivant, varient autour d'un diamètre moyen de quelques millièmes de millimètre, c'est-à-dire de quelques *microns*. Cet élément, la cellule, est un organe véritable. Il est plus petit, sans doute, que ceux que décrivaient les anatomistes anciens, mais il n'est pas moins compliqué. Sa complexité ne s'est révélée que plus tard : c'est un organite. Sa forme est variée d'un élément à l'autre ; sa substance est une masse semi-fluide, mélange d'albuminoïdes divers. Il y a dans la valeur moyenne, si particulièrement déterminée, de ses dimensions — *exceptis excipiendis* — une condition dont la signification n'a pas été dévoilée, mais doit être de grande valeur pour l'explication de ses activités particulières.

Tel est le résultat où sont venues converger les études des naturalistes qui ont examiné les plantes ou les animaux inférieurs, aussi bien que des anatomistes plus spécialement occupés des vertébrés et de l'homme. Tous leurs travaux ont abouti, comme à une conclusion identique, à la doctrine cellulaire. Ou bien les êtres vivants sont composés d'une cellule unique — c'est le cas des animaux microscopiques appelés *protozoaires*, et des végétaux microscopiques, les *protophytes* ; — ou bien ce sont des complexes cellulaires, *métazoaires* ou *métaphytes*, c'est-à-dire des associations de ces organites microscopiques que l'on appelle des cellules.

Règle de la composition des organismes. — Cette règle de la composition des organismes a été aperçue dès 1838 par Schleiden et Schwann. Depuis cette époque jusqu'en 1875, on peut dire que le temps se passa, pour les micrographes, à faire la revue de tous les organes, de tous les tissus, musculaire, glandulaire, conjonctif, nerveux, etc., et à montrer qu'en dépit des variétés d'aspect et de forme, des complications de structure provenant de soudure et de fusionnement, ils se résolvent tous dans cet élément commun, la cellule. Ce sont des anatomistes contemporains, Kœlliker, Max Schultze, Ranvier, qui établirent ainsi la généralité de la constitution cellulaire, tandis que les zoologistes et les botanistes confirmaient la même règle pour tous les animaux et les végétaux et les montraient tous, ou *unicellulaires* ou *polycellulaires*.

Origine cellulaire des êtres complexes. — En même temps, les études embryogéniques apprenaient que tous les êtres sortent d'un corpuscule du même genre. En remontant dans l'histoire de leur développement jusqu'à la période la plus reculée, on trouve une cellule, de constitution très constante, c'est l'*ovule*. C'est cette vérité que l'on exprima en changeant un mot dans l'aphorisme célèbre de Harvey; *omne vivum ex ovo*. On dit : *Omne vivum e cellula*. Les myriades d'éléments anatomiques différenciés dont l'association forme les êtres complexes sont la postérité d'une cellule, de l'*ovule primordial*, à moins qu'ils ne soient la postérité d'une autre cellule équivalente. La seconde besogne de l'histologie dans la seconde moitié du XIXe siècle consista à suivre la filiation de chaque élément anatomique, depuis la cellule-œuf jusqu'à son état de complet développement.

Toute la *doctrine cellulaire* est contenue dans ces deux affirmations, qui établissent l'unité morphologique des êtres vivants : *tout est cellule, tout vient d'une cellule initiale*; la cellule étant définie comme une masse de substance, le protoplasme ou les protoplasmes, de quelques microns de diamètre moyen.

§ 2. — Deuxième période : démembrement de la cellule.

Deuxième période : constitution de la cellule. — Ce n'était là, pourtant, qu'une première phase dans l'étude analytique de l'être vivant. Une seconde période s'ouvrit en 1873, avec les travaux de Strassburger, Bütschli, Flemming, Kuppfer, Fromann, Heitzmann,

Balbiani, Guignard, Kunstler, etc. Ces observateurs soumirent à leur tour ce microcosme anatomique, cet infiniment petit cellulaire, à la même dissection pénétrante que leurs prédécesseurs avaient appliquée à l'organisme tout entier. Ils nous firent descendre d'un degré de plus dans les abîmes de la petitesse. Et, comme Pascal, se perdant dans les merveilles de l'imperceptible, apercevait dans le corps du ciron, qui n'est qu'un point, « des parties incomparablement plus petites, des jambes avec des jointures, des veines dans les jambes, du sang dans les veines, des humeurs dans ce sang, des gouttes dans ces humeurs, des vapeurs dans ces gouttes, » les biologistes contemporains ont montré, dans le raccourci d'organisme qui est la cellule, un édifice lui-même merveilleusement compliqué.

Le cytoplasme. — Les observateurs cités plus haut nous ont dévoilé l'extrême complexité de cet organite. Leurs recherches ont fait connaître la structure des deux parties qui le composent : protoplasma cellulaire et noyau. Elles ont fixé la part respective de celles-ci dans la multiplication génétique. Elles ont montré que le protoplasme qui forme le corps de la cellule n'est pas homogène comme on l'avait cru d'abord. L'idée, que l'on eut ensuite, que ce protoplasme était formé, selon l'expression même de Sachs, d'une sorte de « boue protoplasmique, » c'est-à-dire d'une poussière de grains, de granulations, liées par un liquide, n'est pas plus exacte. C'est une vue encore trop simple. Il faut comparer, selon Leydig et ses élèves, le protoplasme à une éponge dont les mailles contiennent une substance fluide, transparente, hyaline, sorte de suc cellulaire, l'*hyaloplasma*. Au point de vue chimique, ce *suc cellulaire* est un mélange de matériaux très divers, albumines, globulines, protéides, hydrates de carbone et graisses, élaborés par la cellule même : c'est un produit de l'activité vitale, ce n'est point encore le siège de cette activité. La matière vivante est réfugiée dans le tissu spongieux lui-même, dans le *spongioplasma*.

Selon d'autres histologistes, la comparaison du protoplasme avec une masse spongieuse n'en donne pas l'idée la plus exacte ni surtout la plus générale. Il vaudrait mieux dire que le protoplasme possède la structure d'une écume ou d'une mousse, ainsi que M. Kunstler l'a fort bien aperçu, dès 1880. Une comparaison vulgaire en donne la meilleure idée : rien ne serait plus semblable physiquement au protoplasme que la préparation culinaire appelée *sauce mayonnaise* obtenue avec de l'huile et un liquide auquel l'huile ne se mélange pas. Bütschli a réalisé artificiellement des émulsions de ce genre ; il a vu que ces préparations reproduisaient tous les aspects du protoplasme cellulaire. Dans la cellule vivante il y a donc un mélange de deux liquides non miscibles et de fluidité inégale ; ce mélange donne lieu à la formation de logettes ; la substance la plus consistante en forme la paroi (spongioplasme de Leydig), tandis que l'autre plus fluide, en remplit l'intérieur (hyaloplasme).

Quoi qu'il en soit, que l'organisation primitive du protoplasme cellulaire soit celle d'une éponge, comme le veut Leydig, ou d'une sauce mayonnaise, comme le prétendent Bütschli et Kunstler, la complexité ne s'arrête pas encore là. L'analyse doit être poussée plus loin. Comme le tissu d'une éponge, déchiré, manifeste les fibres qui le constituent, le spongioplasme, la substance pariétale, se montre formée d'un enchevêtrement de fibres, ou mieux de filaments ou rubans (en grec, *mitome*), que l'on appelle *filaments chromatiques* parce qu'ils se teignent fortement quand la cellule est plongée dans une couleur d'aniline. Dans chacun de ces filaments, dont la substance est dite *chromatine*, les artifices de l'examen microscopique permettent de déceler une série de granulations en chapelet, les *microsomes* ou bioblastes, réunis les uns aux autres par une sorte de ciment, la *linine* de Schwartz, qui est une sorte de nucléine.

Ajoutons, pour compléter cette description sommaire de la constitution du protoplasme cellulaire, qu'il présente, au moins à un certain moment, un organe remarquable, le *centrosome*, qui a un rôle capital à jouer dans la division cellulaire; sa préexistence n'est pas certaine, quelques auteurs le faisant sortir du noyau. Au moment de la division cellulaire il apparaît comme un amas pressé de granulations susceptibles de se colorer fortement : autour de lui se montre une zone claire, réfractaire à la coloration, c'est la *sphère attractive* ; au delà, enfin, se dessine une couronne de stries qui divergent comme les rayons d'une gloire, c'est l'*aster*. — Enfin, il y a encore dans le corps cellulaire trois sortes de corps accidentels : les vacuoles, les leucites, les inclusions diverses. Les *vacuoles* sont des espèces de lacunes les unes inertes, les autres contractiles; les *leucites* sont des organes préposés à la fabrication de substances particulières ; les *inclusions* sont des produits fabriqués ou des déchets.

Le noyau. — Toute cellule capable de vivre, de croître et de multiplier, possède un *noyau* de constitution très analogue à la masse cellulaire qui l'entoure. Les éléments anatomiques où l'on n'aperçoit pas de noyau, tels les globules rouges du sang des mammifères adultes, sont des corps voués à une disparition plus ou moins prochaine. Il n'y a donc pas de véritable cellule sans noyau, et il n'y a pas davantage de noyau sans cellule. Les exceptions à cette règle ne sont qu'apparentes : les histologistes les ont examinées une à une et en ont manifesté le caractère purement spécieux. On peut donc laisser de côté, sauf appel possible de ce jugement, le cas des monères de Haeckel, et le problème de savoir si les bactéries ont réellement un noyau. Il faut admettre la très grande, sinon l'absolue généralité du corps nucléaire.

De là résulte qu'il y a un protoplasme nucléaire et un suc nucléaire, comme nous avons vu qu'il y avait un protoplasme et un suc cellulaires. On peut répéter de celui-ci ce qui a été dit tout à l'heure de celui-là et peut-être avec plus de netteté encore. Le protoplasme nucléaire est une masse filamenteuse, formée quelquefois d'un cordon ou mitome unique, pelotonné sur lui-même et susceptible d'être déroulé. Le mitome, à son tour, est un chapelet de microsomes unis par le ciment de la linine. Ce sont les mêmes éléments constituants que tout à l'heure, et la langue savante les distingue les uns des autres en faisant précéder leurs noms des mots *cyto* ou *caryo* qui, en grec, signifient cellule et noyau, suivant qu'ils appartiennent à l'un ou l'autre de ces organes. Ce sont là affaires de langage ; mais l'on sait que, dans les sciences descriptives, ces affaires-là ne sont pas les moins importantes.

On vient d'indiquer qu'en temps de repos, c'est-à-dire dans les conditions ordinaires, la structure du noyau reproduit, avec plus de netteté, celle même du protoplasme cellulaire qui l'environne. Le suc nucléaire est mieux séparé du spongioplasme ; celui-ci prend plus nettement la forme d'un peloton filamenteux, et les filaments eux-mêmes (mitome) présentent de plus grosses granulations chromatiques, ou microsomes, reliées par la linine.

Au moment de la reproduction de la cellule, ces granulations se fondent en une gaine colorable qui entoure les filaments et ceux-ci se disposent de manière à former un fil unique. — Ce filament chromatique, devenu cordon unique, se raccourcit en s'épaississant (*spirème*), puis se coupe en segments, au nombre de 12 à 24 chez les animaux, en nombre plus grand chez les plantes ; ce sont les *chromosomes* ou *segments nucléaires* ou *anses chromatiques*. Leur rôle est très élevé. Ils sont constants en nombre et permanents pendant toute la durée de la vie de la cellule. — Ajoutons que le noyau contient encore des éléments accessoires (nucléoles).

Le rôle du noyau. — L'expérimentation a établi que le noyau présidait à la nutrition, à la croissance et à la conservation de la cellule. Si, à l'exemple de Balbiani, de Gruber, de Nussbaum, de W. Roux de Leipzig, l'on réussit à couper en deux une cellule sans entamer le noyau, le fragment dénué de noyau continuera à fonctionner pendant quelque temps à la façon ordinaire et, en quelque sorte, en vertu de l'ancien branle, puis il déclinera et mourra. Au contraire, le fragment pourvu de noyau réparera sa blessure, se reconstituera et continuera de vivre. Le noyau prend aussi une part très remarquable à la reproduction cellulaire ; mais c'est une question encore discutée de savoir si son rôle est, ici, subordonné à celui du corps cellulaire, ou s'il est prééminent. Quoi qu'il en soit, il résulte de cette expérience que le noyau présente tous les traits d'une vitalité énergique, et que c'est dans son protoplasme que les chimistes doivent trouver les composés, les albuminoïdes spéciaux qui forment, par excellence, la matière vivante.

§ 3. — Constitution physique de la matière vivante. — Théorie micellaire.

Constitution physique de la matière vivante. — L'examen microscopique ne conduit pas plus loin. Le microscope, avec ses plus forts grossissements actuels, ne permet de rien apercevoir au delà de ces chaînons de microsomes alignés, formant l'espèce de fil protoplasmique, ou mitome, dont le corps cellulaire est un écheveau brouillé ou une pelote extrêmement enchevêtrée. Il n'est pas probable que la vue directe puisse pénétrer bien loin au delà de ce terme. Sans doute le microscope, qui a reçu de si grands perfectionnements, peut en recevoir encore. Mais ceux-ci ne sont pas indéfinis. On en est au grossissement linéaire de 2,000 fois; et la théorie indique le grossissement de 4,000 comme une limite qui ne saurait être dépassée. La puissance de pénétration de l'instrument est donc près de son point culminant : il a donné presque tout ce que l'on peut en attendre.

Il faut cependant pénétrer au delà de cette structure microscopique où s'arrête le sens de la vue. Comment faire ? Où s'arrête l'observation, l'hypothèse la supplée. Il y a eu ici deux espèces d'hypothèses, les unes purement anatomiques, les autres physiques.

— Anatomiquement, au delà des microsomes visibles, on a imaginé des corpuscules invisibles, hypermicroscopiques, les plastidules de Haeckel, les idioblastes de Hertwig, les pangènes de Devries, les plasomes de Wiesner, les gemmules et les biophores.

Les naturalistes qui n'avaient pas tiré tout ce qu'ils espéraient de la structure microscopique se sont rabattus sur la structure hypermicroscopique.

Il est très remarquable, en effet, que toute cette connaissance approfondie de la structure ait été si stérile au point de vue de la connaissance du fonctionnement cellulaire. Tout ce que l'on sait de la vie de la cellule a été révélé par l'expérimentation ; rien n'est sorti de l'observation microscopique, que les notions de configuration. — Lorsqu'il s'est agi de donner, ou d'imaginer l'explication des faits vitaux, de l'hérédité, etc., les naturalistes ne sachant que faire des détails de structure révélés par l'anatomie ont eu recours à des éléments hypothétiques, gemmules, pangènes, biophores, déterminants divers.

L'anatomie n'a jamais expliqué et n'expliquera jamais rien. Heureux les physiciens ! s'écriait J. Lœb, de n'avoir jamais connu la méthode de recherche des coupes et des colorations ! Que fût-il advenu, si, par fortune, une machine à vapeur fût tombée dans les mains d'un physicien histologiste ? Que de milliers de coupes, en surface et en épaisseur, diversement colorées et décolorées, que de dessins, que de figures, sans arriver sans doute à apprendre que la machine est une machine à feu et qu'elle sert à transformer la chaleur en mouvement !

— L'étude des propriétés physiques, prolongée par des hypothèses rationnelles, a fourni aussi quelques lumières sur la constitution possible de la matière vivante. On a ainsi comblé la lacune entre la structure microscopique et la structure moléculaire ou chimique.

La considération des propriétés de *turgescence* et de *gonflement* qui appartiennent très généralement aux tissus organisés, et par conséquent à la matière organique du protoplasme, a permis de se faire une idée de sa constitution ultra-microscopique. Si l'on humecte un morceau de sucre ou un morceau de sel, ceux-ci, avant de se dissoudre, absorbent l'eau et s'imbibent, sans augmenter sensiblement de volume. Il en est tout autrement avec un tissu (c'est-à-dire avec un protoplasme) préalablement appauvri en eau. Celui-ci, plongé dans le liquide, l'absorbe, se gonfle et s'accroît souvent à un degré considérable. Et cette eau ne se loge point dans des vides, dans des espaces lacunaires préexistants, car la matière organique ne présente point de lacunes de ce genre ; elle ne ressemble pas à une masse poreuse, à canaux capillaires, comme le grès, le plâtre gâché, l'argile ou le sucre raffiné. Les molécules d'eau s'interposent entre les molécules organiques en les écartant, agrandissant ainsi, par une sorte d'intussusception, les intervalles qui les séparent les unes des autres, intervalles moléculaires qui échappent aux sens, comme les molécules elles-mêmes, parce qu'elles sont du même ordre de grandeur.

Théorie micellaire. — En méditant sur ce phénomène, un physiologiste éminent, Naegeli, en 1877, fut amené à proposer sa *théorie micellaire*. Les micelles sont des groupements de molécules au sens où les physiciens et les chimistes entendent ce mot : ce sont des édifices moléculaires ayant figure. Ils sont avides d'eau et capables d'en fixer une couche plus ou moins épaisse et adhérente à leur surface; en un mot, des agrégats de matière organique et d'eau.

Il y a donc tout lieu de penser que les *microsomes* du protoplasme spongieux, support ou base physique de la vie cellulaire, sont des *associations de micelles*, formées par les substances albuminoïdes et l'eau. Ces formes de groupement, ces micelles ne sont d'ailleurs pas absolument particulières à la matière organisée. Le savant botaniste Pfeffer les a signalées, sous le nom différent de *tagmas*, dans les membranes de précipités chimiques.

Au delà de ce nouveau terme, l'analyse ne rencontre plus que la molécule chimique et l'atome. De telle sorte que, si l'on voulait remonter maintenant la hiérarchie des matériaux de construction du protoplasme dans l'ordre de la complication croissante, on trouverait à la base l'atome ou les atomes des corps simples. Ceux-ci sont principalement le carbone, l'hydrogène, l'oxygène, l'azote, éléments de tous les composés organiques, auxquels s'ajoutent le soufre et le phosphore. Au-dessus, la molécule albuminoïde, ou les molécules albuminoïdes, agrégats des atomes précédents. Au troisième degré, les micelles ou tagmas, agrégats d'albuminoïdes et d'eau, encore trop petits pour être perceptibles aux sens. Ceux-ci se réunissent à leur tour pour constituer les microsomes, premier élément visible au microscope : les microsomes, cimentés par la linine, forment les filaments ou chaînons qu'on appelle mitomes. Et le protoplasme vivant n'est, en définitive, qu'un peloton, un écheveau embrouillé, ou une charpente spongieuse formée par ces filaments.

Telle est la constitution typique de la matière vivante, d'après l'observation microscopique complétée par une hypothèse parfaitement acceptable et qui n'est, pour ainsi dire, que la traduction de l'une de ses propriétés physiques les plus évidentes. Ce schème relativement simple a été compliqué ultérieurement par les biologistes. Sur l'hypothèse micellienne, qui a presque un caractère de nécessité, on en a greffé de nouvelles, qui n'ont plus qu'un caractère de commodité. On s'est éloigné par là de plus en plus de la réalité véritable. C'est ainsi que, pour expliquer les phénomènes de l'hérédité, on s'est trouvé entraîné à intercaler dans la hiérarchie citée plus haut, entre la micelle et le microsome, les éléments hypothétiques, gemmules, pangènes, plasomes, qui ne sont que des vues de l'esprit ou de simples images destinées à les représenter.

§ 4. — Individualité des êtres complexes. — Loi de la constitution des organismes.

Individualité des êtres complexes. — Il résulte de la doctrine cellulaire une conception des êtres vivants qui est singulièrement suggestive. Les métazoaires et les métaphytes, c'est-à-dire les êtres vivants polycellulaires qui s'offrent à la vue simple, et qui n'ont point besoin du microscope pour se révéler sont un assemblage d'éléments anatomiques et la postérité d'une cellule. — L'animal ou la plante, au lieu d'être une unité indivisible, est une « multitude », selon la propre expression de Gœthe méditant, en 1807, les enseignements de Bichat ; il est, suivant le mot non moins juste de Hegel « une nation » ; il sort d'un ancêtre cellulaire commun, comme le peuple juif du sein d'Abraham.

Nous nous représentons maintenant l'être vivant complexe, animal ou plante, avec sa forme qui le distingue de tout autre, comme une cité populeuse que mille traits distinguent de la cité voisine. — Les éléments de cette cité sont indépendants et autonomes au même titre que les éléments anatomiques de l'organisme. Les uns comme les autres ont en eux-mêmes le ressort de leur vie, qu'ils n'empruntent ni ne soutirent des voisins ou de l'ensemble. Tous ces habitants vivent en définitive de même, se nourrissent, respirent de la même façon, possédant tous les mêmes facultés générales, celles de l'homme ; mais chacun a, en outre, son métier, son industrie, ses aptitudes, ses talents par lesquels il contribue à la vie sociale et par lesquels il en dépend à son tour. Les corps d'état, le maçon, le boulanger, le boucher, le manufacturier, l'artiste, exécutent des tâches diverses et fournissent des produits différents et d'autant plus variés, plus nombreux et plus nuancés que l'état social est parvenu à un plus haut degré de perfection. L'être vivant, animal ou plante, est une cité de ce genre.

Loi de la constitution des organismes. — Tel est l'animal complexe. Il est organisé comme une cité. — Mais la loi supérieure de la cité c'est que les conditions de la vie élémentaire ou individuelle de tous les citoyens anatomiques y soient respectées, ces conditions étant les mêmes pour tous. Il faut que les aliments, l'air et la lumière soient amenés partout à chaque élément sédentaire, et que les déchets soient emportés aux décharges qui débarrasseront l'agglomération de l'incommodité ou du danger de ces débris; c'est pour cela qu'existent les divers appareils de l'économie circulatoire, respiratoire, excréteur. — L'organisation de l'agglomération est donc dominée par les nécessités de la vie cellulaire. C'est ce qu'exprime la *loi de constitution des organismes*, formulée par Claude Bernard. L'édifice organique est constitué en appareils et organes pour fournir à chaque élément anatomique les conditions et les matériaux nécessaires à l'entretien de la vie et à l'exercice de son activité. — On comprend par là ce qu'est la vie et en même temps ce qu'est la mort, d'un être complexe.

La vie de l'animal complexe, du métazoaire, comporte deux degrés : à la base, l'activité propre à chaque cellule, la *vie élémentaire*, la vie cellulaire; au-dessus, les formes d'activité résultant de l'association des cellules, la *vie d'ensemble*, somme ou plutôt complexus des vies partielles élémentaires. Celles-ci sont solidaires entre elles par le système nerveux, par la communauté des appareils généraux circulatoire, respiratoire, etc., et par la libre communication et le mélange des liquides qui constituent les milieux de culture de chaque cellule.

Nous aurons l'occasion de revenir sur les idées que l'on se forme de la constitution morphologique des organismes.

CHAPITRE III

L'UNITÉ CHIMIQUE DES ÊTRES VIVANTS

Variétés et unité essentielle du protoplasme. Son avidité pour l'oxygène. — *Composition chimique du protoplasme :* Ses substances caractéristiques. — § 1. Diverses catégories de substances albuminoïdes. Nucléo-protéides : albumines et histones; nucléines. — § 2. Constitution des nucléines. — § 3. Constitution des histones et des albumines. Analyse de l'albumine par Schützenberger. — Analyse de Kossel : noyau hexonique.

L'unité chimique des êtres vivants fait pendant à leur unité morphologique.

Variétés et unité essentielle du protoplasme. — Un trait essentiel de l'être vivant, c'est d'être composé d'une matière propre que l'on appelle *matière vivante* ou *protoplasme*. Mais c'est là une manière incorrecte de s'exprimer. Il n'y a point une matière vivante unique, un seul protoplasme : il y en a une infinité, autant qu'il y a d'individus distincts. Si semblable qu'un homme soit à un autre, on est contraint d'admettre qu'ils diffèrent par la substance qui les constitue. Celle du premier offre un certain caractère, personnel au premier et qui se retrouve dans tous ses éléments anatomiques; et de même pour le second. Pour parler comme M. Le Dantec, nous dirons que la substance chimique de Primus, est non seulement de la substance d'homme, mais en tous lieux du corps, dans toutes ses cellules constituantes, l'exclusive substance de Primus ; et, de même, la matière vivante d'un autre individu, Secundus, portera partout son empreinte personnelle, différente de celle de Primus.

Mais, il n'en est pas moins vrai que cette absolue spécificité ne repose certainement que sur des différences extrêmement faibles au point de vue chimique. Tous ces protoplasmes ont une composition très analogue. Et en négligeant les minimes variations individuelles, spécifiques, génériques ou ordinales, il sera permis de parler du *protoplasme* ou de la *matière vivante*, d'une manière générale.

L'expérience apprend, en effet, que la substance véritablement vivante — abstraction faite des produits qu'elle fabrique et qu'elle peut retenir ou rejeter — est dans toutes les cellules assez semblable à elle-même. La ressemblance chimique fondamentale de tous les protoplasmes est certaine, et c'est ce qui autorise à parler de leur composition typique. On peut résumer l'œuvre de la chimie physiologique depuis trois quarts de siècle en proclamant qu'elle a établi l'*unité chimique* de tous les êtres vivants, c'est-à-dire la très grande analogie de composition de leur protoplasme.

Cette matière vivante est essentiellement un mélange de substances protéiques ou albuminoïdes auquel peuvent venir s'adjoindre, à titre accessoire, d'autres catégories de principes immédiats, tels que les hydrates de carbone et les matières grasses. L'élément essentiel est la substance protéique. Les chimistes les plus habiles essaient, depuis plus d'un demi-siècle, d'en pénétrer la composition. Depuis cinq ou six ans seulement, grâce aux travaux du chimiste allemand Kossel, succédant à ceux de Schützenberger et de Miescher, on commence à connaître le gros œuvre ou l'ossature de la molécule albuminoïde, en d'autres termes, son noyau chimique.

Caractères d'ordre physique du protoplasme. — Vers 1860, Ch. Robin avait cru définir la matière vivante suffisamment — ou du moins aussi parfaitement qu'on le pouvait à cette époque, — en lui attribuant trois caractères d'ordre physique. C'étaient : l'absence d'homogénéité, l'asymétrie moléculaire, et l'association de trois ordres de principes immédiats, albuminoïdes, hydrates de carbone et graisses. Ces caractères contribuent, mais ne suffisent point à définir l'organisation.

Il faudrait, sans doute, compléter la caractéristique par l'adjonction d'un certain nombre de traits physiques plus pénétrants.

L'un d'eux est relatif à la structure du protoplasme révélée par le microscope.

Dans toute l'étendue du règne vivant, depuis les bactéries étudiées par MM. Kunstler et Busquet jusqu'aux protozoaires les plus compliqués, la matière protoplasmique présente la même constitution ; et, en conséquence, cette structure du protoplasme doit être considérée comme l'un de ses caractères distinctifs. Il n'est pas homogène ; il n'est pas le dernier terme de l'organisation visible ; il est lui-même organisé. Aussi l'expérience montre-t-elle qu'il ne résiste pas à la dislocation, au broiement, à l'écrasement. Toutes les mutilations lui font perdre ses propriétés. Quant à l'espèce de structure qu'il présente, on l'exprime d'un mot en disant qu'elle est celle d'une émulsion mousseuse.

On a dit plus haut que ces connaissances sur l'état physique du protoplasme ont été complétées par les doctrines des micelles de Bütschli ou des tagmas de Pfeffer.

Propriétés du protoplasme. Son avidité pour l'oxy-

gène. — Au point de vue chimique, la matière vivante présente une propriété bien remarquable : c'est, à savoir, une grande avidité pour l'oxygène. Elle s'en empare si avidement que ce gaz ne peut subsister à l'état libre dans son voisinage. Le protoplasme vivant exerce donc un pouvoir réducteur. Mais, ce n'est pas à son profit qu'il opère cette absorption d'oxygène ; ce n'est pas, comme on le croyait, il y a une trentaine d'années, pour se brûler lui-même. Les produits que l'on recueille ne sont pas ceux de son oxydation, de sa désintégration propre. Ce sont les produits de combustion des substances de réserve qui lui sont incorporées. Ces substances lui ont été apportées du dehors, comme l'oxygène lui-même, avec le sang. C'est une vérité dont E. Pflüger a donné la démonstration de 1872 à 1876. Le protoplasme n'est que le foyer, le théâtre ou le facteur de la combustion ; il n'en est pas la victime : il n'en fournit pas, lui-même, l'aliment. Il opère comme le chimiste qui réalise une réaction avec les matières premières mises à sa disposition.

Quant au pouvoir réducteur du protoplasme, A. Gautier, en 1881, et Ehrlich, en 1890, en ont fourni de nouvelles démonstrations. M. A. Gautier, en particulier, a beaucoup insisté sur ce que les phénomènes de combustion s'accomplissent, pour ainsi dire, à l'extérieur de la cellule et aux dépens des produits qui l'entourent ; tandis qu'au contraire, les parties vraiment actives et vivantes du noyau et du corps cellulaire fonctionnent à l'abri de l'oxygène, à la façon des microbes anaérobies.

Ce résultat est de grande conséquence. M. Burdon Sanderson, le savant physiologiste de l'Université d'Oxford, n'a pas craint de le mettre en balance avec la découverte de la combustion respiratoire par Lavoisier. Il y a là, sans doute, quelque exagération ; mais il n'y en a pas moins, en sens contraire, à le tenir pour non avenu ; et c'est le cas d'un trop grand nombre de physiologistes. Il n'est plus permis, aujourd'hui, de parler sans restrictions du tourbillon vital de Cuvier, et du double mouvement incessant d'assimilation et de désassimilation qui détruit à chaque instant la matière vivante et la rétablit à chaque instant. Dans la réalité, le protoplasme vivant est à peu près invariable ; il ne subit que des oscillations peu étendues, et ce sont les matériaux, les aliments, les réserves sur lesquels il opère, qui sont soumis à de continuelles transformations.

Composition chimique du protoplasme. — L'un des trois caractères attribués par Ch. Robin à la matière vivante c'était sa composition chimique, dont on savait peu de chose, en ce temps-là. Ch. Robin insistait sur la présence constante dans les éléments vivants des trois ordres de principes immédiats, matières protéiques, hydrates de carbone, corps gras. — En réalité, les matières protéiques ou albuminoïdes seules sont caractéristiques. Les deux autres groupes, hydrates de carbone et corps gras, sont plutôt des témoins et des produits de l'activité vitale que des constituants de la matière où elle s'exerce.

C'est donc sur la connaissance des matières protéiques que s'est exercée la sagacité des chimistes biologistes. Leurs efforts, depuis une trentaine d'années, et particulièrement dans les quatre dernières, n'ont pas été stériles ; ils permettent de tracer une première esquisse de la constitution de ces substances.

§ 1. — Les substances caractéristiques du protoplasme. — Les nucléo-protéides.

Diverses catégories de substances albuminoïdes. — Les matières albuminoïdes ou protéiques sont des composés extrêmement complexes ; ils le sont beaucoup plus qu'aucun de ceux qu'envisagent habituellement les chimistes. Ils présentent aussi une assez grande variété. Il a été difficile de les séparer les uns des autres, de les caractériser rigoureusement, en un mot de les classer. On en est venu à bout, cependant ; et, aujourd'hui, on en distingue trois classes qui se différencient à la fois au point de vue physiologique et au point de vue chimique. — La première comprend les albuminoïdes complets ou typiques : ce sont les *protéides* ou *nucléo-albuminoïdes*. Ils se rencontrent dans les parties les plus actives et les plus vivantes du protoplasme, et par suite, dans le spongioplasme de la cellule et surtout du noyau. — Le second groupe est formé des *albumines* et *globulines*, composés déjà plus simples, éclats fragmentaires provenant de la destruction des précédents où ils entrent, comme éléments constitutifs. A l'état isolé, ils n'appartiennent pas au protoplasme réellement vivant ; ils existent dans le suc cellulaire, dans les liquides interstitiels et circulants, dans le sang, dans la lymphe. — La troisième catégorie comprend des albuminoïdes véritables mais incomplets ; ceux-là sont engagés dans les parties de l'économie à vie spécialisée ou atténuée destinées à servir de point d'appui aux éléments plus actifs ; c'est-à-dire qu'ils contribuent à la constitution des tissus osseux, cartilagineux, conjonctif, élastique : ce sont les *albumoïdes*.

C'est naturellement le premier groupe, celui des protéides, c'est-à-dire des composés complets et caractéristiques de la substance vivante, qui doit surtout fixer l'attention du physiologiste. Il y a peu de temps que l'on a nettement défini ces substances et qu'on les a retirées de la masse confuse des autres composés protéiques.

Les nucléo-protéides. — Ce progrès dans la caractérisation et la spécification des protéides exigeait que l'on connût d'abord deux composés particuliers, les *nucléines* et les *histones*. Il n'est donc devenu possible qu'après les recherches de Miescher et de Kossel sur les nucléines, qui remontent à 1874 et 1892, et celles de Lilienfeld et d'Yvor Bang sur les histones, qui datent de 1893 et 1899. Les albuminoïdes complets sont, en effet, constitués par la combinaison de deux sortes de substances : albumines ou histones d'un côté, nucléines de l'autre. En réunissant des solutions d'albumines ou d'histones à des solutions de nucléine, on refait la synthèse du protéide. L'étude des propriétés et des caractères de ces nucléo-albumines et de ces nucléo-histones est toute d'actualité : elle est poursuivie avec beaucoup de méthode et avec une admirable patience par l'école allemande.

Tous les protéides contiennent du phosphore, en outre des cinq éléments chimiques, carbone, oxygène, hydrogène, azote et soufre propres aux autres albuminoïdes. Un autre trait intéressant de leur histoire, c'est que l'action du suc gastrique les partage en leurs deux constituants : la nucléine qui se dépose et résiste à l'action destructive du liquide digestif, et l'albumine ou l'histone qui subit au contraire cette action avec ses conséquences habituelles. La digestion gastrique fournit ainsi un procédé d'un usage très simple et très commode pour l'analyse des protéides.

Localisation des nucléo-protéides. — Ce que nous avons dit plus haut du rôle physiologique éminent du noyau cellulaire, pouvait faire préjuger que c'était là que l'on rencontrerait la matière vivante la plus différenciée chimiquement, les albuminoïdes de plus haute dignité, c'est-à-dire les nucléo-protéides et leurs constituants. Non pas qu'ils dussent faire défaut dans le protoplasme du reste de la cellule; mais ils risquent certainement d'y être moins concentrés, plus mélangés de produits accessoires ; ils y sont liés à des fonctions vitales beaucoup plus secondaires. C'est là le raisonnement qui a dirigé les premières recherches du professeur Miescher de Bâle, en 1874, — et, vingt ans plus tard, celles d'un des plus éminents chimistes physiologistes de l'Allemagne, M. Kossel.

On a, en effet, trouvé ces composés dans tous les tissus riches en éléments cellulaires à noyaux bien développés. Les globules blancs du sang ont fourni à Lilienfeld la première nucléo-histone qui ait été isolée. Les globules rouges eux-mêmes, lorsqu'ils possèdent un noyau, ce qui est le cas chez les oiseaux et les reptiles ainsi que chez l'embryon des mammifères, renferment un nucléo-protéide que Plosz et Kossel en ont extrait facilement. Le chimiste suédois Hammarsten, qui s'est acquis un grand renom par ses recherches dans d'autres domaines de la chimie biologique, a préparé les nucléo-protéides du pancréas, en 1893. On en a retiré du foie ; de la glande thyroïde (Ostwald) ; de la levure de bière (Kossel) ; des champignons ; de l'orge (Petit). On les a décelées dans le corps des amides et dans celui des bactéries (Galeotti).

§ 2. — Constitution des nucléines.

Constitution des nucléines. — Pour pénétrer plus avant dans la constitution de ces protéides, qui sont les principes immédiats les plus élevés en complication parmi ceux qui forment le protoplasme vivant, la voie est toute tracée. Il faut soumettre à l'analyse les deux composants, les albumines et les histones, d'une part, les nucléines de l'autre. — Pour les nucléines, la chose est faite ou bien près de l'être.

Kossel, en effet, a décomposé la nucléine par une série d'opérations prudemment ménagées, et l'a réduite de degré en degré à ses radicaux organiques cristallisables. A chaque degré que l'on descend dans l'échelle de la simplification, on voit apparaître un corps plus acide et plus riche en phosphore : au troisième degré, on tombe sur l'acide phosphorique lui-même. La première opération scinde la nucléine en deux substances : une nouvelle albumine et l'acide nucléinique. Après avoir séparé ces éléments, on peut les réunir : une solution d'albumine mélangée à une solution d'acide nucléinique reconstitue la nucléine. — Une seconde opération sépare l'acide nucléinique, à son tour, en trois éclats : un corps de la nature des sucres, c'est-à-dire un hydrate de carbone ; l'apparition d'un sucre dans cette fragmentation de la molécule d'acide nucléinique est un fait intéressant et plein de conséquences. Le second éclat est constitué par un mélange de corps azotés bien connus en chimie organique sous le nom de *bases xanthiques* (xanthine, hypoxanthine, guanine, adenine). Le troisième éclat est un corps très acide et très phosphoré, l'acide thymique. — Si dans une troisième et dernière opération, on soumet l'acide thymique à l'analyse, on le sépare enfin en acide phosphorique et en une base cristallisable, la thymine. — On est ramené, ainsi, au monde physique, car tous ces corps lui appartiennent sans conteste.

§ 3. — Constitution des histones et des albumines.

Constitution des histones. — Ce n'est encore que la moitié de la besogne. On connaît jusque dans ses origines l'une des branches généalogiques du protéide, la branche nucléinique ; il faudrait connaître de la même façon l'autre branche, la branche albumine ou histone. Mais, de ce côté, le problème prend un caractère de difficulté et de complication bien fait pour décourager la plus infatigable patience.

L'analyse de l'albumine a longtemps rebuté les chimistes. « Ici, dit Danilewsky, on arrive devant une porte fermée et qui résiste à tous les efforts. » On sait le grand intérêt de ce qui se passe de l'autre côté; mais on ne peut pas y atteindre; à peine entrevoit-on quelque chose à travers les fissures ou les fentes que l'on a pu produire.

Cette analyse de la matière albumineuse exige d'abord de grandes précautions. Le chimiste se trouve en présence d'une architecture savante : la molécule d'albumine est un édifice complexe qui a mis en œuvre plusieurs milliers d'atomes. Pour en apercevoir le plan et la structure, il faut le démonter, il faut le séparer en parties qui ne soient ni trop grosses, ni trop petites. Cette démolition ménagée est difficile. Des procédés trop brutaux ou trop violents fourniront des éclats trop petits. C'est une statue qui aura été réduite en poussière au lieu d'être séparée en fragments reconnaissables et faciles à rejoindre ensemble par les faces de fracture.

Analyse de l'albumine par Schützenberger. — Un chimiste de grand mérite, M. Schützenberger, a tenté, il y a quelques années, vers 1875, cette ingrate opération. D'autres, avant lui, l'avaient essayée, par divers moyens. Deux savants autrichiens, Illasiwetz et Habermann, en 1873, et un peu plus tard Drechsel, en 1892, s'étaient servis d'acide chlorhydrique concentré pour produire la dislocation de l'albumine. — Ils employèrent aussi le brome pour le même usage. — Plus récemment Fuerth a fait servir l'acide azotique à cet office de démolisseur. — Schützenberger eut recours à un autre moyen. Le bélier qu'il mit en branle contre l'édifice de l'albumine fut un alcali concentré, la baryte. Il chauffa le blanc d'œuf en vase clos, à 200°, avec de l'hydrate de baryte. L'albumine d'œuf se scinde, sous cette influence, en un certain nombre de groupements plus simples. La difficulté est de retirer de cet amas de matériaux de démolition chaque partie et de la reconnaître; ceci se fait grâce aux procédés de l'analyse immédiate. En réunissant, par la pensée, ces différents fragments, on reconstitue l'édifice initial.

Ce mode de démolition est certainement trop brutal, trop violent. L'opération de Schützenberger donne des morceaux très fins : des petites molécules d'hydrogène libre, d'ammoniaque, d'acides carbonique, acétique, oxalique, qui accusent un émiettement excessif. Ces produits représentent environ un quart de la masse totale. — Les trois autres quarts sont formés de plus gros fragments dont l'examen est plus instructif. Ils appartiennent à quatre groupements. — Le premier comprend cinq ou six corps, acides amidés ou *leucines* ; il manifeste l'existence dans la molécule d'albumine de composés de la série grasse c'est-à-dire disposés en chaîne ouverte. — Le deuxième groupe est formé par la tyrosine et des produits voisins, c'est-à-dire par des corps de la série aromatique, qui obligent à admettre la présence, dans la molécule d'albumine, d'un noyau benzénique. — Un troisième groupe se rattache au noyau que les chimistes connaissent sous le nom de pyrrol. — Le quatrième comprend des corps tels que les glucoprotéines qui se rattachent aux sucres ou aux hydrates de carbone.

Le fait que la molécule d'albumine se détruit en produisant tous ces composés, implique-t-il l'idée qu'ils y préexistent en réalité ? Les chimistes ont une tendance à l'admettre. Cependant cette conclusion ne semble pas légitime. M. Duclaux la considère comme contestable. Il n'est pas certain que tous ces corps fragmentaires préexistent en réalité ; et il n'est pas certain, non plus, que leur simple rapprochement représente l'édifice primitif. Des matériaux de démolition provenant d'une maison renversée ne donnent point l'idée de sa disposition architecturale naturelle. Il n'y aurait qu'une manière de justifier l'hypothèse : ce serait de reconstituer la molécule d'albumine originelle par le rapprochement des fragments. On n'en est pas encore là. L'ère des synthèses de cette complication est plus ou moins proche ; mais elle n'est certainement pas encore ouverte.

Il n'est du reste pas exact de croire que la simple juxtaposition des « *surfaces de fracture* » puisse reproduire le corps initial. Les fragments, tels que les obtient l'analyse, ne sont pas tels absolument qu'ils auraient pu être dans la construction originelle. Là, ils adhéraient les uns aux autres, non pas seulement par simple contact des surfaces de fracture, comme on semble le croire, mais d'une manière un peu plus compliquée. — Les fragments de la molécule, sont réunis par des liaisons. On peut s'en faire une image en supposant des sortes de crochets d'attache. Ces crochets, qui n'ont pu être rompus que par brisure ou arrachement, les chimistes les appellent des *atomicités satisfaites*. Ces atomicités rendues libres par la dislocation ne peuvent rester en cet état : il faut qu'elles se satisfassent de nouveau. Le crochet cherche à s'attacher. — Dans l'expérience de Schützenberger l'eau ajoutée pourvoit à cette nécessité. Une molécule d'eau (H^2O) se scinde en deux, l'hydrogène H d'un côté, l'hydroxyle (OH) de l'autre. — Ces deux éléments s'accrochent aux liaisons libérées des fragments de la molécule d'albumine ; et ainsi se trouvent complétés les corps que l'on recueille. — La preuve que l'opération de Schützenberger était trop violente, trop radicale, qu'elle donnait un trop grand nombre de fragments à crochets libres, à atomicités non satisfaites, c'est qu'une assez grande proportion de l'eau surajoutée disparaissait dans l'opération. Dans une expérience, cette quantité atteignait 17 grammes pour 100 grammes d'albumine. Les molécules de cette eau étaient employées à la réparation des molécules fragmentaires incomplètes de l'albumine.

L'opération de Schützenberger fournissait, en conséquence, un nombre trop grand de morceaux trop menus, correspondant à un émiettement destructif excessif. Les morceaux trop menus, ce sont des molécules d'acides tels que l'acide acétique, l'acide oxalique, l'acide carbonique, des molécules d'ammoniaque, d'hydrogène même, dont on constate la mise en liberté.

Mais, abstraction faite de ces produits qui représentent un quart de la molécule d'albumine soumise à l'analyse, les trois autres quarts représentent des fragments plus volumineux qui peuvent être considérés comme des constituants réels de l'édifice. — On trouve ainsi quatre espèces de groupements qu'on peut accepter comme naturels. — Le premier de ces groupes est celui des leucines ou acides amidés ; il manifeste l'existence dans la molécule d'albumine de composés de la série grasse. — Il y a en outre un groupe aromatique — un groupe pyridique — et un groupe appartenant à la catégorie des sucres. Imaginons un certain groupement de ces quatre séries. Ce sera le noyau de la molécule d'albumine. Si l'on greffe sur ce noyau, sur cette charpente, comme autant d'annexes, des chaînes latérales, on aura chargé l'édifice de fioritures ; on l'aura rendu instable, et approprié, par cela même, à son rôle dans les mutations incessantes de l'organisme.

Analyse de Kossel. — Noyau hexonique. — M. Kossel a abordé le problème d'une autre manière.

Il n'a pas voulu s'attaquer à l'albumine d'œuf. Ce corps est, en effet, un mélange hétérogène, complexe comme les besoins de l'embryon naissant dont il forme l'aliment. Kossel a cherché un albuminoïde physiologiquement plus simple; il l'a demandé à un élément anatomique n'ayant aucun rôle nutritif, d'une organisation et d'un fonctionnement physiologique très élémentaires, et cependant d'une vitalité énergique, la cellule génératrice mâle. Au lieu de l'œuf de la poule, il a donc analysé la laitance des poissons et d'abord celle des saumons. Comme il faut s'y attendre, d'après ce qui a été dit des protéides, cette matière vivante offre une combinaison de la nucléine, déjà connue, avec une albumine. Celle-ci est abondante : elle forme le quart de la masse totale. Elle est de réaction fortement alcaline, ce qui est le caractère général de la variété d'albumine que l'on nomme des histones. Le savant chimiste de Bâle, Miescher, qui avait aperçu, en travaillant sur les saumons du Rhin, cette albumine basique, lui avait donné le nom de *protamine*.

Telle est la substance que Kossel a soumise à l'analyse, de préférence à l'albumine d'œuf, chère aux chimistes qui l'avaient précédé. La dislocation de cette molécule, en place des longues séries des corps obtenus par Schützenberger, n'en donna qu'un seul qui est une véritable base chimique, l'*arginine*. Du premier coup, l'albumine examinée était ramenée à un élément simple, cristallisable.

La conclusion s'imposait. La protamine du saumon était la plus simple des albumines. Pour constituer cette matière protéique élémentaire, il suffit d'une base hexonique unie à l'eau.

Ce résultat fut étendu. En examinant d'autres cellules génératrices mâles on trouva une série de protamines construites sur le même type. Et toujours ces corps albumineux se montraient formés d'une base ou d'un mélange des bases hexoniques, analogues : l'arginine, l'histidine, la lysine, tous corps très voisins par leurs propriétés et appartenant entièrement au monde physique.

Une fois prévenus de l'existence de ce noyau fondamental, les chimistes l'ont retrouvé dans les albumines plus compliquées où il avait été méconnu. On l'a constaté dans l'albumine d'œuf, dissimulé sous l'amas des autres groupements. On l'a rencontré dans toutes les albumines animales ou végétales. Les noyaux de Schützenberger peuvent faire défaut : les bases hexoniques sont l'élément constant et universel de toutes les variétés d'albumines. Elles prévalent dans le noyau chimique de la molécule albumineuse; et peut-être, comme le dit Kossel, le forment-elles exclusivement. Tous les autres éléments sont surajoutés, accessoires. Le type essentiel de cet édifice moléculaire, tant recherché, est enfin connu.

Conclusion. — Au résumé, l'unité chimique des êtres vivants s'exprime en disant que la matière vivante, le protoplasme, est un mélange ou un complexe de matières protéiques à noyau hexonique.

CHAPITRE IV

DOUBLE CONDITIONNEMENT DES PHÉNOMÈNES VITAUX. — IRRITABILITÉ

Apparence d'activité interne de l'être vivant. Les phénomènes vitaux envisagés comme réaction du monde ambiant. — § 1. Les conditions extrinsèques. Loi de l'optimum. — § 2. Les conditions intrinsèques. Constitution des organes et appareils. Manière dont l'expérimentation atteint les phénomènes de la vie. Généralisation de la loi de l'inertie. — Irritabilité.

Instabilité, mutabilité, apparence d'activité interne de l'être vivant. — Un des traits les plus remarquables de l'être vivant, c'est son instabilité. Il est dans un état de continuel changement. Le plus simple des êtres élémentaires, le plastide, s'accroît; il arrive en grossissant et en se compliquant à un état où il se divise; et, ainsi rajeuni, il recommence la marche ascendante qui le conduit à la même segmentation. Son évolution se traduit par son accroissement, par les variations de forme qui y correspondent, par sa division.

S'il s'agit d'êtres plus élevés en organisation que l'élément cellulaire, le caractère évolutif de cette mutabilité devient plus évident. L'être se forme; il s'accroît; puis, le plus souvent, après avoir traversé les stades de la jeunesse et de l'âge adulte, il vieillit, décline et aboutit à la mort et à la désorganisation, après avoir parcouru une sorte de trajectoire idéale. Cette marche dans une direction fixée, avec son point de départ, ses degrés et son terme, est la répétition de la marche qu'ont déjà suivie les ascendants de l'être vivant.

Il y a là un fait caractéristique de la vitalité, ou plutôt il y a deux faits. L'un consiste dans cette évolution morphologique et organique, négation de l'immuabilité, négation du maintien indéfini d'un état ou d'une forme permanents que l'on regarde, au contraire, comme la condition des corps bruts, fixes, stables, éternellement en repos. L'autre consiste dans la répétition, que cette évolution réalise, de l'évolution pareille des ascendants : c'est un fait d'hérédité. — Enfin, l'évolution est toujours cyclique, c'est-à-dire qu'elle aboutit à un terme qui ramène le cours des choses à leur point de départ.

Cette sorte d'activité interne de l'être vivant est un fait si frappant que, non seulement il nous sert à différencier celui-ci du corps brut, mais qu'il a fait naître l'illusion d'une sorte de démon intérieur, la force vitale, qui se manifesterait par les actes plus ou moins apparents de la vie de relation, de la motricité, du déplacement, ou par les actes moins bruyants de la vie végétative.

Les phénomènes vitaux envisagés comme réaction du monde ambiant. — Leur double conditionnement. — En réalité, comme nous l'enseigne la doctrine de l'énergétique, les phénomènes de la vitalité ne sont pas l'effet d'une activité purement interne. Ils sont une réaction du monde ambiant. — « L'idée de vie, « dit Auguste Comte, suppose constamment la corré- « lation nécessaire de deux éléments indispensables : « un organisme approprié et un milieu convenable. « C'est de l'action réciproque de ces deux éléments « que résultent inévitablement tous les phénomènes

« vitaux ». — Le monde ambiant fournit à l'être vivant trois choses : sa matière, son énergie, et les excitants de sa vitalité. Toute manifestation vitale résulte du conflit de deux facteurs : le facteur extrinsèque qui en provoque l'apparition ; le facteur intrinsèque, l'organisation même du corps vivant, qui en détermine la forme. Bichat et Cuvier voyaient dans les phénomènes de la vie l'intervention exclusive d'un principe d'action tout intérieur, entravé plutôt qu'aidé par les forces universelles de la nature. — C'est le contraire qui est vrai. Le protozoaire trouve les stimulants de sa vitalité dans le milieu aquatique qui est son habitat ; les particules réellement vivantes du métazoaire, c'est-à-dire ses cellules, ses éléments anatomiques, rencontrent ces stimulants dans la lymphe, dans les liquides interstitiels qui les baignent et qui forment leur véritable milieu extérieur.

Auguste Comte avait bien compris cette vérité et il l'a exprimée clairement dans le passage que nous venons de citer. Claude Bernard l'a développée abondamment et l'a rendue classique.

Pour manifester les phénomènes de la vitalité, l'être élémentaire, l'être protoplasmique a besoin du monde extérieur, de certaines conditions favorables qu'il y rencontre et que l'on peut appeler *les excitants*, ou conditions extrinsèques de la vitalité. Cet être, en effet, ne possède en lui-même aucune initiative, aucune spontanéité : il a seulement la faculté d'entrer en action lorsqu'un stimulus étranger vient l'y provoquer. Le mot d'*irritabilité* désigne cette sujétion de la matière vivante. Il exprime que la vie n'est pas seulement un attribut interne, un principe intérieur d'action.

§ 1. — Les conditions extrinsèques.

Les conditions extrinsèques. — En montrant que toute manifestation vitale résulte du conflit de deux facteurs : les conditions extrinsèques ou physico-chimiques qui en déterminent l'apparition, et les conditions intrinsèques ou organiques qui en règlent la forme, Claude Bernard a porté le coup mortel aux anciennes théories vitalistes. Car il n'a pas seulement affirmé cette étroite dépendance des deux espèces de facteurs; il les a montrés en action dans la plupart des phénomènes physiologiques. — L'étude des conditions extrinsèques ou physico-chimiques nécessaires aux manifestations vitales enseigne une première vérité, c'est qu'elles ne sont pas infiniment variées, comme on aurait pu le croire. Elles présentent, au contraire, dans ce qu'elles ont d'essentiel, une uniformité remarquable. — Les conditions fondamentales sont les mêmes pour les cellules animales ou végétales de toute espèce ; elles sont au nombre de quatre. Ce sont : l'*humidité;* l'air ou mieux l'*oxygène;* la *chaleur;* une certaine *constitution chimique* du milieu. — Et cette dernière condition, dont l'énoncé semble vague, se précise lorsqu'on en vient à l'examiner de près. La constitution chimique des milieux favorables à la vie, des milieux de culture, obéit à des lois très générales. C'est la connaissance de ces lois qui a permis autrefois à Pasteur, Raulin, Cohn et Balbiani, de constituer des milieux appropriés à l'existence de quelques organismes relativement simples, et de créer ainsi une méthode infiniment précieuse pour l'étude de la nutrition et pour des applications nombreuses, la *méthode des cultures artificielles* dont la microbiologie et la physiologie ont offert de nombreux développements.

Loi de l'optimum. — On a dit — et c'est mieux qu'un jeu de mots — que les conditions du milieu vital étaient des conditions de *juste milieu*. Il faut de l'eau, il n'en faut ni trop ni trop peu; il faut de l'oxygène également en proportions réglées; il faut de la chaleur, et, pour elle aussi, il y a un degré optimum; il faut certains composés chimiques, et, à cet égard, il y a également des proportions *optima*.

— L'eau est un élément constituant des organismes. Ceux-ci en contiennent des proportions fixes pour un même tissu, mais variables d'un tissu à l'autre, entre 2/3 et 9/10. — La cellule d'un tissu vivant a besoin, autour d'elle, d'une atmosphère aqueuse, formée par les divers sucs de l'organisme, les liquides interstitiels, le sang, la lymphe. — On est dupe des apparences lorsque l'on distingue des animaux aériens, aquatiques, terricoles et lorsque l'on parle de l'air, des eaux, de la terre, comme de leurs milieux naturels. — Que l'on descende au fond des choses, que l'on fixe son attention sur les véritables unités vivantes, sur les cellules dont est composé l'organisme; on trouvera autour d'elles des sucs, riches en eau, qui sont leur milieu réel. Que ces sucs se diluent ou se concentrent le moins du monde, — et la vie s'arrête. La cellule, l'animal tout entier tombe en vie latente ou il meurt. « Tous les êtres vivants sont aquatiques », disait Claude Bernard; « les êtres aériens sont, en réalité, des aquariums ambulants », a dit un autre physiologiste; — « sans humidité, point de vie », écrivait Preyer. — Le milieu doit contenir de l'eau; mais il doit en contenir en certaines proportions. Il y a, chez les animaux supérieurs, un mécanisme qui fonctionne automatiquement pour maintenir constante la quantité d'eau du sang. Les études sur le lavage du sang (A. Dastre et Loye), l'ont clairement manifesté.

— L'oxygène est nécessaire aussi à la vie. Il est le *pabulum vitæ*; à la vérité, la découverte des êtres appelés par Pasteur *anaérobies* a paru contredire cette affirmation. L'illustre botaniste, Pfeffer, a cru pouvoir écrire, en 1897, que le dogme de la nécessité de l'oxygène était renversé. — Un tel jugement doit être cassé. M. Beijerinck, en 1898, a fait une étude plus attentive des anaérobies que l'on prétend cultiver dans le vide, tels que la *bactérie du tétanos* et le *vibrion septique;* ou de ceux pour qui l'oxygène semble un poison, tels que le *ferment butyrique*, le *ferment butylique*, les anaérobies de la putréfaction, le spirille réducteur des sulfates. Tous usent d'oxygène libre. Ils en consomment à la vérité très peu ; ils sont *micro-aérobies*. — Les autres organismes, au contraire, en ont besoin de davantage ; ils sont macro-aérobies, ou simplement *aérobies*. D'ailleurs, que les prétendus anaérobies prennent peu ou point d'oxygène libre, il importe peu ; ils prennent l'oxygène combiné. On pourrait prétendre, avec L. Errera, qu'ils sont très avides d'oxygène, puisqu'ils l'arrachent à ses combinaisons, et « qu'ils sont si bien adaptés à ce mode d'existence, que la vie trop facile à l'air libre ne leur convient plus. » Il y a, pour les différentes espèces animales, des optimums d'oxygène différents.

— Les êtres vivants ont besoin d'un certain degré de chaleur. La vie, qui ne pouvait pas encore exister aux temps où le globe était incandescent, ne le pourra plus quand il sera refroidi. — Pour chaque organisme et chaque fonction, il y a un minimum et un maximum de température compatible avec l'activité. Il y a aussi un *optimum*. Par exemple, pour la germination du blé, cet optimum est à 29°.

— La condition de l'optimum existe de même pour la composition chimique du milieu vital — et pour les autres conditions physiques ambiantes, telles que la pression atmosphérique.

C'est donc une loi d'une portée *universelle*, une sorte de loi régulatrice de la vie. La vie est fonction de variables extrinsèques, l'eau, l'air, la chaleur, la composition chimique du milieu, la pression. « Tout phénomène vital commence à se produire à partir d'un certain état de la variable (*minimum*), prend de plus en plus de vigueur à mesure qu'elle croît, jusqu'à une valeur déterminée (*optimum*), s'atténue si la variable continue à croître et disparaît quand elle a atteint une certaine valeur limite (*maximum*). » Cette règle, justifiée par le botaniste allemand J. Sachs, en 1860, à propos de l'action de la température sur la germination des plantes, par Paul Bert, en 1875, à propos de l'action de l'oxygène et de la pression atmosphérique sur les animaux ; — et déjà formulée à la même époque par Claude Bernard, a été mise en pleine lumière par M. Leo Errera, en 1895. — C'est une loi de modération. Elle exprime le « Rien de trop » de Lafontaine, traduction du « *Ne quid nimis* » de Térence, du Μηδὲν ἄγαν de Théognis, et de la phrase biblique : « *omnia in mensura et numero et pondere*. — L. Errera voit la cause profonde de cette loi de l'optimum dans les propriétés du protoplasme vivant qui sont des propriétés moyennes : il est semi-liquide ; il est composé de matières albuminoïdes qui ne supportent rien d'excessif, ni au point de vue physique, ni au point de vue chimique.

§ 2. — Conditions intrinsèques. — Loi de constitution des organes et appareils.

Loi de constitution des organes et appareils. — Si l'on considère des êtres plus élevés en organisation, l'influence des conditions extrinsèques n'apparaît pas moins nettement. C'est, comme nous l'avons dit, pour que soient dispensés à chaque élément, dans la mesure convenable, les matériaux fondamentaux dont il a besoin ; l'eau, les composés chimiques, l'air, la chaleur, — que les organes s'ajoutent aux organes, que les appareils s'agencent en édifices compliqués. — Pourquoi un appareil digestif? Pour préparer et introduire dans le milieu intérieur les matériaux liquides nécessaires à la vie des cellules. — Pourquoi un appareil respiratoire? Pour importer le gaz vital nécessaire aux cellules, et exporter l'excrément gazeux, l'acide carbonique qu'elles rejettent. — Pourquoi un appareil circulatoire? Pour transporter et renouveler partout ce milieu. — Les appareils, les rouages fonctionnels, les vaisseaux, les mécanismes digestifs et respiratoires n'existent point pour eux-mêmes, comme les ébauches capricieuses d'une nature artiste; ils existent pour les éléments anatomiques innombrables qui peuplent l'économie; ils sont disposés pour permettre et régler plus rigoureusement la vie cellulaire quant aux conditions extrinsèques qu'elle exige. — Ils sont, dans le corps vivant, comme dans une société civilisée, les manufactures et les usines qui procurent aux différents membres de cette société les moyens de se vêtir, de se chauffer et de s'alimenter. En un mot, la loi de la *construction des organismes* ou du *perfectionnement organique* se confond avec les lois de la vie cellulaire. Elle est autrement suggestive que la loi de la *division du travail physiologique*, énoncée jadis par Henri Milne-Edwards; elle a, en tous cas, une signification plus concrète. Elle relie, enfin, comme on voit, le fonctionnement organique aux conditions du milieu ambiant.

Manière dont l'expérimentation agit sur les phénomènes de la vie. — Les deux ordres de conditions, les unes apportées par l'être lui-même, les autres par les agents extérieurs, sont également indispensables, — et, par conséquent, d'importance ou de dignité égale. Mais elles ne sont pas également accessibles à l'expérimentateur. Il n'est pas facile d'exercer sur l'organisation des actions directes et mesurables. Au contraire, les conditions physiques sont dans les mains et à la discrétion de l'expérimentateur. Par elles il peut atteindre les manifestations vitales dans leur apparition, les provoquer ou les empêcher, les ralentir ou les précipiter. C'est ainsi, par exemple, que le physiologiste suspend ou rétablit à son gré la pleine activité vitale chez la multitude des êtres reviviscents ou hibernants, tels que les graines, les infusoires susceptibles d'enkystement, les anguillules, les tardigrades, les animaux à sang froid, les plantes vivaces.

Le monde ambiant fournit donc à l'animal et au végétal, entier ou fragmentaire, les matériaux de son organisation qui sont en même temps les excitants de sa vitalité. C'est dire que le mécanisme vital serait un mécanisme dormant et inerte, si rien, dans le milieu qui l'entoure, ne venait le provoquer à l'action et lui donner le branle; ce serait une sorte de machine à vapeur sans houille et sans feu.

La matière vivante ne possède pas, en d'autres termes, de spontanéité réelle. — Nous l'avons dit ailleurs : la loi de l'inertie, que l'on croit le partage des corps bruts, ne leur est pas spéciale : elle s'applique aux corps vivants dont l'apparente spontanéité n'est qu'une illusion démentie par toute la physiologie. — Toutes les manifestations vitales sont des répliques à une stimulation, des actes provoqués et non point des actes spontanés.

Généralisation de la loi de l'inertie aux corps vivants. — Irritabilité. — A la vérité, le préjugé vulgaire est contraire à cette vue : l'opinion commune la méconnaît. Elle n'applique la loi de l'inertie qu'à la matière brute. C'est que la réplique vitale ne succède pas toujours immédiatement à la stimulation extérieure et ne lui est pas toujours proportionnée.

Mais il suffit d'avoir vu le volant d'une machine à vapeur pour comprendre que la restitution de la force mécanique peut n'être pas immédiate; il suffit d'avoir appuyé le doigt sur la gâchette d'une arme à feu pour savoir qu'il n'y a point de proportionnalité nécessaire entre l'intensité du stimulant et la grandeur de l'effet produit. Les choses se passent dans la machine vivante de la même manière que dans la machine brute.

La faculté d'entrer en action lorsqu'un stimulant étranger vient l'y provoquer a reçu, avons-nous dit, le nom d'*irritabilité*. — On n'emploie pas le mot à propos de la matière brute. Cependant, la condition de celle-ci est la même. Mais il n'est pas besoin d'affirmer son irritabilité, parce qu'elle n'est contestée de personne. On sait bien que la matière brute est inerte, que toutes les manifestations d'activité dont elle est le théâtre sont provoquées. L'inertie est pour elle le nom équivalent à l'irritabilité pour la matière vivante. Mais tandis qu'il n'était pas nécessaire d'introduire cette notion dans les sciences physiques, où elle règne depuis le temps de Galilée, il était au contraire nécessaire de l'affirmer en biologie, précisément parce que là régnait la doctrine opposée de la spontanéité vitale.

Telle était la pensée de Claude Bernard. Il n'a jamais varié sur ce point. L'*irritabilité*, dit-il, est la propriété que possède tout « élément anatomique « (c'est-à-dire le protoplasme qui entre dans sa cons- « titution), d'être mis en activité et de réagir d'une « certaine manière sous l'influence des excitants « extérieurs ». Il ne pouvait prétendre que ce fût un caractère distinctif entre les corps vivants et les corps bruts; et cela, d'autant moins qu'il s'est toujours efforcé d'effacer, sur ce point, les distinctions qui régnaient à son époque et que Bichat et Cuvier avaient établies. Aussi M. Le Dantec semble-t-il n'avoir pas bien saisi la pensée du célèbre physiologiste sur ce point, lorsqu'il affirme, et comme s'il contredisait en cela l'opinion de Claude Bernard et de son école, que l'irritabilité n'est pas quelque chose de particulier aux corps vivants (1).

1. Ces idées sont nettement mises en lumière dans une série d'articles de la *Revue philosophique*, publiés en 1879 sous le titre : « Le problème physiologique de la vie » et consacrés par M. A. Dastre au commentaire du livre des *Phénomènes communs aux animaux et aux plantes*.

CHAPITRE V

LA FORME SPÉCIFIQUE. — SON ACQUISITION. SA RÉPARATION

§ 1. *La forme spécifique.* — Elle n'est pas spéciale aux êtres vivants. — Elle est liée à l'ensemble des conditions matérielles du corps et du milieu. — Est-elle une propriété de la substance chimique ? — § 2. *Acquisition et rétablissement de la forme spécifique.* — Régénération normale. — Régénération accidentelle chez les protozoaires et les plastides; chez les métazoaires.

---

§ 1. — La forme spécifique.

La forme spécifique n'est pas spéciale aux êtres vivants. — La possession d'une *forme spécifique*, — l'acquisition de cette forme typique réalisée progressivement, — son rétablissement, lorsque quelque accident l'a altérée, — voilà des traits considérés comme distinctifs des êtres vivants, depuis les protophytes et les protozoaires les plus inférieurs jusqu'aux animaux les plus élevés. Rien ne donne mieux une idée de l'unité et de l'individualité de l'être vivant que l'existence de cette forme typique. — Ce n'est pas à dire cependant que ce caractère soit exclusif à l'être vivant et soit capable de le définir, à lui seul. — Nous répétons qu'aucun caractère n'est dans ce cas. En particulier, la *forme typique* appartient aux cristaux comme aux êtres vivants.

La forme spécifique est liée à l'ensemble des conditions matérielles du corps et du milieu. — La considération des corps minéraux nous montre la forme liée aux conditions physico-chimiques du corps et du milieu. — La forme dépend surtout des conditions physiques dans le cas de la goutte d'eau qui tombe d'un robinet, du ménisque liquide dans un tube étroit, de la petite masse ombiliquée de mercure sur un plan de marbre, dans le cas de la goutte d'huile émulsionnée dans une solution, dans le cas du métal écroui ou recuit. — La forme dépend davantage des conditions chimiques dans le cas des cristaux. Et c'est la cristallisation qui a introduit dans les sciences physiques cette notion, devenue une sorte de postulat, à savoir que la forme spécifique est liée à la composition chimique. Et, cependant, il suffit de songer au dimorphisme d'un corps simple tel que le soufre, tantôt prismatique, tantôt octaédrique, pour comprendre que la substance n'est qu'un des facteurs de la forme et que les conditions physiques du corps et du milieu en sont d'autres, tout aussi dominateurs.

La forme spécifique est-elle une propriété de la substance chimique ? — Combien cette restriction doit-elle encore être plus vraie, si nous considérons au lieu d'un composé chimique défini, le mélange étonnamment complexe qui est le protoplasme ou matière vivante, ou l'organisme plus compliqué encore qui est la cellule, le plastide.

N'y a-t-il pas de grandes différences entre la substance du protoplasme cellulaire ou substance cytoplasmique et celle du noyau ? Ne doit-on pas distinguer dans la première la substance hyaloplasmique; la microsomique, dans les microsomes; la linine entre ces granulations; la centrosomique dans la centrosome; l'archoplasmique dans la sphère attractive; sans compter les leucites divers, le suc vacuolaire et les inclusions variées. Et dans le noyau, ne peut-on point considérer le suc nucléaire, la substance des chromosomes et celle des nucléoles? Et chacune d'elles n'est-elle pas encore un mélange probablement très complexe?

Et pourtant, c'est à ce mélange que l'on attribue la possession d'une forme, en vertu et par extension des principes de la cristallisation, lesquels enseignent précisément que les mélanges ne peuvent avoir de forme : que celle-ci est l'attribut des corps purs et n'est obtenue que par la séparation des parties mélangées, c'est-à-dire par le retour à l'homogénéité. — Il y a donc de fortes raisons d'hésiter, avant de transporter, comme l'ont fait quelques naturalistes philosophes, des sciences physiques — où il est déjà sujet à de fortes restrictions — aux sciences biologiques, le principe absolu de la dépendance entre la forme et la composition chimiques.

M. Le Dantec, pourtant, a fait de ce principe le meilleur soutien de son système biologique. Il trouve, par conséquent, dans le cristal le modèle du vivant. Il donne ainsi une base physique à la vie.

S'agit-il, dans ce système, d'expliquer cet incompréhensible, cet insondable mystère qui fait que la cellule œuf attirant à elle les matériaux du dehors arrive à édifier progressivement l'étonnante construction qui est le corps de l'animal, le corps de l'homme, le corps d'un homme déterminé, de Primus, par exemple? On dit que la substance de Primus est spécifique. Sa substance vivante lui est propre, spéciale; et cela, depuis les commencements de l'œuf jusqu'au bout de ses métamorphoses. Il ne reste plus qu'à appliquer à cette substance le postulat, emprunté à la cristallographie, de l'absolue dépendance de la nature de substance à la forme qu'elle revêt. La forme du corps de l'animal, de l'homme considéré, de Primus, c'est la forme cristalline de leur substance vivante. C'est la seule forme d'équilibre que puisse prendre cette substance, dans les conditions données, de même que le cube ou la trémie est la forme cristalline du sel marin, le seul état d'équilibre du chlorure de sodium dans l'eau de mer évaporée lentement. Ainsi, le problème de la forme vivante se trouve ramené au problème de la substance vivante, qui semble plus facile : et, du même coup, le mystère biologique au mystère physique. Il est certain que cette manière de voir simplifie prodigieusement — et l'on peut dire trop — l'obscur problème du rapport de la forme à la substance, à la fois dans les deux ordres de science. Tout tient en une phrase : « Il y a une relation établie entre la forme spécifique et la composition chimique : la composition chimique *dirige*, entraîne la forme spécifique. »

Ce n'est pas le moment d'examiner à fond cette opinion. Si elle est autre chose qu'une simplification verbale, qu'une unification du langage appliqué aux deux ordres de phénomènes, elle implique une assimilation des mécanismes qui les réalisent. Aux forces organogéniques qui dirigent la constitution des organismes vivants elle oblige à faire correspondre les forces cristallogéniques qui groupent, ajustent, équilibrent et harmonisent les matériaux du cristal.

Lorsqu'il s'agit de l'application d'un principe tel que celui-ci, il faut, pour en juger la légitimité, revenir toujours à ses fondements expérimentaux. Qu'on imagine, par exemple, un corps simple tel que le soufre chauffé et amené à l'état de fusion, c'est-à-dire homogène, isotrope, dans un milieu tranquille dont le seul changement sera un refroidissement ménagé avec lenteur, — ce sont là des conditions cristallogéniques typiques, — le corps prendra une forme cristalline déterminée. C'est d'expériences de ce genre que nous tirons la notion d'*une forme spécifique liée à une constitution chimique*.

Mais, en concluant ainsi, nous raisonnons mal. La véritable interprétation qui convient à ce cas comme à tous les autres, c'est que la forme spécifique est adéquate à la substance en même temps qu'à toutes les conditions physiques, chimiques, mécaniques où elle se trouve placée. Et la preuve, c'est que la même substance « soufre » qui a pris la forme prismatique aussitôt après fusion ne la gardera pas et passera à la forme octaédrique, tout à fait différente.

Il en est ainsi de la forme spécifique de l'être vivant, — c'est-à-dire de l'assemblage de ses matériaux constituants coordonnés en un système défini, en un mot, de son organisation. Celle-ci est adéquate à sa substance et à toutes les conditions matérielles, physiques, chimiques, mécaniques dans lesquelles elle est placée. Cette forme est la condition d'équilibre matériel correspondant à une situation très complexe, à un ensemble de conditions données. La condition chimique est seulement l'une d'entre elles. De plus, il est quelque peu abusif de parler d'« une substance chimique » à propos d'un mélange étonnamment complexe et d'ailleurs variable d'un point à l'autre du corps vivant. — En ramenant ainsi les phénomènes à leur signification originelle, on fait disparaître de fausses lueurs d'analogie. Dire avec M. Le Dantec que la forme du chien lévrier est la condition d'équilibre de la « substance chimique lévrier », c'est dire beaucoup et trop, si cela signifie que le corps du lévrier est « une substance » qui se comporte à la façon des masses homogènes, isotropes, comme le soufre fondu et le sel dissous ; c'est dire mieux, mais beaucoup moins, si cela signifie, comme dans l'esprit des physiologistes, que le corps du lévrier est la condition d'équilibre d'un système matériel hétérogène, anisotrope, soumis à des conditions physiques et chimiques infiniment nombreuses.

L'idée de rattacher la forme, — et par là on entend

l'organisation, — à la seule composition chimique, n'est point née dans l'esprit des chimistes, ni dans celui des physiologistes. Les uns et les autres se sont exprimés nettement à cet égard.

Il faut distinguer, dit Berthelot, « la formation des substances chimiques dont l'assemblage constitue les êtres organisés, et la formation des organes eux-mêmes. Ce dernier problème n'est pas du domaine de la chimie. Jamais le chimiste ne prétendra former dans son laboratoire, une feuille, un fruit, un muscle, un organe... Mais la chimie a le droit de prétendre à former les principes immédiats, c'est-à-dire les matériaux chimiques qui constituent les organes. » Et Claude Bernard, de même : « En un mot, le chimiste dans son laboratoire, et l'organisme vivant dans ses appareils, travaillent de même, mais chacun avec ses outils. Le chimiste pourra faire les produits de l'être vivant, mais il ne fera jamais ses outils, parce qu'ils sont le résultat même de la morphologie organique. »

§ 2. — Acquisition et rétablissement de la forme spécifique.

Acquisition de la forme typique. — L'acquisition de la forme typique, chez l'être vivant, est le résultat d'un travail ontogénique qui ne saurait être examiné ici. — Chez l'être élémentaire, le plastide, ce travail se confond avec celui même de la nutrition : c'est une *nutrition dirigée*. Il consiste en un simple accroissement à partir du moment où l'élément est né de la division d'un élément antérieur, et en une différenciation nécessairement restreinte. C'est une embryogénie rudimentaire. — Chez l'être complexe, métazoaire, métaphyte, l'organisme se constitue à partir de l'œuf, par l'accroissement, la bipartition des éléments et leur différenciation, accomplis suivant une direction et conformément à un plan déterminé. C'est encore une nutrition dirigée : mais ici l'embryogénie est compliquée. Le plan directeur des opérations est la conséquence, nous n'en doutons pas, des conditions matérielles à chaque instant réalisées dans l'organisme.

Régénération normale. — Non seulement les êtres vivants construisent eux-mêmes leur architecture typique, mais ils la rétablissent et la reconstituent continuellement à mesure que les accidents ou même les circonstances régulières tendent à la détruire : en un mot, ils se régénèrent. Cette régénération consiste dans la reformation des parties altérées ou enlevées par le jeu normal de la vie ou par les accidents qui en troublent le cours.

Il y a donc une *régénération normale physiologique*, qui est pour ainsi dire le prolongement de l'ontogénèse, c'est-à-dire du travail de formation de l'individu. On en a des exemples, chez les mammifères, dans la reconstitution de l'épiderme ; dans la pousse des productions épidermiques constamment usées dans leurs parties superficielles et distales, et régénérées dans leurs parties profondes ; dans la chute et le remplacement des dents de la première dentition, et chez certains poissons dans la production de dentitions successives ; dans le renouvellement périodique du tégument chez les larves d'insectes et chez les crustacés : enfin, dans la destruction et la néo-formation des globules du sang des vertébrés, des cellules glandulaires, des cellules épithéliales de l'intestin.

Régénération accidentelle chez les protozoaires et les plastides. — Il y a aussi une *régénération accidentelle* qui rétablit, d'une manière plus ou moins parfaite, les parties enlevées. Cette régénération a ses degrés, depuis la simple cicatrisation de la plaie, jusqu'à la reproduction complète de la partie coupée : elle est très inégalement développée dans des groupes zoologiques, même voisins.

Chez les êtres élémentaires, monocellulaires, c'est-à-dire chez les éléments anatomiques et chez les protozoaires, ce sont les expériences de *mérotomie*, c'est-à-dire de *section partielle*, qui permettent d'apprécier l'étendue de cette faculté de régénération. Ces expériences, inaugurées par les recherches d'Augustus Waller en 1851, ont été réalisées délibérément par Gruber en 1885, continuées par Nussbaum en 1886, Balbiani en 1889, Verworn en 1891 et reproduites par un grand nombre d'observateurs. Elles ont montré que les deux fragments se cicatrisent et se réparent, en constituant un organisme extérieurement semblable à l'organisme primitif, mais plus petit. Les deux organites nouveaux ne se comportent pourtant pas de même. Un seul, celui qui a conservé le noyau, possède la faculté de se compléter et de vivre comme l'être primitif. Le fragment protoplasmique qui ne renferme pas le noyau, ne peut reconstituer cet organe déficient ; et, s'il fonctionne comme le fragment nucléé sous la plupart des rapports, il s'en distingue cependant sous d'autres, très importants. Le fragment anucléé d'un infusoire se comporte comme le fragment nucléé et comme l'animal tout entier, au point de vue des mouvements du corps, des cils, de la préhension des aliments, de l'évacuation des fèces, de la contraction rythmique des vésicules pulsatiles. Mais ainsi que les études de Balbiani, en 1892, nous l'ont appris, la sécrétion, la régénération complète et la faculté de génération par scissiparité appartiennent seulement au fragment nucléé, c'est-à-dire au noyau.

Régénération accidentelle chez les métazoaires. — Parmi les êtres polycellulaires, la faculté de régénération se rencontre au plus haut degré chez les plantes où elle constitue le procédé de bouturage. Chez les animaux elle est le plus marquée parmi les Cœlentérés. Le cas de l'hydre est célèbre depuis les expériences de Trembley. On sait que, coupée en menus morceaux, l'hydre peut régénérer autant d'êtres complets. Parmi les Vers, les planaires offrent quelque chose d'approchant : tout fragment dont le volume n'est pas inférieur au dixième de celui du corps peut reproduire un être entier, complet. L'Escargot peut régénérer une grande partie de sa tête, y compris les tentacules et la bouche. — Chez les Tritons et les Salamandres la régénération peut refaire les membres, la queue, l'œil. Chez les Grenouilles, le travail, au contraire, ne va pas au delà de la cicatrisation. Même impuissance chez les Oiseaux et les Insectes.

Le fait de voir, chez un Vertébré comme le Triton, le moignon d'un bras avec son morceau d'humérus, refaire l'avant-bras et la main, dans toute leur complexité, avec leur squelette, leurs vaisseaux, leurs nerfs, leurs téguments, est profondément surprenant. On dit que le membre a *repoussé*, comme s'il en existait un germe qui se serait développé à la façon de la graine d'une plante, ou comme si chaque portion transversale du membre, chaque tranche, pour ainsi dire, pouvait reformer celle qui la suit.

Le mécanisme de la régénération soulève comme celui de la génération même des problèmes de la plus haute importance. La partie se régénère-t-elle comme elle s'est formée la première fois ? La régénération répète-t-elle l'ontogénie ? Est-il vrai qu'un organe enlevé ne se régénère pas (le rein, par exemple), si l'organe symétrique prend un développement compensateur et hypertrophique, comme l'a prétendu Ribbert? En est-il de même si l'organe enlevé et transplanté en un autre point est susceptible de s'y greffer comme l'a dit Y. Delage? — Ce sont là des questions fort attachantes, mais qui ne sauraient nous retenir et nous détourner ainsi de notre objet. Nous n'avons à envisager ces faits qu'au point de vue de leur valeur significative et caractéristique de la vitalité. Flourens, à leur propos, invoquait l'intervention de forces vitales, *plastiques* et *morpho-plastiques*. — Mais comme nous le verrons plus loin, ces phénomènes de cicatrisation, de réparation, de régénération, ces efforts plus ou moins complets pour le rétablissement de la forme spécifique, bien qu'ils appartiennent à tous les êtres vivants à des degrés divers, ne leur sont pas cependant exclusifs. On les retrouve dans quelques représentants du monde minéral, dans les cristaux.

CHAPITRE VI

LA NUTRITION.

L'assimilation fonctionnelle. La destruction fonctionnelle. Destruction organique. Synthèse assimilatrice.

Importance capitale de la nutrition. — § 1. *Résultat de l'activité vitale : Destruction ou accroissement.* — Distinction de la substance vivante et des réserves qui y sont mêlées. — Destruction organique : destruction des réserves ; destruction de la matière vivante. — Accroissement de la matière vivante. — § 2. *Les deux catégories de phénomènes vitaux.* — Fondements de l'idée de la destruction fonctionnelle. — Les deux ordres de phénomènes de la vitalité. — Critique du langage de Claude Bernard. — Opinions actuelles. — Critique de la théorie nouvelle de la vie, de Le Dantec. — § 3. *Corrélation des deux ordres de faits vitaux.* — Loi d'enchaînement. — Contradictions de la théorie nouvelle. — § 4. *Caractères de la nutrition.* — Sa définition. — Sa permanence. — Idée erronée du tourbillon vital. — Assimilation formative des réserves. — Assimilation formative du protoplasme. — Mort réelle et mort apparente.

Importance capitale de la nutrition. — Nous touchons ici au trait capital de la vitalité. — Tous les autres caractères de la matière vivante, son équilibre mobile, son organisation chimique et anatomique, l'acquisition et le maintien d'une forme typique, ne sont, pour ainsi dire, que des propriétés secondaires, subordonnées, par rapport à la *nutrition*. La génération elle-même n'en est qu'un mode. — La *nutrition* est l'attribut essentiel de la vie : elle est la vie même.

Avant de la définir, il est nécessaire d'entrer dans quelques explications préalables.

Ce qu'il y a de plus frappant dans l'être vivant, dans la matière vivante, c'est son *accroissement*. Un animal, un végétal, c'est quelque chose qui commence plus ou moins petitement et qui grandit. Son caractère est de s'étendre : — depuis la spore, la graine, la bouture, depuis l'œuf, il s'accroît.

Qu'il s'agisse d'un élément cellulaire, d'un plastide ou d'un être complexe, leur condition est la même, à cet égard : ils sont envahissants. Sans doute quand l'animal ou la plante ont atteint un certain développement, ils s'arrêtent dans leur croissance, ils subsistent plus ou moins longtemps à l'état adulte, dans une sorte d'équilibre apparent. Mais alors même, il n'y a pas arrêt de fabrication de la matière vivante : il y a seulement compensation entre sa destruction et sa production.

Il importe de mettre de l'ordre dans les idées qui se croisent, se mêlent et se contredisent actuellement en biologie sur ce sujet essentiel. Il y règne une cruelle confusion.

§ 1. — Résultat de l'activité vitale : Destruction ou accroissement ?

Distinction de la substance vivante et des réserves qui y sont mêlées. — La physiologie de la nutrition a donné lieu à d'immenses travaux depuis cinquante ans. Des écoles physiologiques, maîtres et disciples, comme l'école de Munich sous Voit et Pettenkofer, celle de Pflüger à Bonn, celle de Rubner, celles de Zuntz et de von Noorden à Berlin, un grand nombre de laboratoires zootechniques et agricoles dans le monde entier n'ont pas cessé, depuis des années, d'analyser des ingesta et des egesta, et de faire des bilans nutritifs, afin de déterminer le mouvement de décomposition et de reconstitution du matériel vivant.

Si l'on demandait quel est, à notre avis, le résultat le plus général de tout ce labeur, nous répondrions qu'il a été de confirmer et de corroborer une distinction capitale qui doit être faite entre la *substance vivante proprement dite* et les *réserves*. Celles-ci, réserves d'albuminoïdes, d'hydrates de carbone, de graisses, — sont si intimement mélangées à celle-là qu'elles sont, le plus souvent, très difficiles à en distinguer.

Destruction organique. — Le second point, également mis hors de doute, c'est que le fonctionnement vital s'accompagne d'une destruction des principes immédiats de l'organisme, dans le sens de leur simplification. Cette destruction fonctionnelle n'est pas contestable en ce qui concerne les organes différenciés où le fonctionnement est évident, intermittent, distinct en quelque sorte des autres phénomènes vitaux qui s'y accomplissent. Par exemple, dans le cas des muscles qui se contractent, l'acide carbonique respiratoire et le carbone urinaire sont des témoins irréfutables de cette destruction : faibles dans le repos, abondants pendant l'activité, et en proportion de celle-ci, — Il ne saurait y avoir de contestation à cet égard. Cette vérité énoncée par Claude Bernard sous le nom de *loi de la destruction fonctionnelle* a reçu la double consécration de l'expérience et de la doctrine. D'après la doctrine énergétique, en effet, les énergies mécanique et thermique manifestées dans le fonctionnement vital ne peuvent avoir leur source que dans l'énergie chimique libérée par la destruction des principes immédiats de l'organisme, amenés à un degré inférieur de complication.

Destruction des réserves. — Mais voici où commence le désaccord. Quels sont ces principes décomposés, détruits? Appartiennent-ils aux réserves cellulaires ou à la matière vivante proprement dite? — Il n'y a pas de doute que la plus grande partie appartient aux réserves. Par exemple, c'est surtout du glycogène qui est consommé dans la contraction musculaire comme du charbon dans la locomotive; et le glycogène est une réserve du muscle. Ces réserves détruites dans le fonctionnement ne peuvent, naturellement, se reconstituer que pendant le repos.

Mais, la matière vivante elle-même, le protoplasme actif, le protoplasme musculaire, on n'est pas encore fixé sur la question de savoir s'il participe à cette destruction, s'il y fournit des éléments. Les expériences sont contradictoires. Elles ont été instituées de la manière suivante. On a recherché les déchets azotés (urée) à la suite du travail musculaire, pour les comparer à ceux de la période de repos. Ces déchets azotés sont les témoins de la destruction des matières albuminoïdes, et celles-ci sont des principes constituants de la matière vivante. Si, — dans les conditions d'une alimentation suffisante, — le fonctionnement musculaire entraînait plus de déchets azotés, c'est-à-dire une destruction plus grande d'albuminoïdes, on pourrait penser que le matériel vivant proprement dit a été usé, détruit pour son compte. (Et encore serait-il possible d'incriminer une réserve d'albuminoïdes distincte du protoplasme vivant lui-même, et plus ou moins incorporée à lui.)

Mais l'expérience n'a pas donné jusqu'ici de résultat décisif. Les dernières recherches expérimentales, celles de Igo Kaup, de Vienne, qui datent de 1902, sont aussi incertaines que les précédentes. L'augmentation de la destruction d'albumine n'a pas été constante: les circonstances de l'observation ne permettent d'affirmer ni dans un sens ni dans l'autre.

Destruction de la matière vivante. — A défaut de l'expérience qui hésite, l'esprit doctrinaire affirme.

Il affirme dans deux sens contraires. — La majorité des physiologistes incline à croire à *la destruction de la substance vivante par suite de son fonctionnement même*. Le fonctionnement détruirait donc, non seulement les réserves, mais aussi le matériel protoplasmique. — Telle est l'opinion régnante. — Seulement cette opinion se trouve singulièrement atténuée par suite des enseignements positifs de la science. Il est sûr que ce matériel, dans le muscle, est peu atteint s'il l'est. On a vu, plus haut, que les physiologistes, avec Pflüger et Chauveau, sont d'accord sur ce point. Le fonctionnement vital détruit surtout des réserves. Il détruit un peu, mais peu le matériel organique. L'un et l'autre se répareraient dans le repos fonctionnel.

Accroissement de la matière vivante. — L'autre affirmation est toute contraire. Non seulement, dit Le Dantec, le muscle ne se détruit pas dans le fonctionnement, mais il s'accroît. Contrairement à l'opinion universelle, le matériel protoplasmique s'augmente par l'activité; il se détruit dans le repos. Ce serait une loi générale : la *loi de l'assimilation fonctionnelle*. « Une cellule de levure de bière introduite dans un moût sucré fait fermenter ce moût, et, en même temps, loin de s'y détruire, s'y multiplie. Or, la fermentation du moût, c'est le fonctionnement même de la levure. » C'est, dit le même auteur, une erreur de croire que les phénomènes de fonctionnement, *d'activité vitale*, ne s'accomplissent qu'au prix d'une destruction organique.

Telles sont les deux opinions en présence. — Elles ne sont pas extrêmement éloignées en fait, puisqu'il s'agit de décider entre une destruction faible et un accroissement faible; mais, en doctrine, elles sont nettement opposées. Elles sont d'ailleurs arbitraires et l'*expérience* n'a point décidé entre elles.

§ 2. — Les deux catégories de phénomènes vitaux.

Fondement de l'idée de la destruction fonctionnelle. Claude Bernard. — La doctrine de la destruction fonctionnelle a été exposée par Claude Bernard, avec une puissance remarquable. Mais l'expression a un peu trahi la pensée du grand physiologiste ou du moins dépassé le fait qu'il avait en vue. « Les phénomènes de destruction sont, dit-il, les plus évidents. — Quand le mouvement se produit, quand le muscle se contracte, quand la volonté et la sensibilité se manifestent, quand la pensée s'exerce, quand la glande sécrète, la substance des muscles, des nerfs, du cerveau, du tissu glandulaire, se désorganise, se détruit et se consume. De sorte que toute manifestation d'un phénomène dans l'être vivant est nécessairement liée à une destruction organique. »

La destruction organique est une vérité pour Claude Bernard ; c'est une erreur pour M. Le Dantec. Qui a raison ? — Évidemment Claude Bernard. C'est dans les analyses des matériaux excrétés à la suite du travail physiologique que Claude Bernard a puisé sa conviction. Les excréta témoignent d'une démolition organique certaine. En généralisant cet enseignement de l'expérience, l'illustre naturaliste a deviné, avant que la notion ne s'en fût répandue en France, la loi fondamentale de l'énergétique. Tout acte qui dépense de l'énergie, qui produit de la chaleur, du mouvement, toute manifestation quelconque pouvant être envisagée comme une transformation énergétique, consomme nécessairement de l'énergie et celle-ci est empruntée aux substances de l'organisme. Ces substances sont simplifiées, disloquées, détruites. Or, le fonctionnement du muscle, produit chaleur et mouvement chez les animaux à sang chaud comme chez les animaux à sang froid : le fonctionnement des glandes produit de la chaleur, comme l'ont montré les célèbres expériences de C. Ludwig sur la sécrétion salivaire, et, comme en témoigne, d'ailleurs, l'étude de la topographie calorifique chez les vertébrés; le fonctionnement des nerfs et du cerveau produit une faible quantité d'électricité et de chaleur, selon la plupart des observateurs; le fonctionnement de l'appareil électrique et celui des appareils lumineux dépensent aussi de l'énergie; enfin, l'œil qui reçoit l'impression lumineuse détruit le pourpre rétinien, et celui-ci, de la façon la plus manifeste, se reforme à l'obscurité, pendant le repos de l'organe. Tout ce qui se traduit objectivement, tout ce qui est phénomène chez l'être vivant, — à l'exception de l'accroissement et de la formation qui sont généralement des phénomènes lents et dont nous n'avons notion que par comparaison d'états successifs, — toutes ces manifestations énergétiques supposent une destruction de matière organique, une simplification chimique, source de l'énergie manifestée. Et c'est pour cela que la destruction matérielle ne coïncide pas seulement avec l'activité fonctionnelle, mais qu'elle en est la mesure et l'expression.

Les deux ordres de phénomènes de la vitalité. — Un autre point sur lequel Claude Bernard a raison contre son contradicteur est non moins fondamental. — Il s'agit de ce qu'il faut entendre par phénomènes fonctionnels. C'est le sujet même du débat. Or, dans l'esprit des physiologistes, cette expression a un sens parfaitement caractérisé; elle n'en a pas chez M. Le Dantec. — Les physiologistes qui ont étudié les animaux quelque peu élevés en organisation, — où la différentiation des phénomènes permet d'en comprendre la distinction fondamentale, — ont vu, bien facilement, que les phénomènes des êtres vivants se divisent en deux catégories : il y en a qui sont intermittents, alternatifs, qui se produisent ou se renforcent à certains moments, mais qui ne sauraient être continus, ce sont les *actes fonctionnels;* il y en a d'autres où n'apparaissent point ces caractères de dépense énergétique explosive et d'intermittence : ce sont, en général, les *actes nutritifs.* — Le muscle qui se contracte fonctionne : il a une activité et un repos. Pendant ce repos apparent, il n'est pas permis de dire qu'il soit mort : il a une vie, et celle-ci est obscure par rapport au fait éclatant du mouvement fonctionnel. La glande salivaire qui jette des flots de salive au moment où les aliments sont introduits et broyés dans la bouche ou lorsqu'on excite la corde du tympan, fonctionne : voilà le phénomène éclatant. Mais auparavant, tandis que rien, absolument rien, ne s'écoulait par le canal glandulaire, la glande n'était pourtant pas réduite à la condition d'un organe mort : elle vivait d'une vie plus obscure, moins évidente. Les études microscopiques de Kühne et Lea, de Langley, vérifiées universellement, ont révélé que pendant ce temps de repos apparent, les cellules se chargeaient de granulations et préparaient les matériaux de la sécrétion, comme tout à l'heure le muscle au repos accumulait le glycogène et les réserves destinées à être dépensées et détruites dans la contraction. — On peut en dire autant du fonctionnement des autres glandes, du cerveau, etc. — Claude Bernard a donc eu parfaitement raison, prenant modèle sur les chimistes qui distinguent les réactions en exothermiques et endothermiques, de classer les phénomènes de la vie en deux grands ordres : ceux de l'activité et ceux du repos fonctionnels.

1° Les *phénomènes d'activité fonctionnelle* « sont ceux qui nous sautent aux yeux » et par lesquels nous sommes enclins à caractériser la vie. — Ceux-là ont pour condition des faits d'usure, de simplification chimique, de destruction organique libératrice d'énergie. Et il faut bien qu'il en soit ainsi, puisque ces manifestations fonctionnelles dépensent de l'énergie. Ces phénomènes — les plus apparents de la vitalité — en sont les moins spécifiques. Ils appartiennent à la phénoménalité générale.

2° Les *phénomènes* qui accompagnent le *repos fonctionnel*, répondent à la reconstitution des réserves détruites dans la période précédente, à la synthèse organisatrice. Celle-ci reste « intérieure, silencieuse, cachée dans son expression phénoménale, rassemblant sans bruit les matériaux qui seront dépensés. Nous ne voyons point directement ces phénomènes d'organisation. Seul, l'histologiste, l'embryogéniste, en suivant le développement de l'élément ou de l'être vivant, saisit des changements, des phases qui lui révèlent ce travail sourd : c'est ici un dépôt de matière, là une formation d'enveloppe ou de noyau ; là une division ou une multiplication, une rénovation. » — Cet ordre de phénomènes est le seul qui n'ait point d'analogues directs : il est particulier, spécial à l'être vivant ; cette synthèse évolutive est ce qu'il y a de véritablement vital. La vie c'est la création.

Critique du langage de Claude Bernard. — Tout cela est la vérité même. Trente années du développement scientifique le plus intensif, écoulées depuis que ces lignes ont été écrites, n'ont apporté aucun changement essentiel aux idées qui y sont exprimées ; l'œuvre dans ses grandes lignes reste debout. Est-ce à dire, cependant, que tout soit parfait jusque dans le détail et l'expression ? qu'il n'y ait rien à reprendre, à préciser, à réformer ? — Non, sans doute. Claude Bernard, qui a cependant contribué à établir la distinction essentielle entre le protoplasme réellement vivant et les matériaux de réserve qu'il contient, n'a pas suffisamment séparé ce qui appartient à chacune des catégories. Il n'a pas spécifié à propos de la destruction organique, que celle-ci portait surtout sur les matériaux organiques de réserve. — Il dit tantôt « destruction organique » ce qui est correct, et tantôt « destruction vitale » ce qui est hasardé. — Ailleurs, il emploie une formule paradoxale et obscure pour caractériser les phénomènes bruyants, mais non spécifiques pourtant, de la destruction organique, et il dit : La vie, c'est la mort.

Opinions actuelles. — Aujourd'hui, si nous avions à exprimer une opinion plus personnelle sur cette importante distinction de l'activité fonctionnelle et du repos fonctionnel, nous dirions qu'après avoir distingué les deux catégories de phénomènes, il faut chercher à les rapprocher. Il faut rechercher par exemple, ce qu'il y a de commun entre le muscle au repos et le muscle en contraction et apercevoir dans le *tonus musculaire* une sorte de pont jeté entre ces deux conditions. Le fonctionnement serait ininterrompu, mais il aurait ses degrés. Le tonus musculaire serait la condition permanente d'une activité qui est seulement susceptible de s'exalter considérablement et de s'atténuer. — De même, pour le fonctionnement glandulaire ; il faudrait relier les périodes de charge aux périodes de décharge. — En un mot, suivant la marche constante de l'esprit humain dans la connaissance scientifique, après avoir établi les distinctions nécessaires à l'intelligence des choses, il faut les effacer ; après avoir creusé des fossés, il faut les combler ; après avoir analysé, il faut synthétiser. La distinction des phénomènes *d'activité fonctionnelle* et des phénomènes de *repos fonctionnel* ou *d'activité purement végétative* et nutritive, pour n'être vraie que d'une vérité provisoire et approchée, n'en éclaire pas moins les régions obscures de la biologie.

La succession de l'activité et du repos, du sommeil et de la veille, est une loi universelle, ou au moins très générale, qui se rattache aux lois de l'énergétique. Le cœur, le poumon, les muscles, les glandes, le cerveau obéissent de la façon la plus évidente à cette obligation de l'activité rythmique. La raison en est manifeste, c'est que le fonctionnement entraîne une dépense d'énergie généralement brusque, qui doit être couverte par une recette généralement lente. L'activité fonctionnelle est une destruction explosive d'une réserve chimique qui se reconstitue avec plus ou moins de lenteur.

Critique de la Théorie nouvelle de la vie de Le Dantec. — Examinons maintenant la contre-partie de l'opinion de Claude Bernard. Il y a évidemment des organismes rudimentaires où la différentiation des deux catégories de phénomènes est peu marquée; chez lesquels, à part le mouvement, il est impossible de reconnaître des activités fonctionnelles intermittentes, nettement distinctes de l'activité morphogénique. — Ce n'est point dans ce domaine de l'indistinct qu'il faut aller chercher la pierre de touche des distinctions physiologiques. Ce n'est évidemment pas ces plastides élémentaires qu'il faut choisir pour mettre à l'épreuve les doctrines de l'assimilation fonctionnelle et de la destruction fonctionnelle. N'est-ce pas cependant ce que fait M. Le Dantec en s'adressant à la levure de bière? Lorsque l'on veut discerner les choses, il faut choisir l'objet où elles sont différenciées et non pas celui où elles sont confondues. C'est pour cela que, selon le mot profond d'Auguste Comte, « les êtres vivants nous sont d'autant mieux connus qu'ils sont plus complexes. » Le philosophe va plus loin encore dans cette manière de voir, et il ajoute : « Dès qu'il s'agit des caractères de l'animalité, nous devons partir de l'homme, et voir comment ils se dégradent peu à peu, plutôt que de partir de l'éponge et de chercher comment ils se développent. La vie animale de l'homme nous aide à comprendre celle de l'éponge, mais la réciproque n'est pas vraie. »

Lorsque, par surcroît, on considère un organisme végétal, comme la levure, qui tire son énergie, non de lui-même, non de l'énergie chimique potentielle de ses réserves, — mais directement du milieu, c'est-à-dire de l'énergie chimique potentielle des composés qui forment son terrain de culture, c'est alors qu'on se trouve placé dans les pires conditions pour reconnaître la destruction organique. De plus, on a doublement tort de prétendre que dans un type, d'ailleurs si mal choisi, les phénomènes fonctionnels ne résultent pas d'une destruction organique, — car, d'abord, il n'y a pas ici de phénomènes fonctionnels bien distincts, — et, en second lieu, il y a véritablement destruction organique. Les phénomènes de vitalité morphogénique que l'on constate dans la levure sont précisément concomitants ou résultant de la destruction d'un composé organique qui, ici, est le sucre. La levure détruit un principe immédiat, c'est là le point de départ de ses manifestations vitales; seulement ce principe, elle ne l'a pas, au préalable, nettement incorporé et assimilé.

Lors donc que les phénomènes fonctionnels s'effacent, disparaissent, on n'en trouve pas moins des phénomènes de destruction de composés organiques qui sont la préface, en quelque sorte, des phénomènes d'accroissement. C'est ce qui arrive pour la levure de bière : ici encore, les deux catégories de faits existent. On retrouve, en premier lieu, les phénomènes de destruction (destruction du sucre, amené par simplification à l'état d'alcool et acide carbonique) — phénomènes qui, cette fois, ne répondent plus à des manifestations fonctionnelles évidentes; et, en second lieu, les phénomènes de synthèse chimique et organogénique correspondant à l'accroissement de la levure, à la multiplication de son protoplasme. Les premiers ne se traduisent plus, venons-nous de dire, par des manifestations bruyantes. Et cependant n'est-il pas vrai que tout ce qui rend visible et saisissable au dehors l'activité de la levure leur appartient? Le bouillonnement du jus ou du brassin, la chaleur qui se dégage de la cuve, tout cet appareil phénoménal n'est que la conséquence de la production de l'acide carbonique et de son dégagement, c'est-à-dire de l'acte de destruction du sucre. La voilà la destruction organique avec ses manifestations énergétiques!

Cet exemple de la vie de la levure de bière, du saccharomyces, spécialement choisi par M. Le Dantec comme étant d'une netteté absolue et fournissant la meilleure illustration de ses raisonnements, lui donne tort sur tous les points. La thèse générale de ce vigoureux penseur, c'est que l'on ne peut distinguer les deux versants de l'acte vital, la destruction organique, et la synthèse assimilatrice; que ces deux actes ne sont pas successifs; qu'ils donnent lieu à des manifestations phénoménales également évidentes, apparentes ou bruyantes. — Or, dans le cas de la levure, le phénomène de la destruction est manifestement distinct de celui de la synthèse assimilatrice qui multiplie la substance du saccharomyces. En effet, l'action est réalisée au moyen d'une diastase alcoolique fabriquée par la cellule; et Büchner a pu isoler ce ferment alcoolique qui dédouble le sucre en alcool et acide carbonique, et fait de même, *in vitro* comme *in vivo*, bouillonner la cuve et s'échauffer la liqueur. Toute la levure de bière fonctionne à la fois, dit M. Le Dantec. — Non, et ceci en est bien la preuve.

Il y a plus. Pasteur lui-même qui avait relié le

dédoublement du sucre au fait de la croissance de la levure et de la production de substances accessoires telles que l'acide succinique et la glycérine, n'avait jamais parlé que de *corrélation* entre ces phénomènes. La destruction du sucre est *corrélative* de la vie de la levure : telle était sa formule favorite. Il ne lui est pas venu à l'esprit que ce pût être une confusion au lieu d'une corrélation, qu'il n'y eût là qu'un seul et même acte dont les phases seraient indiscernables. Cette idée, fâcheuse et destinée à être si vite contredite, appartient à M. Le Dantec. — Loin qu'il en fût ainsi, Pasteur avait distingué la *fonction ferment* d'avec la vie de la levure. — La levure selon lui, peut vivre tantôt à la façon d'un ferment, tantôt d'une façon différente.

§ 3. — Corrélation des deux ordres de faits vitaux.

C'est cette corrélation entre des actes *distincts en eux-mêmes, mais enchaînés à l'ordinaire*, que Claude Bernard a proclamée. — Et, chose admirable, et qui est la légitime récompense de la parfaite justesse d'esprit de ce grand physiologiste, il est arrivé que non seulement les études de Pasteur, mais le développement d'une science nouvelle, l'Énergétique, et la découverte de Büchner sont venus apporter à ses vues une consécration nouvelle, sur le terrain où précisément on pouvait croire qu'elles n'avaient point d'application. C'est à tort, en effet, que M. Le Dantec déclare que ces idées ne s'appliquent qu'aux vertébrés. « On voit bien, dit-il à diverses reprises, que l'auteur a en vue les métazoaires, les vertébrés même. » Eh bien, non. Tout cela est général, d'une application et d'une vérité universelles.

Il y a donc deux ordres de phénomènes distincts,

énergétiquement contraires et certainement enchaînés. Nous n'avons qu'à répéter les paroles même de Claude Bernard que M. Le Dantec cite pour les combattre. Les voici :

Loi d'enchainement des deux ordres de faits vitaux.
— « Ces phénomènes (de destruction organique et de
« synthèse assimilatrice) se produisent simultanément
« chez tout être vivant, dans un enchaînement qu'on
« ne saurait rompre. La désorganisation ou la désassi-
« milation use la matière vivante » (il faut entendre
par là surtout les matières de réserve, comme le
prouve la suite de la citation) « dans les organes
« *en fonction* : la synthèse assimilatrice régénère les
« tissus ; elle rassemble les matériaux des réserves
« que le fonctionnement doit dépenser. Ces deux
« opérations de destruction et de rénovation, inverses
« l'une de l'autre, sont absolument connexes et insé-
« parables, en ce sens au moins que la destruction
« est la condition nécessaire de la rénovation. Les
« phénomènes de la destruction fonctionnelle sont
« eux-mêmes les précurseurs et les instigateurs de la
« rénovation matérielle, du processus formatif qui
« s'opère silencieusement dans l'intimité des tissus.
« Les pertes se réparent à mesure qu'elles se pro-
« duisent et l'équilibre se rétablissant dès qu'il tend
« à être rompu, le corps se maintient dans sa com-
« position. »

Il est parfaitement prudent et sage de dire avec Claude Bernard, que les deux ordres de faits se succèdent et que l'un est normalement la condition instigatrice de l'autre. La possibilité du développement de la levure lorsque la fermentation fait défaut, et la faiblesse de ce développement, d'autre part, dans ces conditions, en témoignent bien. Elles prouvent, l'une l'indépendance essentielle des deux ordres de faits, l'autre, la vertu instigatrice et provocante du premier relativement au second. — On exprime ainsi, avec le moins d'incertitude possible, la vérité expérimentale. On rend compte des faits qui ont engagé M. Le Dantec à formuler sa loi d'assimilation fonctionnelle, à savoir que le fonctionnement est utile ou indispensable à l'accroissement de l'organe ; que les organes qui fonctionnent s'accroissent et que ceux qui n'agissent point s'atrophient. — En disant que les destructions organiques opérées par l'être vivant (soit aux dépens de ses réserves — soit aux dépens de son milieu — soit enfin, mais pour une faible partie, aux dépens de sa substance plastique elle-même) sont l'antécédent, l'agent instigateur ou la condition normale des synthèses chimiques et organogéniques qui créent le protoplasme nouveau, on n'exprime pas autre chose que la réalité des faits.

Au contraire, on s'en écarte, lorsqu'avec M. Le Dantec, on déclare qu'au lieu de deux opérations chimiques, il n'y en a qu'une seule, celle qui crée le protoplasme nouveau. On néglige la destruction évidente, on ne veut pas l'apercevoir. On ne voit pas qu'elle est nécessaire pour libérer l'énergie employée à l'édification, par complication, de cette substance hautement complexe qui est le protoplasme nouveau. Il y a vraiment là comme un parti pris de ne pas analyser le phénomène. — Pour refuser d'admettre qu'au premier acte de destruction fonctionnelle en succède un second, l'assimilation ou synthèse organogénique, on envisage des êtres élémentaires, prêtant à confusion, où cette succession est impossible à saisir, comme la levure de bière. — On ne veut pas seulement que l'assimilation morphogénique résulte du fonctionnement. On veut qu'elle en résulte directement, immédiatement, qu'elle soit le fonctionnement même. L'expérience n'apprend rien de tout cela. Elle montre deux faits réels : le fait de la destruction d'un principe immédiat organique, le sucre, et le fait qu'une synthèse assimilatrice est corrélative de cette destruction. — Du reste, s'il est impossible, dans les exemples de ce genre, de faire apparaître la succession, rien n'est plus facile chez les êtres plus élevés. On voit alors nettement que la destruction préalable des réserves (et peut-être d'une petite quantité de la substance vivante) précède et conditionne la formation d'une plus grande quantité de cette matière vivante, c'est-à-dire l'accroissement du protoplasme de l'organe.

Contradictions de la théorie nouvelle. — D'ailleurs ces confusions entraînent ceux qui les commettent dans une série d'inextricables contradictions. Voici, par exemple, la vie qui se montre, dit-on, sous trois états : la vie manifestée ou condition n° 1 ; la vie latente ou condition n° 3 — jusque-là c'est la doctrine classique ; — mais on ajoute une condition n° 2, — qui est ce que l'on pourrait appeler la *vie pathologique ou incomplète*, — laquelle se définit, en somme, par ce caractère que les phénomènes fonctionnels y sont les mêmes que dans l'état n° 1, mais qu'ils ne s'accompagnent pas d'assimilation, d'accroissement protoplasmique. — Mais puisque, dit-on, l'accroissement est la conséquence chimique du fonctionnement, qu'il en est pour ainsi dire l'aspect métabolique, qu'il se confond avec lui, qu'il en est inséparable, même par le raisonnement, il est contradictoire et logiquement absurde de parler d'une condition n° 2. C'est admettre — pour le mérozoïte anucléé, par exemple, — un fonctionnement qui ne s'accompagne plus d'assimilation et qui est pourtant identique au fonctionnement qui s'en accompagne chez le mérozoïte nucléé. Le mouvement général, celui des cils, la préhension des aliments, l'évacuation des fèces, la contraction des vacuoles pulsatiles sont les mêmes. — Et le fait qu'on en est réduit là, *volens nolens*, est la meilleure preuve qu'il faut distinguer ce fonctionnement (avec la destruction organique qui en est la source énergétique) de l'assimilation qui le suit ordinairement, et qui exceptionnellement peut ne pas le suivre.

Nous ne pousserons pas plus loin la discussion. Nous avons examiné un peu longuement les idées de M. Le Dantec et nous les avons mises en regard de la doctrine qui règne en physiologie générale depuis Claude Bernard. Cette confrontation ne tourne pas précisément à leur avantage. Il était inévitable que l'esprit expérimental et réaliste qui inspire la doctrine du célèbre physiologiste eût raison d'une œuvre vraiment trop systématique. Les formules qu'a employées le célèbre physiologiste « la Vie c'est la Mort », l'expression dont il a revêtu ses idées, ne sont pas toujours d'une correction irréprochable ; elles prêtent de temps en temps à la critique ; elles ont quelquefois besoin d'être commentées. Ce sont des vices de détail que M. Le Dantec a relevés un peu rudement. On ne les relèverait pas chez lui. Nous rendons justice à la netteté de son langage : mais nous croyons fausses et mal fondées les bases de son système. La rigueur en est purement verbale. Ses qualités extérieures, sa belle ordonnance, sont bien faites pour séduire des esprits systématiques, préparés par l'enseignement mathématique. Cette théorie nouvelle de la vie est présentée avec un talent pédagogique de premier ordre. Nous croyons avoir fait comprendre que les fondements en sont tout à fait ruineux, particulièrement les suivants : la condition vitale n° 2 ; la confusion du fonctionnement avec la synthèse assimilatrice ; la prétendue liaison absolue de la morphogénie à la composition chimique ; la distinction fondamentale de la vie élémentaire d'avec la vie individuelle.

§ 4. — Caractères de la nutrition.

Définition de la nutrition. — L'organisme est, d'après ce que nous venons de dire, le théâtre de réactions chimiques de deux espèces, les unes destructives, simplificatrices, les autres synthétiques, constructives ou assimilatrices. — C'est cet ensemble de réactions qui constitue la *nutrition*. — De là les deux phases que l'on est convenu de considérer dans cette fonction : l'*assimilation* et la *désassimilation*. — Ce double mouvement chimique ou *métabolisme* correspondant aux deux catégories de phénomènes vitaux, de destruction (catabolisme) et de synthèse (anabolisme) est donc le signe chimique de la vitalité sous toutes ses formes. Mais il est clair que la désassimilation ou destruction organique, destinée à fournir de l'énergie à l'organisme pour ses diverses opérations, rentre dans le cadre des phénomènes généraux de la nature. Elle n'est pas spécifiquement vitale dans son principe. — Bien plus caractéristique, à cet égard, est au contraire l'assimilation.

Aussi quelques physiologistes entendent-ils par la nutrition *l'assimilation* seulement. Des deux aspects du métabolisme, ils ne considèrent qu'un seul, le plus typique. *Ad-similare*, assimiler, rendre la matière empruntée au milieu ambiant, les substances alimentaires, *semblables* à la matière vivante, en faire de la matière vivante, accroître le protoplasme actif, c'est là en effet, le phénomène le plus saisissant de la vitalité. Grandir, s'accroître, s'étendre, envahir, telle est la loi de la matière vivante. L'assimilation, la nutrition dans ce qu'elle a d'essentiel, c'est suivant la définition de Ch. Robin « la production par l'être vivant d'une substance identique à la sienne ». C'est l'acte par lequel se crée la matière vivante, le protoplasme d'un être donné.

Caractère de permanence de la nutrition. — La nutrition présente un caractère tout à fait remarquable : la permanence. C'est une manifestation vitale, — propriété si on l'envisage dans la cellule, dans la matière vivante, fonction si on la considère dans l'animal ou la plante en totalité, — qui ne subit point d'arrêt. Sa suspension entraîne *ipso facto* la suspension de la vie elle-même. C'est, selon Claude Bernard, cette propriété de nutrition « qui, tant qu'elle « subsiste dans un élément, oblige à dire que cet élé- « ment est vivant, et qui, lorsqu'elle est éteinte, oblige « à dire qu'il est mort... Elle domine toutes les autres « par sa généralité et son importance. Pour tout dire en « un mot, elle est le caractère absolu de la vitalité. »

L'énergétique biologique fait comprendre l'importance de la nutrition. — Nous avons indiqué, par avance, la raison de cette importance, en montrant que ses deux phases, désassimilation et assimilation, sont la condition énergétique des deux espèces de phénomènes vitaux que l'on peut distinguer.

La nutrition est une fabrication de protoplasme aux dépens des matériaux du milieu ambiant cellulaire, qui sont assimilés, c'est-à-dire rendus chimiquement et physiquement semblables à la matière vivante et aux réserves que celle-ci élabore. — Cette opération, qui est particulièrement chimique, se traduit donc par un emprunt de matériaux au monde extérieur, — emprunt continuel puisque l'opération est permanente et ajoutons-le, par un rejet continuel des déchets de cette fabrication. — Le mot a été dit : La nutrition est une chimie qui dure.

L'idée du tourbillon vital est une idée erronée. — Ici la conséquence a masqué la cause aux yeux des naturalistes. Ils ont été frappés du mouvement continuel d'entrée et de sortie, du passage ininterrompu, du *circulus* de matière à travers l'être vivant, sans en pénétrer la raison ; et ils ont donné pour image à l'être vivant un tourbillon, où la forme qui est essentielle, se maintient, tandis que la matière, qui est accessoire, s'écoule sans cesse : c'est le *tourbillon vital* de Cuvier. Mais à quoi est employée cette matière qui circule? ils ont cru qu'elle servait tout entière à la reconstitution de la substance vivante continuellement et fatalement détruite par le minotaure vital.

Destruction des réserves. — C'est là une erreur. La substance réellement vivante se détruit peu, et a conséquemment très peu besoin d'être renouvelée, du fait du fonctionnement de la machine animale. Son métabolisme — destruction et renouvellement — est en tout cas, infiniment moindre que ne le suppose l'image classique du tourbillon vital.

C'est le mérite des physiologistes et particulièrement de Pflüger et de Chauveau d'avoir travaillé, depuis près de quarante ans, à établir cette vérité. Ils l'ont démontrée, au moins en ce qui concerne le tissu musculaire. Le protoplasme proprement dit ne se détruit que dans la mesure où se détruisent les organes d'une machine à vapeur, ses tubes, sa chaudière, son foyer, son tiroir. Et c'est peu de chose. On sait qu'un tel engin use beaucoup de charbon et peu de son outillage et de sa charpente métallique. De même en est-il de la cellule, de la machine vivante. Une très petite portion des aliments introduits sera assimilée à la substance vivante : la plus grande partie — et de beaucoup — est destinée à être élaborée par le protoplasma, à être mise en réserve sous forme de glycogène, d'albumine, de graisse, etc., — c'est-à-dire de composés qui ne sont pas la substance réellement vivante, le protoplasme héréditaire, mais les produits de son industrie, comme ils sont aussi ou pourront être ceux de l'industrie du chimiste travaillant dans son laboratoire. Leur sort est d'être dépensés pour fournir l'énergie nécessaire au fonctionnement vital, contraction musculaire, sécrétion, chaleur, etc., comme celui du charbon est d'être dépensé pour faire marcher la machine à vapeur. — La démonstration fournie en ce qui concerne le muscle, n'est pas isolée. Il y a d'autres exemples. En particulier, les physiologistes micrographes qui ont étudié les phénomènes nerveux, pensent que les éléments anatomiques du cerveau ont une durée indéfinie, qu'ils subsistent tels quels, sans se renouveler depuis la naissance jusqu'à la mort. La permanence de la conscience, soit dit en passant, est rattachée par eux à la permanence de l'élément cérébral (Marinesco).

Il n'y a donc qu'une destruction très restreinte, une très faible désassimilation de la matière vivante proprement dite, au cours du fonctionnement vital. On peut surenchérir sur ce fait expérimental. C'est ce qu'a fait M. Le Dantec en supposant qu'il y a même assimilation, accroissement du protoplasme. C'est possible à la rigueur, mais on n'en a aucune preuve certaine ; et, en tous cas, on ne saurait admettre avec ce biologiste, que l'accroissement soit le *résultat direct* du fonctionnement et se confonde avec lui dans une seule et unique opération. Il faut, au contraire, penser avec Claude Bernard qu'il n'en est qu'*une conséquence ;* qu'il se produit consécutivement, par suite de l'existence d'un lien de corrélation entre la destruction organique et la synthèse assimilatrice.

Pourquoi ce lien ? Cela est bien facile à comprendre, si l'on veut réfléchir que la synthèse assimilatrice, opération de complication chimique endothermique, exige naturellement une contre-partie exothermique, la destruction organique qui libérera cette énergie nécessaire.

Assimilation formative des réserves. Assimilation formative du protoplasme. — Il y a, d'après les considérations précédentes, dans l'assimilation nutritive elle-même, deux actes distincts. L'un qui consiste dans la fabrication des réserves : c'est le plus apparent, mais le moins spécifique. L'autre réellement essentiel, c'est l'assimilation proprement dite, la reconstitution du protoplasme. Le premier est indispensable à la production des actes les plus manifestes de la vitalité, mouvement, sécrétion, production de la chaleur; le fonctionnement s'arrête, s'il est suspendu : il y a *mort apparente* ou *vie latente*. Mais il y a *mort réelle*, si c'est l'assimilation véritable qui est arrêtée.

Il y aurait d'après cela, une distinction fondamentale entre la mort réelle et la mort apparente. La première serait caractérisée par *l'arrêt de l'assimilation protoplasmique*, lequel ne se traduit extérieurement par aucun signe. — Au contraire, la mort apparente serait caractérisée par *l'arrêt de la formation et de la destruction des réserves*. Elle se manifesterait extérieurement par deux signes : la suppression des échanges matériels avec le milieu (respiration, alimentation); et la suppression des actes fonctionnels (production de mouvement, de chaleur, d'électricité, d'excrétion glandulaire).

Telle serait la règle qu'il convient d'invoquer pour décider s'il y a mort apparente ou mort réelle. C'est la question qui se pose dans le cas des graines conservées dans les tombeaux égyptiens; dans le cas encore des animaux hibernants et des êtres reviviscents, et, en général, à propos de ce qu'on a appelé l'état de *vie latente*. Mais, au point de vue pratique, il est extrêmement difficile d'appliquer cette règle et de juger si les phénomènes qui sont arrêtés dans la graine à maturité, dans le tardigrade de Leeuwenhoek, dans l'anguillule desséchée de Baker et

Spallanzani, dans le Kolpode enkysté qu'une goutte d'eau tiède va faire revivre, dans les animaux soumis par E. Yung et Pictet à un froid de plus de 100° au-dessous de zéro, sont dus à un arrêt général des deux formes de l'assimilation, ou bien s'ils sont dus au seul arrêt de la fabrication et de l'utilisation des matériaux de réserve, ou enfin au seul arrêt de l'assimilation protoplasmique. Celle-ci, qui est déjà fort restreinte chez les êtres en condition normale, dont la croissance est terminée, peut tomber à un degré infime chez l'être qui, ne fonctionnant pas, n'use rien. De telle sorte, qu'en définitive, pour trancher la question, l'expérimentateur qui mesure la valeur des échanges entre l'être et le milieu, n'a guère à décider que entre peu et rien. De là son embarras. Mais, si l'expérience hésite, la doctrine affirme : elle admet *à priori* que le mouvement d'assimilation protoplasmique, signe essentiel de la vitalité, ne subit ni arrêt ni reprise, mais suit une marche continue.

La nutrition, synthèse assimilatrice, est-elle susceptible d'interruption? — Néanmoins il y a de fortes raisons de suspendre tout jugement sur cette interprétation. Beaucoup de biologistes la contestent. Suivant A. Gautier, la graine conservée et le rotifère desséchés ne vivent réellement pas ; ce sont des horloges montées, prêtes à marquer l'heure, mais qui attendent, dans un repos absolu, la première vibration qui les mettra en branle. Pour la graine, c'est l'air, la chaleur, l'humidité qui apportent ce premier ébranlement. En d'autres termes, l'organisation propre à la manifestation de la vie subsiste ; mais celle-ci fait défaut : la prétendue vie ralentie n'est pas une vie.

Il faut dire cependant que la majorité des physiologistes répugne à cette interprétation. Ils croient à une atténuation de la synthèse nutritive et non à son abolition complète. Ils pensent que cette suppression totale serait contraire aux notions acquises relativement à la perpétuité du protoplasme et à la durée limitée de l'élément vivant. Le milieu naturel est variable, et le minéral lui-même ne saurait s'y maintenir éternellement fixe. La pérennité appartient encore bien moins au vivant. Si la vie ordinaire a, pour chaque individu, une durée limitée, la vie ralentie doit être dans le même cas. On ne saurait croire qu'après un sommeil indéfiniment prolongé, la graine, ou l'anguillule, ou le kolpode, sortant de leur torpeur, puissent reprendre le cours de leur existence, comme la princesse du conte de Perrault, au point où elle avait été interrompue, et exécuter ainsi une sorte de saut par-dessus les siècles.

En fait, le maintien de la vitalité des graines des tombeaux égyptiens et leur aptitude à germer après des milliers d'années ne sont que des fables ou le résultat d'une imposture. M. Maspero, dans une lettre adressée à M. E. Griffon, le 15 juillet 1901, a clairement résumé la situation en disant que les graines achetées aux fellahs lèvent presque toujours, mais que celles que l'expérimentateur a recueillies lui-même dans les tombeaux ne germent jamais.

Au résumé, il faut parler dans les mêmes termes de la nutrition et de la vie, de leur marche ininterrompue, de leur continuité, de leur permanence, de leur activité et de leur ralentissement. La matière vivante s'accroît toujours, peu ou beaucoup, vite ou lentement, dans ses réserves ou dans son protoplasme, pour dépenser ou pour accumuler. Cette fatalité de l'accroissement la définit, la caractérise et résume son activité. L'accroissement, l'évolution de croissance sont des conséquences ou des aspects de la nutrition.

LIVRE IV

LA VIE DE LA MATIÈRE

Sommaire. — Chapitre I. *La vie universelle.* Opinions des philosophes et des poètes. Continuité entre les corps bruts et les corps vivants. Origine de ce principe. — Chapitre II. Origine de la matière vivante dans la matière brute. — Chapitre III. L'organisation et la composition chimique des corps vivants et des corps bruts. — Chapitre IV. Évolution et mutabilité des corps vivants et des corps bruts. — Chapitre V. La possession d'une forme spécifique. Corps vivants et cristaux. Cicatrisation. — Chapitre VI. La nutrition chez l'être vivant et le cristal. — Chapitre VII. La génération chez les corps bruts et chez les êtres vivants.

Différences apparentes des êtres vivants et des corps bruts. — *Les deux règnes.* — Entre un objet inanimé et un être vivant, toute assimilation paraît de prime abord impossible. Quelles ressemblances pourrait-on découvrir entre une pierre, un lion et un chêne? La confrontation du caillou inerte et immuable, avec l'animal qui bondit et la plante qui s'étend donne l'impression d'une profonde antithèse. Un abîme semble exister entre le monde organique et le monde inorganique. Les premiers enseignements que nous recevons affermissent cette conviction; des études superficielles lui fournissent des arguments. Et ainsi se trouvent créées, dans l'esprit de l'enfant, et plus tard de l'homme, ces catégories irréductibles des objets de la nature qui sont le règne minéral et les deux règnes vivants.

Mais une science mieux informée tend chaque jour à mettre en doute la rigueur ou le caractère absolu d'une telle distinction. Pour elle, la matière brute n'est plus tout entière d'un côté et les êtres vivants de l'autre. Des savants prononcent délibérément ces mots de « Vie de la matière », qui semblent au commun des hommes un contre-sens. Ils découvrent dans certaines classes des corps minéraux presque tous les attributs de la vie. Ils retrouvent dans d'autres des signes plus lointains, mais encore reconnaissables, d'une parenté indéniable.

Ce sont ces analogies et ces ressemblances que nous nous proposons de mettre en lumière, comme l'ont fait déjà, d'une manière plus ou moins complète, MM. Leo Errera, Ch.-Ed. Guillaume, L. Bourdeau, Ed. Griffon et d'autres encore. Nous prendrons pour guides les belles études de Rauber, d'Ostwald et de Tammann sur les cristaux et les germes cristallins, études qui ne sont que le prolongement de celles de Pasteur et de Gernez. Elles aboutissent à doter les êtres cristallins des principaux attributs des êtres vivants : la forme définie rigoureusement, l'aptitude à l'acquérir et à la rétablir en réparant les mutilations qu'on leur inflige; l'accroissement nutritif aux dépens des eaux mères qui forment leur milieu de culture; et enfin, chose plus incroyable, tous les caractères de la reproduction par génération. — D'autres faits curieux observés par d'habiles physiciens, W. Roberts-Austen, W. Spring, Stead, Osmond, Guillemin, Charpy, Ch.-Ed. Guillaume, montrent que l'immobilité et l'immuabilité des corps réputés les plus rigides, tels que le verre, les métaux, l'acier, le laiton, ne sont qu'une fausse apparence. Au-dessous de la surface du morceau de métal qui nous semble inerte, s'agite toute une population grouillante de molécules, qui se déplacent, voyagent, se groupent pour constituer des figures définies, pour prendre des formes adaptées aux conditions de milieu. Quelquefois elles n'arrivent qu'après des années à l'état d'équilibre ultime et définitif qui est celui de l'éternel repos.

Mais pour comprendre ces faits et leur interprétation, il est nécessaire de rappeler les caractères fondamentaux des êtres vivants. On montrera qu'ils se retrouvent, précisément, dans la matière inanimée.

CHAPITRE I

LA VIE UNIVERSELLE. — OPINIONS DES PHILOSOPHES ET DES POÈTES.

§ 1. Croyances primitives : idées des poètes. — § 2. Opinion des philosophes. Transition des corps bruts aux corps vivants. Le principe de continuité : continuité par transition ; continuité par sommation. Idées des philosophes sur la sensibilité et la conscience chez les corps bruts. Le principe général de l'homogénéité. Le principe de continuité, conséquence du précédent.

---

§ 1. — Croyances primitives : idées des poètes.

Les enseignements de la science relativement aux analogies des corps vivants et des corps bruts, se trouvent être d'accord avec les conceptions des philosophes et avec les imaginations des poètes. Les anciens ont fait de tous les corps de la nature, les pièces constitutives d'un organisme universel, le macrocosme, qu'ils comparaient au microcosme humain. Ils lui attribuaient un principe d'action, la *psyché*, analogue au principe vital, pour diriger les phénomènes, et un principe intelligent, le *nous*, analogue à l'âme, pour les comprendre. Cette vie universelle et cette âme universelle ont joué un grand rôle dans leur métaphysique.

De même pour les poètes. Leur tendance a toujours été d'animer la nature, afin de la mettre à l'unisson des pensées et des sentiments de l'homme. Ils cherchent à découvrir la vie ou l'âme qui sont cachées au fond des choses.

> Tout parle. Écoute bien. — C'est que vents, onde, flammes
> Arbres, roseaux, rochers, tout vit. Tout est plein d'âmes.

Mais, abstraction faite de leur puissance émotive, peut-on considérer ces idées comme la divination prophétique d'une vérité que la science commence seulement à entrevoir? En aucune façon. Cet animisme universel, comme l'a dit Renan, au lieu d'être un produit de réflexion raffinée, n'est qu'un legs de l'élaboration mentale la plus primitive, un reste des conceptions propres à l'enfance de l'humanité. Il rappelle le temps où les hommes ne trouvaient d'image des choses qu'en eux-mêmes, et où ils faisaient de chaque objet de la nature un être vivant. Ainsi personnifiaient-ils le ciel, la terre, la mer, la montagne, les fleuves, les sources, les prairies. Ils assimilaient à des voix animées le murmure de la forêt :

> ... Le chêne gronde et le bouleau
> Chuchote. . . . .
> Et le hêtre murmure et le frisson du saule,
> Incertain et léger, est presque une parole.
> Mystérieusement se lamente le pin.

Pour l'homme primitif, comme pour le poète de tous les temps, tout vit, tout bruit exprime la palpitation d'un être qui sent comme nous. Le sifflement de la bise, la plainte de la vague sur la grève, le gazouillement du ruisseau, le mugissement de la mer furieuse et les éclats de la foudre ne sont autre chose que des voix vivantes, tristes, joyeuses ou irritées.

Ces impressions se sont concrétées dans la mythologie antique dont le côté gracieux ne peut pas dissimuler la futilité. Puis elles ont passé dans la philosophie et côtoyé la science. Thalès croyait tous les corps de la nature animés et vivants. Origène regardait tous les astres comme des êtres véritables. Et Képler lui-même attribuait aux corps célestes un principe intérieur d'action, — ce qui, soit dit en passant, est contraire à la loi d'inertie de la matière dont on a voulu, à tort, lui faire honneur au détriment de Galilée. Le globe terrestre était, pour lui, un gros animal sensible aux configurations astrales, effrayé de l'approche des autres planètes et manifestant sa terreur par les tempêtes, les ouragans et les tremblements de terre. L'admirable flux et reflux de l'océan était sa respiration. La terre avait son sang, sa transpiration, ses excrétions; elle avait aussi ses aliments, parmi lesquels l'eau marine qu'elle absorbe par de nombreux canaux. Il convient de dire qu'à la fin de sa vie, Képler a rétracté ces rêveries qu'il attribua à l'influence exercée sur lui par J.-C. Scaliger. Il a expliqué qu'il avait voulu entendre, par l'âme des corps célestes, simplement leur force mouvante.

§ 2. — Opinion des philosophes.

Transition des corps bruts aux corps vivants. — La barrière entre les corps bruts et les corps vivants a commencé d'être abaissée par les philosophes qui ont introduit dans le monde les grands principes de continuité et d'évolution.

Le principe de continuité. — Il faut nommer en premier lieu Leibnitz. Selon la doctrine de l'illustre philosophe, interprétée par M. Fouillée, « il n'y a pas de règne inorganique, mais seulement un grand règne organique dont les formes minérales, végétales et animales sont les développements divers... La continuité existe partout dans le monde, et la vie existe aussi partout avec l'organisation. Rien n'est mort, la vie est universelle. » Il en résulte qu'il n'y a pas d'interruption ni de saut dans la suite des phénomènes de la nature, que tout s'y développe graduellement, et, qu'enfin l'origine de l'être organisé doit être cherchée dans l'inorganique. La vie proprement dite, en effet, n'a pas toujours existé à la surface du globe. Elle y a fait son apparition, à une certaine époque géologique, dans un milieu purement inorganique, par l'effet de conditions favorables. Le dogme de la continuité oblige à admettre qu'elle y préexistait sous quelque forme rudimentaire.

Les philosophes contemporains, imbus des mêmes principes, M. Fouillée, L. Bourdeau, A. Sabatier, s'expriment comme Leibniz. « La matière morte et la matière vivante ne sont pas deux choses absolument différentes, mais représentent deux formes de la même matière, ne se distinguant que par des degrés, parfois même par des nuances. » Où il n'y a qu'une question de degré, il ne faut pas croire à une opposition. Il ne faut pas prendre des inégalités pour des attributs contraires et renouveler ici l'erreur qui fait voir au vulgaire, dans le froid et le chaud, des états objectifs qualitativement opposés.

Continuité par transition. — Le raisonnement qui conduit à supprimer la barrière des deux règnes et à considérer les minéraux comme doués d'une sorte de vie rudimentaire est le même qui oblige à écarter toute différence de nature entre les phénomènes naturels. Il y a des transitions entre ce qui vit et ce qui ne vit pas, entre l'être animé et le corps brut. Il y en a de même entre ce qui pense et ce qui ne pense pas, entre ce qui est la pensée et ce qui n'est pas la pensée, entre le conscient et l'inconscient. Cette idée de transition insensible, de passage continu entre les contraires apparents suscite, au premier abord, une résistance insurmontable dans les esprits qui n'y sont point préparés par une longue comparaison des faits. Elle s'établit lentement et finit par s'imposer à ceux qui suivent dans le monde réel les infinis degrés des choses. Le principe de continuité arrive à constituer, en quelque sorte, une forme de mentalité. L'homme de science pourra donc être conduit, comme le philosophe, à l'idée d'une vie rudimentaire qui animerait la matière. Il pourra comme le philosophe, se laisser guider par cette vue; il pourra attribuer, *à priori*, à la nature brute toutes les propriétés véritablement essentielles des êtres vivants. Mais, ce sera à la condition que, ces propriétés supposées communes, il devra s'imposer ensuite de les mettre en évidence, à l'aide de l'observation et de l'expérimentation. Il devra montrer que les molécules et les atomes, bien loin d'être des masses inertes et mortes, sont, dans la réalité, des éléments actifs, doués d'une sorte de vie inférieure, qui se manifeste par toutes les mutations que l'on observe dans la matière brute, par des attractions et des répulsions, par des mouvements en réponse à des stimulations extérieures, par des changements d'état et d'équilibre, par les modes, enfin, suivant lesquels ces éléments se groupent conformément à des types définis de structure et grâce auxquels ils réalisent des espèces chimiques différentes.

Continuité par sommation. — L'idée de *sommation* conduit par une autre voie au même résultat. Elle est une autre forme du principe de continuité. Une somme d'effets obscurs, indistincts, produit un phénomène saisissable, perceptible, distinct, et qui semble hétérogène à ses composants, sans pourtant qu'il le soit. — Les manifestations de l'activité atomique ou moléculaire deviennent ainsi les manifestations de l'activité vitale.

C'est là une autre conséquence de la doctrine leibnizienne. Et, par exemple, d'après cette doctrine philosophique, la conscience individuelle, comme la vie individuelle, est l'expression collective d'une multitude de vies ou de consciences élémentaires. Ces éléments sont insaisissables à cause de leur infime degré, et le phénomène réel se trouve être la somme ou plutôt *l'intégrale* de tous ces effets insensibles. Les consciences élémentaires sont harmonisées, unifiées, intégrées en un résultat qui devient manifeste comme « ces bruits de vagues dont aucun ne serait entendu s'il était seul, mais qui, s'ajoutant l'un à l'autre et perçus tous à la fois, deviennent la voix retentissante de l'Océan. »

Idées des philosophes sur la sensibilité et la conscience chez les corps bruts. — Mais les philosophes sont allés plus loin encore dans la voie des analogies; et ils ont reconnu dans le jeu des forces de la matière brute et particulièrement dans le jeu des forces chimiques un humble rudiment des appétitions et tendances qui règlent, selon eux, le fonctionnement des êtres vivants. Ils y ont vu comme une ébauche de leur sensibilité. Les réactions matérielles indiquent, à leurs yeux, l'existence d'une sorte de *conscience hédonique*, c'est-à-dire réduite à la distinction du bien-être et du mal-être, à l'appétition du bien et à l'éloignement du mal, qui serait le principe universel de toute activité. C'était l'opinion d'Empédocle, dans l'antiquité; elle a été celle de Diderot, de Cabanis, et, en général, de l'école matérialiste moderne, acharnée à trouver jusque dans les plus frustes représentants du monde inorganique les premières traces de la vitalité et du psychisme qui s'épanouissent au sommet du monde vivant.

Des idées analogues se retrouvent nettement au début de toutes les sciences de la nature. C'est ce même principe de l'appétition, ou de l'amour et de la répulsion ou de la haine, qui dirigeait sous les noms d'affinité, de sélection, d'incompatibilité, les mutations des corps, au temps de la chimie naissante, lorsque Boerhaave, par exemple, comparait les combinaisons à des alliances voulues et conscientes, où les éléments conjoints, rapprochés par la sympathie, célébraient de justes noces.

Principe général de l'homogénéité du complexe et des composants. — L'assimilation des corps bruts aux corps vivants, et du règne inorganique au règne organique était dans l'esprit de ces philosophes, la simple conséquence des principes de continuité et d'évolution posés *à priori*. Mais il y a un principe à ces principes. Ce principe, il n'est pas exprimé d'une façon explicite par les philosophes; il n'est pas formulé en termes exprès. Il est impliqué plus ou moins inconsciemment; il est surtout appliqué. On peut, cependant, le découvrir facilement sous l'appareil des raisonnements philosophiques. C'est l'affirmation que l'arrangement ou la combinaison d'éléments ne fait apparaître aucune activité nouvelle qui serait hétérogène aux activités des éléments composants. L'homme est une argile vivante, disent Diderot et Cabanis, et d'autre part il est un être pensant. *Comme il est impossible de faire sortir ce qui pense de ce qui ne pense pas, il faut donc que l'argile ait un rudiment de pensée.* — Mais n'y a-t-il donc pas une autre alternative? Est-ce que le phénomène nouveau, la pensée, ne pourrait pas être le fait de l'arrangement de cette argile? On exclut cette alternative : c'est donc que l'on considère l'arrangement, l'organisation, comme incapable de faire sortir de la matière arrangée, organisée, une propriété nouvelle, hétérogène à celles qu'elle présente avant cet arrangement. — Le protoplasme vivant, dit un autre, n'est qu'un assemblage d'éléments bruts ; « il faut donc que ces éléments bruts aient un rudiment de vie ». C'est la même supposition implicite que tout à l'heure : si la vie n'est pas au fond de chaque élément, elle ne peut pas être le fait de leur simple assemblage. — L'homme, l'animal, sont des combinaisons d'atomes, dit M. Le Dantec ; il est plus naturel d'admettre que la conscience humaine est la résultante des consciences élémentaires des atomes constitutifs que de la considérer comme résultant de la construction même, au moyen d'éléments dépourvus de conscience. — « La vie, dit Haeckel, est universelle, on ne pourrait en concevoir l'existence dans certains agrégats matériels, si elle n'appartenait pas à leurs éléments constitutifs. » — Cette fois, le postulat est presque exprimé.

C'est toujours le même raisonnement, ce sont les mêmes mots, c'est la même hypothèse fondamentale ; seulement elle reste plus ou moins inexprimée, plus ou moins inaperçue. On peut la formuler ainsi :

L'arrangement, l'assemblage, la construction, l'agrégation, sont impuissants à faire apparaître dans le complexe rien de nouveau qui soit essentiellement hétérogène à ce qui existe dans les éléments. — Et, réciproquement, le groupement fait apparaître dans le complexe telle ou telle propriété, tel ou tel caractère, qui est le développement graduel d'une propriété et d'un caractère analogue de l'élément. C'est conformément à cette réciproque, qu'il existe une âme collective des foules dont M. Gustave Le Bon a mis en lumière les manifestations. — De même, beaucoup de sociologues, adoptant l'idée avancée par P. de Lilienfeld en 1865, attribuent aux nations une individualité formelle, sur le type de celle qui appartient à chacun de leurs membres. M. Izoulet fait de la société un organisme qu'il appelle *hyperzoaire*. Herbert Spencer a développé la comparaison de l'organisme collectif à l'organisme individuel, en insistant sur les ressemblances et les dissemblances. Th. Ribot a donné le pas aux ressemblances.

Le postulat que nous posons nettement ici est sous-entendu, comme un axiome, par beaucoup d'esprits. Mais ce n'est pas un axiome. — En disant : il n'y a rien dans le complexe qui ne soit dans les parties, on croit exprimer une vérité évidente, on n'exprime, en réalité, qu'une hypothèse. On suppose que l'arrangement, l'agrégat, les groupements compliqués et savants des éléments ne peuvent rien faire surgir de réellement nouveau dans l'ordre phénoménal. Et c'est là une assertion gratuite qui demande à être vérifiée dans chaque cas particulier.

Le principe de continuité, conséquence du précédent. — Appliquons ce principe aux êtres de la nature. Tous sont précisément, d'après les idées régnantes, de simples arrangements, agrégats ou groupements de la même matière universelle, c'est-à-dire des mêmes corps simples chimiques. Il résulte du postulat précédent que leurs activités ne peuvent différer que par le degré, la forme, et non point par le fond. Il n'y a, entre ces activités des diverses catégories d'êtres, aucune différence essentielle de nature, pas d'hétérogénéité, pas de discontinuité. On peut passer de l'une à l'autre sans rencontrer d'hiatus ou d'abîme infranchissable. — La loi de continuité apparaît ainsi comme une simple conséquence du postulat fondamental. Il en est de même pour la loi d'*évolution* : l'évolution, en effet, n'est que la continuité en action.

Telles sont les origines de la doctrine philosophique qui universalise la vie et l'étend à tous les corps de la nature.

On remarquera que cette doctrine n'est pas seulement celle d'une école ou d'une secte. Leibnitz n'était point matérialiste et il a doté ses éléments du monde, ses *monades*, non seulement d'une sorte de vie, mais même d'une sorte d'âme. Le père Boscowich, tout Jésuite qu'il fût, et professeur au Collège romain, ne refusait pas à ses *points indivisibles* une espèce de vitalité inférieure. Et saint Thomas, le docteur angélique, accordait, selon M. Gardair, aux substances inanimées un certain genre d'activité, des inclinations natives, et une appétition réelle vers certains actes,

CHAPITRE II

ORIGINE DE LA MATIÈRE VIVANTE DANS LA MATIÈRE BRUTE

Manière de contrôler l'identité des deux matières, brute et vivante. — Identification lente. — Identification d'un coup. — Génération spontanée. — Elle est un épisode de l'histoire du globe. — Opinion contraire : Hypothèse des cosmozoaires ; Panspermie cosmique ; Hypothèse des pyrozoaires.

Il y aurait deux manières de mettre à l'épreuve la doctrine de l'identité essentielle de la matière brute et de la matière vivante ; l'une plus lente et plus laborieuse, l'autre plus rapide et plus décisive.

Identification des deux matières, brute et vivante. — Le procédé laborieux, celui que nous serons obligés de suivre, consistera à examiner attentivement les diverses activités par lesquelles se traduit la vie et à en retrouver les équivalents, plus ou moins frustes, chez tous les êtres bruts ou chez certains d'entre eux.

Vérification d'un coup. Génération spontanée. — Le procédé rapide et décisif, qui malheureusement est hors de nos ressources, consisterait à montrer, en fait, la vie nettement caractérisée, la vie supérieure, sortant de l'espèce de vie inférieure attribuée à la matière universelle. Il faudrait fabriquer de toutes pièces, par la conjonction convenable des matériaux inorganiques, un seul être vivant, fût-ce la plus humble plante ou l'animal le plus rudimentaire. Ce serait, en effet, la preuve irréfutable que l'activité vitale est contenue tout entière en germe dans l'activité moléculaire des corps bruts, et qu'il n'y a rien d'essentiel à celle-ci qui ne se retrouve dans celle-là.

Malheureusement, cette démonstration ne peut être donnée. La science n'en fournit encore aucun exemple, et force nous sera de recourir à la méthode lente.

La question qui est ici en jeu est celle de la génération spontanée. On sait que les anciens ont cru à la génération spontanée, même d'animaux élevés en organisation. Pour van Helmont, les souris pouvaient naître, par suite d'une incompréhensible fermentation, dans le linge sale mélangé de blé ; Diodore parle de formes animales que l'on voyait sortir à demi-ébauchées du limon du Nil ; Aristote croyait à la naissance spontanée de certains poissons. — Rejetées du domaine de l'animalité supérieure, ces croyances se sont maintenues longtemps à propos des animaux inférieurs : à propos des insectes, — des abeilles que le berger de Virgile voit sortir des flancs du taureau mort, — des mouches engendrées dans la viande en putréfaction ; à propos des vers des fruits, puis des vers intestinaux ; à propos enfin des infusoires et des végétaux les plus rudimentaires. L'hypothèse de la génération spontanée de l'être vivant aux dépens des matériaux du milieu ambiant a été délogée successivement de tous les cadres de la classification. L'histoire des sciences d'observation est l'histoire même des échecs de cette doctrine. Pasteur lui a donné le dernier coup, en montrant que les micro-organismes les plus simples obéissent à la loi générale qui veut que l'être vivant ne se forme que *par filiation*, c'est-à-dire par l'intervention d'un organisme vivant préexistant.

La génération spontanée a été un épisode de l'histoire du globe. — La génération spontanée, qui n'a pu encore être réalisée dans le présent, a été rejetée par Haeckel dans un passé plus ou moins lointain, au moment où le refroidissement du globe, la solidification de son écorce et la condensation de la vapeur d'eau à sa surface créèrent des conditions compatibles avec l'existence d'êtres vivants comparables à ceux que nous connaissons. Lord Kelvin a fixé ces événements géologiques entre 20 et 40 millions d'années en arrière du moment actuel. Alors, les circonstances devinrent propices à l'apparition des premiers organismes d'où successivement sortirent ceux qui peuplent maintenant la terre et les eaux.

Ces circonstances, apparemment, elles ne se sont rencontrées favorables à l'apparition des premiers êtres que dans ce passé lointain. Mais, la plupart des physiologistes admettent que si on les connaissait exactement et si l'on pouvait les reproduire, on en ferait apparaître la conséquence. Ce serait la création d'un être vivant, formé de toutes pièces, à partir du règne inorganique. Pour tous ceux qui pensent ainsi, l'impuissance de l'expérimentation actuelle est purement provisoire. Elle est comparable à celle des hommes primitifs, qui, avant Prométhée, ne sachant produire le feu, ne faisaient que se le transmettre les uns aux autres. Elle tient à l'insuffisance de nos connaissances et à la débilité de nos moyens ; elle ne contredit pas la possibilité du fait.

Opinion contraire. La vie n'est pas originaire de notre globe. — Mais tous les biologistes ne partagent point cette manière de voir. Quelques-uns, et non des moindres, tiennent pour établie l'impossibilité pour la vie de naître du concours des matériaux et des forces inorganiques. C'est l'opinion de l'éminent botaniste Ferdinand Cohn, du médecin saxon

H. Richter, et d'un physiologiste bien connu par des recherches remarquables en chimie biologique, W. Preyer. Pour ces savants, la vie, à la surface du globe, n'a pu apparaître aux dépens de la matière brute et des forces qui la régissent encore.

Selon F. Cohn et H. Richter, la vie n'a pas eu son commencement sur notre globe. Elle y a été transportée d'un autre monde, du milieu cosmique, sous la forme de germes cosmiques ou *cosmozoaires*, plus ou moins comparables aux cellules vivantes que nous connaissons. Celles-ci, d'ailleurs, ont pu faire le voyage de deux manières : incluses dans des météorites, ou flottant dans l'espace à l'état de poussières cosmiques. La doctrine en question s'est donc présentée sous deux formes : *l'hypothèse des cosmozoaires météoriques*, due à un écrivain français, le comte de Salles-Guyon, et la *panspermie cosmique* mise en avant par F. Cohn et H. Richter, en 1865 et en 1872.

Hypothèse des cosmozoaires. — L'hypothèse des *cosmozoaires*, particules vivantes, germes protoplasmiques, émanant des autres astres et arrivant à la terre par le moyen des pierres tombées du ciel, n'est pas aussi dénuée de vraisemblance qu'on serait tenté de le croire au premier abord. Lord Kelvin et Helmholtz lui ont donné l'appui de leur haute autorité. L'analyse spectrale révèle dans les nébuleuses cométaires l'existence des quatre ou cinq raies qui caractérisent les hydrocarbures. La matière cosmique renferme donc des composés du carbone, des types de substances appartenant à la chimie organique. De même, on a trouvé du carbone et une sorte d'humus dans plusieurs météorites. Quant à l'objection de l'échauffement que ces aérolithes subissent en traversant notre atmosphère, Helmholtz y répond que cette élévation de température peut être purement superficielle, et laisser subsister des microorganismes à l'intérieur. Mais d'autres objections conservent leur force; d'abord celle de M. Verworn qui considère la supposition de germes cosmiques comme incompatible avec les lois de l'évolution, et celle de L. Errera qui conteste l'existence des conditions de la vie dans les corps interplanétaires.

Hypothèse de la panspermie cosmique. — Du Bois-Reymond a qualifié de *panspermie cosmique* la doctrine, très voisine de la précédente, formulée par F. Cohn en 1872. Les premiers germes vivants seraient arrivés à notre globe, mélangés aux poussières cosmiques qui flottent dans l'espace et qui tombent lentement à la surface de la terre. S'ils échappent, par cette lenteur, à l'échauffement dangereux des météorites, L. Errera fait observer qu'ils restent exposés à l'action des rayons lumineux, généralement destructive de germes.

Hypothèse des pyrozoaires. — W. Preyer n'a pas voulu accepter cette transmigration cosmique des êtres vivants les plus simples, ni faire intervenir les autres mondes célestes dans l'histoire du nôtre. La vie, selon lui, aurait subsisté de tout temps, même alors que le globe était une masse incandescente. Mais ce n'était pas la même vie qu'à présent. La vitalité aurait subi de profonds changements au cours des âges. Les *pyrozoaires*, les premiers vivants vulcaniques, étaient bien différents des êtres actuels qu'une minime élévation de température suffit à désorganiser. — Cette théorie des pyrozoaires, proposée par W. Preyer en 1872, paraît, sans doute, bien chimérique et voisine des rêveries de Kepler. Mais, d'une certaine manière, elle rentre pourtant dans les idées contemporaines relatives à la vie de la *matière*. Elle s'y rattache par l'évolution qu'elle implique dans les matériaux du globe terrestre. La vie primitive de Preyer dérivait du feu. Les masses ignées en fusion, les pyrozoaires vivaient à leur façon : c'est en se modifiant lentement que leur vitalité a pris la forme qu'elle présente aujourd'hui. Dans cette transformation si profonde, leur nombre n'aurait pas varié et la quantité de vie totale de l'univers serait restée invariable.

On reconnaît là les idées de Buffon. Ces cosmozoaires, ces pyrozoaires ont une singulière ressemblance avec les *molécules organiques* de « matière vive » de l'illustre naturaliste, partout répandues, indestructibles, et formant les édifices vivants par leur rassemblement.

Mais, il est temps d'abandonner les théories scientifiques ou philosophiques, et d'en venir aux arguments de fait.

C'est dans un esprit différent de celui des poètes, des métaphysiciens et des savants plus ou moins philosophes, que la science de nos jours envisage une vitalité plus ou moins obscure dans les corps inanimés. Elle prétend y reconnaître, à l'état plus ou moins rudimentaire, l'action des mêmes facteurs qui interviennent dans les êtres vivants, la manifestation des mêmes propriétés fondamentales.

CHAPITRE III

ORGANISATION ET COMPOSITION CHIMIQUE DE LA MATIÈRE VIVANTE ET DE LA MATIÈRE BRUTE

Lois de l'organisation et de la composition chimique des êtres vivants. — Valeur relative de ces lois ; phénomènes vitaux dans le protoplasme broyé ; phénomènes vitaux dans les corps bruts.

Énumération des caractères principaux des êtres vivants. — Le programme que nous venons de tracer nous oblige à rechercher dans l'être brut les propriétés des êtres vivants. Quels sont donc, en fait, les caractères de l'être vivant, authentique, complet, quelles en sont les propriétés fondamentales ? Nous en avons donné, plus haut, l'énumération suivante : une certaine composition chimique, a est celle de la matière vivante ; une structure ou une organisation ; une forme spécifique ; une évolution qui a une durée, celle de la vie, et un terme, la mort ; une propriété d'accroissement ou nutrition ; une propriété de reproduction. Lequel de ces traits compte le plus dans la définition de la vie ? sont-ils tous également nécessaires ? le défaut de quelques-uns d'entre eux suffirat-il à faire rejeter un être, qui d'ailleurs présenterait les autres, du monde animé dans le monde minéral ? C'est précisément la question même qui est en jeu.

Organisation et composition chimique des êtres vivants. — Tout ce que nous savons relativement à la constitution de la matière vivante et à son organisation se résume dans les lois de l'*unité chimique* et de l'*unité morphologique des êtres vivants.* (Voir livre III.) Ces lois semblent une généralisation légitime de tous les faits observés. — La première exprime que les phénomènes de la vie ne s'observent que dans et par la matière vivante, le protoplasme, c'est-à-dire dans et par une substance qui a une composition chimique et physique déterminée. Chimiquement, elle est un complexus protéique à noyau hexonique; physiquement, elle offre une structure écumeuse analogue à celle qui résulte du mélange de deux liquides granuleux, non miscibles, de viscosité différente. — La seconde loi exprime que les phénomènes de la vie ne se maintiennent que dans un protoplasme qui a l'organisation de la cellule complète, avec son corps cellulaire et son noyau.

Valeur relative de ces lois. — *Exceptions.* — Quelle est la signification de ces lois de composition chimique et d'organisation des êtres vivants ? C'est évidemment que la vie ne s'accomplit et ne se perpétue, dans toute sa plénitude, que sous leur protection.

Si ces lois étaient absolues, s'il était vrai qu'il n'y ait de vie possible que dans et par le protoplasme albumineux, que dans et par la cellule, le problème de « la vie de la matière » serait résolu négativement.

Mais ne peut-il arriver que des manifestations vitales fragmentaires, incomplètes, ébauches progressives de la vie véritable, s'accomplissent dans des conditions différentes; par exemple, avec une matière qui ne serait pas un protoplasme, et dans un corps qui aurait une organisation différente de la cellule, c'est-à-dire dans un être qui ne serait ni un animal, ni une plante ? Interrogeons à cet égard, l'expérience.

Déjà, sans sortir des animaux et des plantes, c'est-à-dire des êtres vivants véritables, on constate des atténuations à la rigueur des lois de la constitution chimique et de l'organisation cellulaire.

Les expériences de mérotomie, c'est-à-dire d'amputation, exécutées sur l'élément nerveux par A. Waller, sur les infusoires par Brandt, Gruber, Balbiani, Nussbaum et Verworn, nous apprennent la nécessité de la présence du corps cellulaire et du noyau, c'est-à-dire de l'intégrité de la cellule. Mais elles nous enseignent aussi qu'à défaut de cette intégrité, la mort ne survient pas immédiatement. Une partie des faits vitaux continue à se produire dans le protoplasme anucléé, dans la cellule mutilée, incomplète.

Phénomènes vitaux dans le protoplasme broyé. — De même, le broyage et l'écrasement suppriment la plupart des fonctions de la cellule. Mais les épreuves réalisées avec les pulpes de divers organes et avec celles de certaines levures montrent aussi que le protoplasma broyé, désorganisé, ne peut être considéré comme inerte et qu'il est encore capable d'exécuter beaucoup des phénomènes qui lui sont propres, et, par exemple, de produire des diastases, agents spécifiques de la chimie vivante. Enfin, si l'on ne possède pas de renseignements très précis sur les actions dont sont capables les débris du protoplasme, les granulations, les filaments, que tel ou tel autre mode de destruction est susceptible de mettre à nu, on sait, tout au moins, que les actions de ce genre existent.

En résumé, on est loin de pouvoir nier que des actes vitaux rudimentaires, isolés, puissent être exécutés par les corps divers qui proviennent du démembrement du protoplasme. L'intégrité de l'organisation cellulaire, l'intégrité même du seul protoplasme ne sont donc point indispensables à ces manifestations partielles de la vitalité.

Les naturalistes admettent, d'ailleurs, l'existence, au sein du protoplasme, de parties aliquotes, d'éléments d'ordre inférieur, possédant des activités spéciales. Ces éléments secondaires auraient en eux-mêmes le principe de leur activité. Tels sont les *biophores* auxquels Weissman attribue les fonctions vitales de la cellule, la nutrition, l'accroissement, la multiplication. S'il y a des biophores dans la cellule, on peut les imaginer en dehors d'elle — et puisqu'ils portent en eux-mêmes les conditions de leur activité, ils pourront l'exercer d'une manière indépendante. Malheureusement les biophores, et les autres éléments constituants de ce genre sont purement hypothétiques. Ils le sont comme les gemmules de Darwin, les bioblastes d'Altmann et les pangènes de de Vries. Ils n'ont rien à voir avec les faits d'observation et la réalité.

Phénomènes vitaux dans les corps bruts. — Il n'y a pas de doute que certains phénomènes de vitalité puissent s'accomplir en dehors de l'atmosphère cellulaire. Par extension, on peut admettre qu'il s'en produit dans des corps très faiblement organisés (cellules broyées), puis dans certains corps inorganisés, dans certains êtres bruts. En tous cas, il s'y produit sûrement des effets tout au moins similaires de ceux qui sont propres à la matière vivante. C'est à l'observation et à l'expérience de décider sur ce degré de similitude. Et elles ont décidé, en effet, dans le sens de la similitude complète. Les cristaux et les germes cristallins étudiés par Ostwald et Tammann sont le siège de phénomènes tout à fait comparables à ceux de la vitalité.

CHAPITRE IV

ÉVOLUTION ET MUTABILITÉ DE LA MATIÈRE VIVANTE ET DE LA MATIÈRE BRUTE

Prétendue immuabilité des corps bruts. — Mobilité et mutabilité du monde sidéral. — § 1. *Mobilité particulaire et moléculaire des corps bruts.* — Mouvements intestins. — Conception cinétique des mouvements moléculaires. — Réalité des mouvements particulaires. — Comparaison de l'activité particulaire à l'activité vitale. — § 2. *Mouvement Brownien.* — Son existence. — Ses caractères. — Son indépendance de la nature des corps et de la nature du milieu. — Sa durée indéfinie. — Le mouvement Brownien, premier degré du mouvement moléculaire. — § 3. *Mouvements particulaires.* — Migration des particules matérielles : sous l'influence de la pesanteur; de la diffusion; de l'électrolyse; de la pression mécanique. — § 4. *Activité intestine des alliages.* — Leur structure. — Changements produits par les actions déformantes. — Rétablissement lent de leur équilibre. — Effet résiduel. — Effet du recuit. — Effet de la traction. — Aciers au nickel. — Photographie des couleurs. — Conclusion. Rapports du milieu ambiant avec l'être vivant ou brut.

Un des traits les plus remarquables de l'être vivant, c'est son évolution. Il est en voie de changement continuel. Il part d'un faible commencement; il se forme, s'accroît. Le plus souvent il décline ensuite et disparaît après avoir suivi une marche prévue et tracé dans le temps une sorte de trajectoire idéale.

Prétendue immuabilité des corps bruts. — On s'est

demandé si cette évolution, si cette mobilité dirigée est un trait de l'être vivant, réellement aussi exclusif qu'il le paraît, et si beaucoup de corps bruts ne présentent point quelque chose d'analogue. La réponse n'est pas douteuse.

Bichat s'est trompé en opposant, à cet égard, les corps bruts aux corps vivants. Les propriétés vitales, disait-il, sont temporaires ; il est de leur nature de s'épuiser ; le temps les use dans le même corps. Les propriétés physiques, au contraire, sont éternelles. Les corps bruts n'ont ni commencement, ni fin nécessaire, ni âge, ni évolution : ils restent immuables comme la mort dont ils sont l'image.

Mobilité et mutabilité du monde sidéral. — Cela n'est pas vrai, en premier lieu, des corps sidéraux. Les anciens croyaient le monde sidéral immuable et incorruptible. La doctrine de l'incorruptibilité des cieux a régné jusqu'au XVII° siècle. Les observateurs qui, à cette époque, braquèrent sur le ciel la première lunette que Galilée venait d'inventer, furent frappés d'étonnement en voyant changer cette voûte céleste qu'ils croyaient inaltérable, et en apercevant une étoile nouvelle qui prenait rang dans la constellation du Serpentaire. Les changements de ce genre ne nous surprennent plus. Le système cosmogonique de Laplace est devenu familier à tous les esprits cultivés et chacun est habitué à l'idée d'une mobilité et d'une évolution continuelles du monde céleste. « Les astres n'ont pas toujours existé, écrivait M. Faye, ils ont eu une période de formation ; ils auront pareillement une période de déclin, suivie d'une extinction finale. »

Tous les corps de la nature inanimée ne sont donc point éternels et immuables ; les corps célestes sont éminemment évolutifs. Leur évolution seulement est lente par rapport à celles que nous observons à la surface de notre globe; mais cette disproportion, qui est en rapport avec l'immensité des temps et des espaces cosmiques comparée aux mesures terrestres, ne doit pas nous dissimuler l'analogie foncière des phénomènes.

§ 1. — Mobilité particulaire et moléculaire des corps bruts.

Ce n'est pas seulement dans les espaces célestes qu'il faut aller chercher cette mobilité de la matière brute qui imite celle de la matière vivante. Il nous suffit, pour la retrouver, de regarder autour de nous et d'interroger les géologues, les physiciens et les chimistes.

En ce qui concerne les géologues, M. Le Dantec parle, quelque part, de l'un d'eux qui divisait les minéraux en *roches vivantes*, — celles qui sont susceptibles de changer de structure, d'évoluer, sous l'influence des causes atmosphériques, et *roches mortes*, — celles qui, comme l'argile, ont trouvé, à la fin de tous ces changements le repos définitif. Jérôme Cardan qui fut un savant célèbre au XVIe siècle, à la fois mathématicien, naturaliste et médecin, professait que non seulement les pierres vivent, mais qu'elles souffrent la maladie, la vieillesse et la mort. Les joailliers d'aujourd'hui en disent autant de certaines pierres précieuses, et par exemple, des turquoises.

Les alchimistes ont poussé ces idées à l'extrême. Mais, il ne s'agit pas, ici, de rappeler le passé, d'évoquer les croyances hermétiques et les rêves des alchimistes pour qui les diverses espèces de la matière vivaient, évoluaient et se transmutaient les unes dans les autres.

Nous avons en vue des faits précis, récents, constatés par les plus habiles expérimentateurs, et que l'un d'eux, Ch.-Ed. Guillaume relatait, il y a trois ans, devant la Société helvétique des sciences naturelles. Ces faits établissent que des formes déterminées de la matière peuvent vivre et mourir, en ce sens qu'elles se modifient d'une manière lente et continue, toujours dans une même direction, jusqu'à ce qu'elles aient atteint un état ultime et définitif qui est celui de l'éternel repos.

Mouvements intestins des corps. — On connaît la réplique de Swift à un oisif qui prétendait devant lui que c'était déroger de travailler. « En Angleterre, dit l'auteur de Gulliver, l'homme travaille, la femme travaille, le cheval travaille, le bœuf travaille, l'eau travaille, le feu travaille, la bière travaille; il n'y a que le porc qui ne fasse rien : ce serait donc le seul gentilhomme de l'Angleterre. » Nous savons assez que la noblesse anglaise travaille aussi. Oui, tous travaillent et tout travaille. Et le célèbre humoriste avait raison, plus qu'il ne pensait, de rapprocher à cet égard les hommes et les choses. Tout est en travail, tout peine, tout fatigue dans la nature, à tous les degrés, à tous les échelons. L'immobilité, le repos ne sont le plus souvent, dans les choses naturelles, qu'une fausse apparence; le prétendu quiétisme de la matière n'est fait que de notre impuissance à saisir ses agitations intestines. Nous n'apercevons pas, à cause de leur petitesse, les particules fourmillantes qui la composent, et qui, au-dessous de la surface impassible des corps, s'agitent, se déplacent, voyagent, se groupent pour prendre des formes et des positions adaptées aux conditions du milieu. Nous sommes en comparaison de ces éléments microscopiques comme le géant de Swift, au milieu du peuple de Lilliput; et ce n'est pas assez dire.

Conception cinétique des mouvements moléculaires.

— L'idée de cette agitation particulière n'est pas nouvelle pour nous. Nous sommes, dès le collège, familiarisés avec elle par les théories scientifiques. La doctrine atomique nous enseigne que les choses se passent, en chimie, comme si la matière était divisée en molécules et en atomes. La théorie cinétique fait comprendre la constitution des gaz et les effets de la chaleur à la condition d'imaginer ces particules animées de mouvements de rotation et de déplacement. La théorie des ondulations fait sortir l'explication des phénomènes lumineux des mouvements vibratoires particuliers d'un agent spécial, l'éther. Mais, ce ne sont là que des hypothèses qui n'ont rien de nécessaire. Ce sont des images des choses; ce ne sont pas les choses elles-mêmes.

Réalité des mouvements particulaires. — Ici il ne s'agit point d'hypothèses. Cette agitation intestine, ce travail intérieur, cette activité incessante de la matière, ce sont des faits positifs, c'est une réalité objective. Il est véritable que les corps dérangés de leur équilibre mécanique ou chimique ne le reprennent que plus ou moins lentement. Il leur faut quelquefois des jours et des années pour l'atteindre. A peine y sont-ils arrivés et entrent-ils dans ce repos relatif qu'ils en sont aussitôt dérangés, car le milieu lui-même n'est pas fixe; il éprouve des variations qui retentissent à leur tour sur le corps considéré; et ce n'est qu'au bout de ces variations, à la fin des temps, qu'ils atteindront ensemble, dans l'uniformité universelle, un éternel repos.

Nous allons voir que les alliages métalliques éprouvent des changements physiques et chimiques continuels ; ils sont toujours à la recherche d'un équilibre plus ou moins fuyant. Les physiciens, dans ces dernières années, ont appliqué leur attention à ce travail des corps matériels, à la poursuite de la stabilité. Wiedemann, Warburg, Tomlinson, MM. Duguet, Brillouin, Duhem et Bouasse ont rajeuni les anciennes études expérimentales de Coulomb et de Wertheim sur l'élasticité des corps, sur les effets de la pression, de la traction, de l'écrouissage des métaux, de la trempe et du recuit.

L'activité intestine qui se manifeste dans ces circonstances, présente des caractères tout à fait remarquables, que l'on n'a pu s'empêcher de comparer à des phénomènes analogues offerts par les corps vivants. On a ainsi créé, en physique même, une terminologie et des expressions imagées, qui sont empruntées à la biologie.

Comparaison de l'activité particulaire à l'activité vitale. — C'est lord Kelvin qui a parlé le premier de la *fatigue* des métaux ou de la *fatigue* d'élasticité ; et depuis, Bose a fait connaître pour ces mêmes corps la fatigue du *tact électrique*. Le terme d'*accommodation* a été employé dans l'étude de la torsion, et précisément suivant Tomlinson, pour des phénomènes qui sont inverses de ceux de la fatigue. On a considéré comme *faits d'adaptation*, ceux que présente le verre soumis à une force extérieure qui le fléchit lentement. Les moyens par lesquels une barre d'acier résiste à l'étirement ont été assimilés à des procédés de *défense*, contre l'imminence de la rupture. Et M. Ch.-Ed. Guillaume parle, quelque part, de la « résistance héroïque d'un barreau d'acier au nickel ». L'expression de « défense » a encore été appliquée à la manière dont se comporte le chlorure d'argent ou l'iodure d'argent frappés par la lumière. On n'a pas craint de se servir du mot de *mémoire* concurremment avec celui d'hystérésis pour désigner la façon dont se comportent des corps soumis à l'action du magnétisme ou de certaines forces mécaniques. À la vérité, M. H. Bouasse se déclare, au nom des physiciens-mathématiciens, contraire à l'emploi de ces expressions imagées. Mais, lui-même n'écrit-il pas : « Un fil tordu, c'est une montre montée »; et, ailleurs : « les propriétés des corps dépendent, à chaque instant, de toutes les modifications antérieures ». N'est-ce pas dire qu'ils gardent, en quelque sorte, l'empreinte de leur évolution passée? Les actions déformatrices puissantes laissent une trace; elles modifient l'état d'agrégation du corps : quelques physiciens vont jusqu'à dire qu'elles en modifient jusqu'à la constitution chimique. A l'exception de M. Duhem, les mécaniciens qui ont étudié l'élasticité admettent que l'effet d'une force extérieure sur un corps dépend des forces auxquelles il a été précédemment soumis, et non pas seulement de celles qui agissent actuellement. Son état présent ne saurait être supposé; il est la récapitulation des états précédents. L'effet d'un effort de torsion sur un fil neuf sera différent de celui que le même effort déterminera, dans ce fil soumis à des torsions et à des détorsions préalables. C'est à propos des actions de ce genre que Boltzmann, en 1876, déclarait que « le fil « tordu ou étiré se souvient, un certain temps, des « déformations subies; ce souvenir se perd, s'efface, « suivant une certaine fonction du temps ». — Voici donc que dans un problème d'équilibre statique s'introduit un facteur inattendu, le temps.

En somme, ce sont les physiciens eux-mêmes qui ont signalé des rapprochements entre la manière d'être de beaucoup de corps bruts, et celle des corps vivants. Ces analogies ne peuvent naturellement prétendre, en quoi que ce soit, à servir d'explications. On peut bien chercher à ramener le fait vital au fait physique. C'est toute l'ambition du physiologiste. Mais l'inverse serait déraisonnable. Ce n'est pas ce que l'on prétend faire ici. Il n'en est pas moins vrai que les analogies sont bonnes à signaler, ne fût-ce que pour ébranler la confiance que l'on accorde, depuis Aristote, à la division des corps de la nature en *psuchia* et *apsuchia*, c'est-à-dire en corps vivants et corps bruts.

§ 2. — Mouvement Brownien.

Existence du mouvement brownien. — Le moyen le plus simple de juger de l'activité laborieuse de la matière serait de l'observer dans le cas où la liberté des particules n'est pas gênée par l'action de particules voisines. On se rapproche de cette condition en regardant au microscope des grains de poussière en suspension dans un liquide, des globules d'huile en suspension dans l'eau. — Or, dans ce cas, le résultat est bien connu de tous les micrographes. On constate, si ces granulations sont assez petites, qu'elles ne restent jamais en repos. Elles sont animées d'une sorte de tremblotement incessant; on a sous les yeux le phénomène appelé « mouvement brownien ». Le spectacle de cette agitation a frappé tous les observateurs, depuis l'invention de la loupe ou microscope simple. Mais le botaniste anglais Brown, en 1827, en fit, le premier, l'objet d'une étude suivie et lui laissa son nom. L'explication exacte s'en est fait attendre longtemps. Elle a été donnée, en 1894, par le savant physicien de la Faculté de Lyon, M. Gouy.

L'observateur qui, pour la première fois, regarde au microscope une goutte d'eau de rivière ou d'eau de mare, ou d'une eau ordinaire, en un mot, qu'il n'a point pris de précautions spéciales pour purifier, est frappé de surprise et d'admiration au spectacle de l'agitation qui se révèle à lui. Des infusoires, des articulés microscopiques, des micro-organismes variés peuplent le champ et l'animent de leurs ébats; mais, en même temps, toutes sortes de particules s'agitent aussi, que l'on ne saurait assimiler aux êtres vivants, et qui ne sont, en effet, pas autre chose que des détritus organiques, des poussières minérales, des débris de toute espèce. Bien souvent, les mouvements singuliers de ces granulations, qui simulent, jusqu'à un certain point, ceux des êtres vivants, ont embarrassé l'observateur ou l'ont induit en erreur, et les corps qui les manifestent ont été pris pour des animalcules, ou pour des bactéries.

Caractères de ce mouvement. — Mais il est, d'ordinaire, assez facile d'éviter cette confusion. Le mouvement brownien est une sorte d'oscillation, de trépidation qui piétine et ne s'accompagne pas de translation : c'est une danse de Saint-Guy qui s'exécute sur place et qui, par là, se distingue des mouvements de déplacement habituels aux êtres animés. Chaque grain exécute sa danse particulière ; chacun s'évertue, pour son compte, indépendamment du voisin. Il y a toutefois, dans l'exécution de toutes ces oscillations individuelles, une sorte de caractère commun et régulier qui tient à ce que leurs amplitudes ne sont pas extrêmement différentes. Les plus grosses particules sont les plus lentes : au-dessus de quatre millièmes de millimètre de diamètre, elles cessent à peu près d'être mobiles. Les plus petites sont les plus alertes. Au dernier degré de petitesse visible au microscope, leur mouvement est extrêmement rapide et ne permet de les apercevoir que par instants. Il est vraisemblable qu'il s'accélérerait encore pour les objets plus petits ; mais ceux-ci sont destinés à échapper éternellement à notre vue.

Son indépendance de la nature des corps et de la nature du milieu. — M. Gouy a fait remarquer que le mouvement ne dépendait ni de la nature ni de la forme des particules. La nature du liquide même n'a que peu d'influence ; son degré de viscosité est seul en jeu. Les mouvements sont plus vifs, en effet, dans l'alcool et l'éther, liquides très mobiles; ils sont lents dans l'acide sulfurique et la glycérine. Dans l'eau, un grain d'un demi-millième de diamètre parcourt, dans une seconde, dix à douze fois sa propre longueur.

Le fait que le mouvement brownien se manifeste dans des liqueurs qui ont bouilli, dans des acides et des alcalis concentrés, dans des solutions toxiques (et à toute température), montre bien que le phénomène n'a point de signification vitale, qu'il n'est lié à aucune activité vivante proprement dite.

Sa durée indéfinie. — Le caractère le plus remarquable de ce phénomène c'est sa permanence, sa durée indéfinie. Le mouvement ne cesse jamais : la particule n'arrive jamais au repos, à l'équilibre. Les roches granitiques contiennent des cristaux de quartz qui, au moment de leur formation, ont enfermé dans une cavité parfaitement close une goutte d'eau dans laquelle s'est trouvée incluse une bulle de gaz. Ces bulles, contemporaines de l'âge plutonien du globe, n'ont pas cessé, depuis lors, de manifester le mouvement brownien.

Son indépendance des conditions extérieures. — Quelle est la cause de cette éternelle oscillation? Est-ce la trépidation du sol? Non. M. Gouy voit le mouvement brownien persister, loin des villes, alors que le miroir de mercure du séismographe ne décèle aucune vibration souterraine ; il ne le voit pas s'accroître lorsque ces vibrations apparaissent et deviennent très appréciables. Rien ne change non plus, si l'on fait varier la lumière, le magnétisme, les influences électriques, en un mot, les circonstances extérieures. Et l'observation aboutit donc à nous mettre en présence de ce paradoxe d'un phénomène qui s'entretient et se perpétue indéfiniment au sein d'un corps, sans cause extérieure connue.

Le mouvement brownien serait un premier degré du mouvement moléculaire. — Lorsque nous prenons, dans nos mains, une lame de quartz à inclusion gazeuse, nous croyons tenir un objet parfaitement inerte. Lorsque nous l'aurons posée sur la platine du microscope et que nous aurons constaté l'agitation de la bulle, nous serons convaincus que cette prétendue inertie n'est qu'une illusion.

Le repos n'existe que pour notre œil impuissant. Nous voyons les objets, comme nous apercevons de loin une foule humaine. Nous n'apercevons que l'ensemble, sans pouvoir discerner les individus et leurs mouvements. Un objet visible est, de même, un amas de particules : c'est une foule moléculaire ; il nous donne l'impression d'une masse indivisible, d'un bloc au repos.

Mais, dès que la lunette nous rapproche de cette foule, dès que le microscope nous grossit les petits éléments du corps brut, alors ils nous apparaissent et nous constatons l'agitation permanente de ceux qui ont moins de quatre millièmes de millimètre. Plus les parties considérées sont petites, plus vifs sont leurs mouvements. Nous inférons de là que si nous pouvions apercevoir les molécules, dont les dimensions probables sont environ mille fois plus petites, leur vitesse serait, sans doute, comme le veut la théorie cinétique, de quelques centaines de mètres par seconde. Pour les derniers objets que nous pouvons apercevoir, la vitesse brownienne n'est que de quelques millièmes de millimètre par seconde. C'est sans doute, conclut M. Gouy, que les particules qui présentent ce mouvement sont encore bien énormes par rapport aux molécules véritables. Dans cette façon de voir, le mouvement brownien n'est qu'un premier degré et une manifestation encore grossière des vibrations moléculaires qu'imagine la théorie cinétique.

§ 3. — Activité intestine des corps.

Migration des particules matérielles. — Dans le mouvement brownien, il n'est encore question que de très petites masses isolées, de petits fragments libres, c'est-à-dire de particules matérielles qui ne sont pas gênées par leurs liaisons avec des particules voisines. Tout autre qu'un physicien pourrait croire que dans les solides véritables doués de cohésion, de ténacité, où les molécules sont liées les unes aux autres, dont la forme et le volume sont arrêtés, il n'y a plus de mouvements ou de changements ; c'est une erreur. La physique nous enseigne le contraire ; et, dans ces dernières années spécialement, elle en a fourni des exemples caractéristiques. Il y a de véritables migrations de particules matérielles à travers les corps solides, migrations dont l'ampleur est incomparable. Elles s'accomplissent sous l'action de forces diverses agissant de l'extérieur : des pressions, des tractions, des torsions ; d'autres fois, sous l'action de l'électricité ; d'autres fois, sous l'action de la lumière ; quelquefois, sous l'influence des forces de diffusion. L'observation microscopique des alliages, par MM. H. et A. Lechatelier, J. Hopkinson, Osmond, Charpy, J.-R. Benoit, et l'étude de leurs propriétés physiques et chimiques par MM. Calvert, Matthiessen, Riche, Roberts Austen, Lodge, Laurie et Ch.-Ed. Guillaume ; les expériences d'électrolyse du verre, les curieux résultats de Bose sur le tact électrique des métaux, démontrent, d'une manière éclatante, les évolutions chimiques et cinétiques qui s'accomplissent à l'intérieur des corps.

Migration sous l'influence de la pesanteur. — Une expérience d'Obermayer, qui date de 1877, fournit un bon exemple des migrations de corps solides à travers un corps pâteux, exécutées sous l'action de la pesanteur. On sait ce qu'est la poix, la « poix noire » dont se servent les cordonniers et les constructeurs de bateaux. C'est une sorte de résine extraite du pin térébinthe et d'autres arbres résineux, fondue dans l'eau, séparée d'une partie plus fluide qui la surnage ; elle doit sa couleur au noir de fumée produit par la combustion de filtres de paille et de débris d'écorce. C'est, à la température ordinaire, une masse assez dure que l'ongle ne peut pas toujours rayer. Cependant, si on l'abandonne à elle-même dans un récipient, elle finit par s'affaisser, par s'épandre, comme si elle était un liquide, et par épouser la forme du vase. On pose un morceau de cette matière au-dessus d'une cavité ménagée dans un bloc de bois, et on le maintient au moyen de quelques cailloux. Au fond de la dépression, on a placé des débris d'une substance légère, telle que le liège. La plaque de poix est ainsi placée entre un corps léger, qui est au-dessous, et un corps plus lourd qui est au-dessus. Si l'on attend quelques jours, cet ordre est renversé : la poix a rempli la cavité en s'y moulant, le liège a traversé la poix pour remonter à la surface, les pierres ont gagné le fond. C'est, réalisée cette fois avec des corps solides, l'expérience célèbre de la fiole des trois éléments, dans laquelle on voit les liquides, le mercure, l'huile et l'eau se superposer par ordre de densité.

Influence de la diffusion. — La diffusion, qui dissémine les liquides les uns dans les autres, peut aussi faire voyager les solides à travers les solides. L'expérience de W. Roberts Austen en fournit une preuve convaincante. Cet ingénieux physicien superpose à un disque d'or un petit cylindre de plomb et maintient le tout à la température de l'eau bouillante. A 100°, l'un et l'autre métal sont parfaitement solides, puisque l'or ne fond qu'à 1,200° et le plomb à 330°. Et cependant, après que ce contact s'est prolongé un mois et demi, l'analyse montre que l'or a diffusé jusqu'au haut du cylindre de plomb.

Influence de l'électrolyse. — L'électrolyse offre un autre moyen de transport, non moins remarquable. Grâce à elle, on peut obliger des métaux, tels que le sodium ou le lithium, à traverser des parois de verre. L'expérience peut être réalisée de la manière qu'indique M. Ch.-Ed. Guillaume. Un ballon qui contient du mercure baigne dans de l'amalgame de sodium. On fait passer le courant du dedans au dehors. Après quelque temps, on constate que le métal a passé à travers la paroi du ballon et qu'il est venu se dissoudre à l'intérieur.

Influence de la pression mécanique. — La pression mécanique est, elle aussi, capable de faire passer un métal dans un autre. Nous n'avons pas besoin de rappeler l'expérience bien connue de Cailletet, qui, en employant des pressions considérables, a fait suinter du mercure au travers d'un bloc de fer. Plus simplement, il a suffi à W. Spring de presser fortement l'un contre l'autre un disque de cuivre et un disque d'étain pour obtenir leur soudure. Il se forme, jusqu'à une certaine distance de la surface du contact, un alliage véritable. C'est une couche de bronze d'une certaine épaisseur qui unit les deux métaux l'un à l'autre. Et ceci n'a pu se faire sans que les particules de l'un et l'autre métal se soient compénétrées mutuellement.

§ 4. — Activité intestine des alliages.

Structure des alliages. — Les alliages métalliques ont une structure remarquable et essentiellement mobile que l'on commence seulement à pénétrer grâce à l'emploi du microscope. — L'examen microscopique justifie, dans une certaine mesure, la supposition de Coulomb. Cet illustre physicien expliquait les propriétés physiques des métaux en imaginant qu'ils étaient formés de deux espèces d'éléments : des *particules intégrantes* auxquelles le métal devait ses propriétés d'élasticité et un *ciment* liant les particules auxquelles il devait sa cohérence. — M. Brillouin a repris l'hypothèse de cette dualité structurale. Le métal est supposé formé de grains cristallins isolés, très petits, noyés dans un réseau, à peu près continu, d'une matière visqueuse. — Une masse plus ou moins compacte, empâtant des cristaux plus ou moins distincts, telle est l'image que l'on peut se former d'un alliage.

Changements de structure produits par les actions déformantes. — On a pu constater de profonds changements de structure cristalline provoqués par les diverses épreuves mécaniques, telles que l'écrouissage et la traction exercée jusqu'à rupture sur des barreaux métalliques. Quelques-uns de ces changements sont très lents, et ce n'est qu'après des mois et des années qu'ils s'achèvent et que le métal atteint l'équilibre définitif correspondant aux conditions où il est placé. Si l'on peut discuter sur la profondeur des transformations subies ; si les uns croient qu'elles atteignent jusqu'à la condition chimique de l'alliage, tandis que les autres en limitent la puissance à des effets physiques, il n'en est pas moins vrai, — et ceci nous ramène à notre sujet, — que la masse de ces métaux est en travail, et qu'elle n'atteint que tardivement la phase du repos complet.

Rétablissement lent de l'équilibre. L'effet résiduel. — Ces opérations par lesquelles on change les propriétés physiques des métaux et par lesquelles on les approprie à la variété des besoins de l'industrie, compression, martelage, laminage, traction et écrouissage, torsion, ont un effet immédiat très apparent ; mais elles ont aussi un effet consécutif, lent à se produire, beaucoup moins marqué et moins évident : c'est « l'effet résiduel » ou « Nachwirkung » des Allemands. Il n'est pas sans importance, même dans les applications pratiques.

La chaleur, elle aussi, crée une sorte d'*équilibre forcé*. Celui-ci se modifie lentement, si bien que le corps subsiste longtemps sous un état qui n'est pourtant pas le plus stable dans les conditions considérées. Le nombre de ces corps *hors d'équilibre* est aussi grand que celui des matières qui ont été soumises à la fusion. Toutes les roches plutoniennes sont dans ce cas. — Le verre présente une condition du même genre. Les thermomètres placés dans la glace fondante ne reviennent pas toujours au zéro. Ce déplacement du zéro fausse toutes les mesures si l'on n'a pas soin de le corriger. Et cette correction exige, le plus souvent, une observation prolongée. La théorie des déplacements du zéro thermométrique n'est pas entièrement établie, mais on peut supposer, avec l'auteur du *Traité de Thermométrie*, qu'il existe dans le verre, comme dans les alliages, des composés variables suivant les températures. A toute température un verre donné tend vers une composition déterminée et vers un état d'équilibre correspondant ; mais la température antérieure à laquelle il a été soumis a évidemment une influence sur la rapidité avec laquelle il atteindra son état de repos. — L'effet de variation est d'autant plus marqué que l'on observe des verres de composition plus compliquée. On comprend que ceux qui contiennent en quantités comparables les deux alcalis soude et potasse, soient plus sujets à ces modifications que ceux de composition plus simple qui sont à base d'alcali unique.

Effets du recuit. — Un morceau de laiton qui a été écroui, puis chauffé, est le théâtre de changements intestins infiniment remarquables, que l'on ne connaît bien que depuis peu de temps. La violence que l'on a exercée sur le fil métallique pour le faire passer à travers l'écrou a écrasé les particules cristallines ; cristaux brisés, noyés dans une masse granuleuse, tel est l'état du fil à ce moment. Le chauffage change tout cela. Les cristaux se séparent, se complètent, se reconstituent : ils forment des corps géométriques, durs, baignant dans une masse amorphe, relativement molle et plastique ; leur nombre augmente successivement : l'équilibre ne sera atteint que lorsque la masse tout entière sera devenue cristalline. On se représente quels déplacements, prodigieux par rapport à leurs dimensions, les molécules auront dû s'imposer pour se transporter à travers la masse résistante, et venir se ranger à des places déterminées dans les édifices cristallins.

De même encore, dans la fabrication de l'acier, les particules du charbon, primitivement appliquées à la surface, voyagent à travers le fer.

Cette *faculté de déplacement moléculaire* permet, à l'occasion, au métal de modifier son état sur tel ou tel point. Ce qui est fort curieux c'est l'usage qui est fait de cette faculté dans certaines circonstances. Cet usage ressemble fort à l'adaptation d'un animal au milieu, ou aux procédés de défense qu'il emploie pour résister.

Effet de la traction, striction. Expérience de Hartmann. — Lorsqu'une tige cylindrique de métal, encastrée à ses deux extrémités, — une *éprouvette*, comme l'on dit en métallurgie — est soumise à une traction puissante, elle subit un allongement souvent considérable, dont une partie disparaît dès que cesse l'effort, et dont l'autre subsiste. L'allongement total est donc la somme d'un « allongement élastique » temporaire, et d'un « allongement permanent ». Si l'on continue l'effort, on voit apparaître en un point de la tige un étranglement, une *striction*. C'est là que la barre se brisera.

Mais, au lieu de continuer l'effort, M. Hartmann le suspend. Il s'arrête, comme pour donner à l'*être-métal* le temps d'aviser. Pendant ce délai, il semble que les particules se sont empressées autour du point menacé afin de consolider la partie faible et de la durcir. — En fait, le métal qui était mou dans les autres points a pris ici l'aspect du métal trempé : il ne s'étire plus.

Lorsque l'expérimentateur recommence la traction après cette trêve, — la barre étranglée ayant été soumise à l'action du tour et ramenée à la forme cylindrique, — il se forme un second étranglement en un autre point. Si l'on attend encore, cet étranglement deviendra, lui aussi, résistant.

Si l'on renouvelle l'expérience un nombre de fois suffisant, le résultat sera une transformation totale de la tige qui aura durci dans toute son étendue. Elle sera, en même temps, devenue incapable de subir un nouvel allongement un peu considérable : elle ne pourra guère que se briser si la traction est assez énergique.

Aciers au nickel. Leur défense héroïque. — Les aciers au nickel présentent ce phénomène à un degré exagéré. L'alternance des opérations que nous venons de décrire, qui amènent les diverses parties de la barre d'acier ordinaire à l'état de trempe, n'est pas nécessaire, avec l'acier au nickel : l'effet est produit au cours d'une seule épreuve. Dès qu'en un point il se manifeste une tendance à l'étranglement, l'alliage durcit en cet endroit précis ; la striction se marque à peine ; le mouvement s'arrête en ce point pour s'amorcer en un autre point faible, s'y arrêter encore, s'amorcer en un troisième, et ainsi de suite. Et, finalement, on se trouve en présence de ce fait paradoxal, qu'une tige de métal qui était à l'état mou, qui a pu s'allonger considérablement, est devenue maintenant dans toute son étendue dure, fragile, inextensible, comme un acier trempé. C'est à propos de ce fait que M. Ch.-Ed. Guillaume a prononcé le mot de « résistance héroïque à la rupture ». Les choses se passent, en effet, comme si la barre de ferro-nickel avait renforcé chaque point faible à mesure qu'il était menacé. Ce n'est qu'au bout de ces efforts que la catastrophe inévitable s'est produite.

Effet de la température. — Quand la température change, on constate que ces ferro-nickels s'allongent ou se rétractent, et qu'en même temps ils modifient leur constitution chimique. Mais ces effets, comme ceux qui se passent dans le réservoir de verre du thermomètre, ne sont pas acquis en une fois. Ils se produisent pour une partie rapidement, et lentement pour un petit reste. On voit des barres de ferro-nickel, conservées à la même température, changer graduellement de longueur pendant le cours d'une année toute entière. Peut-on trouver de meilleure preuve d'activité intestine se produisant dans une matière plus différente de la matière vivante ?

Nature de l'activité particulière. — Ce sont là des exemples de l'activité intestine qui règne à l'intérieur des corps bruts. De plus ces faits auxquels nous demandions seulement de réfuter l'assertion de Bichat relative à l'immuabilité des corps bruts, et de nous démontrer leur activité, nous apportent par surcroît une autre preuve. Ils montrent que cette activité est, comme celle des animaux, une riposte à une intervention étrangère et que cette riposte, encore comme chez les animaux, est adaptée à la défense et à la conservation de l'être brut.

Si l'on accorde une valeur spéciale au caractère adaptatif, téléologique des faits vitaux, caractère dont on abuse si facilement dans les interprétations biologiques, nous le retrouverions donc dans le monde inanimé. A cet égard, on peut aux exemples précédents en ajouter un dernier qui est non moins remarquable. Il s'agit du cas fameux de la photographie des couleurs par le procédé de Becquerel.

Photographie des couleurs. — Voici une plaque gris-âtre, au chlorure ou à l'iodure d'argent. Une lumière rouge la frappe : rapidement, elle devient rouge. On l'expose ensuite à la lumière verte : après avoir passé par des teintes ternes et sales, elle devient verte. — Si l'on voulait expliquer ce remarquable phénomène, il n'y aurait pas de meilleur moyen que celui-ci : on dirait que le sel d'argent se défend contre la lumière qui menace son existence ; celle-ci le fait passer par toutes sortes d'états de coloration avant de le réduire ; le sel s'arrête à l'état qui le protège le mieux. Il s'arrête au rouge si c'est la lumière rouge qui l'assaille ; parce qu'en devenant rouge par réflexion, il repousse le mieux cette lumière, c'est-à-dire qu'il l'absorbe le moins.

Il peut donc être avantageux, en vue de comprendre les phénomènes naturels, de regarder les transformations de la matière inanimée comme les manifestations d'une sorte de vie interne.

Conclusion. Rapports du milieu ambiant avec l'être vivant et avec le corps brut. — Les corps bruts ne sont donc pas plus immuables que les corps vivants. Ils sont les uns et les autres sous la dépendance du milieu qui les entoure ; et ils en dépendent de la même façon. La vie met en présence, en conflit, un organisme approprié et un milieu convenable. Auguste Comte et Claude Bernard nous ont appris que les phénomènes vitaux résultaient de l'action réciproque de ces deux facteurs qui sont dans une étroite corrélation.

C'est aussi des actions réciproques du milieu et du corps brut que résultent inévitablement les phénomènes présentés par celui-ci. — Le corps vivant est quelquefois un réactif plus sensible que le corps brut aux variations du milieu ambiant; mais d'autres fois, c'est l'inverse. Il n'y a pas de machine vivante qui soit impressionnable à quelque espèce d'excitant que ce soit, au même degré que le bolomètre, par exemple, l'est aux plus petites variations de température.

Il ne pourrait y avoir, en définitive, qu'un corps immuable chimiquement, c'est l'atome du corps simple, puisque, par définition même, il figure inaltéré et intangible dans les combinaisons. Mais cette notion de l'atome inaltérable commence elle-même à être battue en brèche par la doctrine de l'ionisation particulaire de J.-J. Thomson; et d'ailleurs, sauf un très petit nombre d'exceptions, celles du cadmium, du mercure et des gaz de la série de l'argon, les atomes des corps simples ne peuvent pas exister à l'état libre.

Ainsi, de même que dans le conflit vital, le milieu ambiant fournit à l'être vivant, entier ou fragmentaire, par l'alimentation, les matériaux de son organisation et les énergies qu'il met en jeu, de même il fournit aussi aux corps bruts leurs matériaux et leurs énergies.

On dit encore que le milieu ambiant fournit à l'être vivant une troisième chose, les *stimulants* de ses activités, c'est-à-dire « la provocation à l'action ». Le protozoaire trouve dans le milieu aquatique qui est son habitat, les stimulants qui le provoquent à se mouvoir, à absorber les aliments. Les cellules du métazoaire rencontrent, de même, dans la lymphe, le sang et les liquides interstitiels qui les baignent, l'ébranlement, l'excitation qui mettent leurs énergies en mouvement. Ils ne puisent pas en eux-mêmes, dans une spontanéité mystérieuse et sans exemple dans le reste de la nature, le principe capricieux de leur entrée en jeu. La spontanéité vitale, si légèrement admise par les personnes ignorantes en biologie, est démentie par toute l'histoire de la science. Toute manifestation vitale est une réplique à une stimulation, un fait provoqué. — Il est oiseux de dire qu'il en est de même pour les corps bruts, puisque c'est en cela précisément que consiste le principe de l'inertie de la matière. — On voit que ce grand principe s'applique aussi bien à la matière vivante qu'à la matière inanimée.

CHAPITRE V

LA FORME SPÉCIFIQUE. — CORPS VIVANTS ET CRISTAUX.

§ 1. *Forme spécifique et constitution chimique.* — Existence très générale des formes cristallines. — Organisation des cristaux. — Loi du rapport de la forme spécifique à la constitution chimique. — Valeur signalétique de la forme chez l'être brut et chez l'être vivant. — Parenté vivante et parenté minérale. — Isomorphisme et faculté de croisement. — Autres analogies. — § 2. *Acquisition et rétablissement de la forme spécifique.* — Mutilation et réintégration des cristaux. — Mécanisme de la réparation.

Dans l'énumération que nous avons faite des traits essentiels de la vitalité, il y en a trois qui possèdent pour ainsi dire une valeur de premier plan : c'est, dans leur ordre d'importance, la possession d'une forme spécifique, la faculté d'accroissement ou nutrition, et, enfin, la faculté de reproduction par génération. Aussitôt que l'on envisage ces caractères véritablement fondamentaux, le champ de la comparaison entre êtres bruts et êtres vivants se restreint sensiblement ; mais nous allons voir qu'il ne s'évanouit pas.

Existence très générale des formes cristallines. — La considération de la forme spécifique ne laisse plus subsister comme représentants du monde minéral assimilables aux êtres vivants, que les corps cristallisés. Les cristaux sont, en effet, à peu près les seuls d'entre les corps bruts qui possèdent une forme définie. En nous restreignant à cette catégorie, nous ne limitons pas notre champ autant qu'on le pourrait craindre. Les formes cristallisées sont infiniment répandues; elles sont, en quelque sorte, universelles. La matière a une tendance décidée à les revêtir toutes les fois que les forces physiques auxquelles elle obéit évoluent avec ordre et régularité et que leur jeu n'est pas troublé par des intercurrences accidentelles. Et, de même, les formes vivantes ne sont possibles que dans des milieux régularisés, en régime normal, à l'abri des cataclysmes et des convulsions d'une nature en travail.

La possession d'une forme typique est le trait signalétique par excellence de l'être organisé. Sa tendance, dès qu'il sort du germe, à l'acquisition de cette forme; la manière progressive dont il poursuit la réalisation de cette sorte de plan architectural à travers les obstacles et les difficultés qui surgissent, en cicatrisant ses blessures, en réparant ses mutilations, tout cela, aux yeux du naturaliste philosophe, forme peut-être le caractère qui dénote le mieux l'unité et l'individualité. Cette propriété organogénique semble la propriété vitale par excellence. Elle ne l'est pas pourtant : les corps cristallisés la possèdent presque au même degré.

Le parallèle du cristal et de l'être vivant a été fait bien des fois. Nous ne voulons pas le reproduire ici en détail; nous voulons seulement, après en avoir indiqué les grands traits, insister sur les documents nouveaux que des travaux récents y ont ajouté.

Organisation des cristaux. Conceptions de Haüy, Delafosse et Bravais, Wallerant. — La forme, en botanique, en zoologie, s'entend de l'assemblage des matériaux constituants coordonnés en un système défini : c'est l'organisation même. Le corps de l'homme, par exemple, est un édifice dans lequel 60 trillions de cellules déterminées doivent trouver chacune leur place fixée d'avance.

De même la forme cristalline s'entend de l'organisation des cristaux.

Les cristaux présentent un groupement peut-être plus simple de leurs éléments. Ils n'en sont pas moins organisés, au même titre que les corps vivants.

Leur organisation, plus uniforme que celle des êtres vivants, offre encore une assez grande variété. Il ne faudrait pas s'imaginer que le cristal est un milieu plein, formé de parties contiguës, exactement appliquées les unes sur les autres par des faces planes, comme tendrait à le faire croire le phénomène du clivage, qui décompose en effet le corps cristallin en solides de ce genre. En réalité, les parties constituantes sont espacées : elles sont disposées en quinconce, comme disait Haüy, ou le long des lignes d'un réseau, pour parler comme Delafosse et Bravais. Elles laissent entre elles des intervalles incomparablement plus grands que leurs diamètres. — De telle sorte que l'organisation du cristal fait entrer en ligne de compte deux choses fort différentes : un élément, la particule cristalline, qui est un certain agrégat de molécules chimiques ayant une forme géométrique déterminée, — et un réseau parallélipédique plus ou moins régulier, le long des arêtes duquel sont rangées, dans une orientation constante, les particules précédentes. La forme extérieure du cristal traduit l'existence du réseau. M. Wallerant a montré que ses propriétés optiques traduisaient l'action de la particule. Il y a ainsi à distinguer dans un cristal deux espèces de figures géométriques, celle du réseau, celle de la particule, dont les caractères de symétrie peuvent être concordants ou discordants.

La particule cristalline, l'élément du cristal, est donc un certain complexe moléculaire qui se répète identique à lui-même et identiquement placé aux nœuds du réseau parallélipipédique. On lui a donné des noms divers, bien faits pour produire des confusions : molécule cristallographique de Mallard, particule complexe d'autres auteurs. — On a démembré cet élément en sous-éléments (particules fondamentales de Wallerant et de Lapparent).

Ces indications très générales suffiront à faire comprendre la richesse et toute la souplesse d'organisation de l'individu cristallin. Celle-ci, malgré sa régularité géométrique et sa rigidité, peut être mise en regard de l'organisation plus flexible de l'élément vivant. L'individu minéral est plus stable, moins labile que l'individu vivant. On peut dire avec M. de Lapparent que « la matière cristallisée représente l'ordonnance la plus parfaite, la plus stable, dont les particules des corps soient susceptibles ».

Loi du rapport de la forme spécifique à la constitution chimique. — La cristallisation est une manière d'acquisition de forme spécifique. L'architecture géométrique de l'individu minéral n'est guère moins merveilleuse ni moins caractéristique que celle de l'individu vivant. Sa forme est adéquate à sa substance et aux circonstances ambiantes où elle se produit : elle est la condition d'équilibre matériel correspondant à une situation déterminée.

Cette notion d'une forme spécifique liée à une substance donnée, dans des conditions données, doit être retenue. On peut la considérer comme une sorte de principe de la nature, de loi élémentaire, qui pourra servir de point de départ pour l'explication des phénomènes. Une substance déterminée, dans des conditions de milieu identiques, entraîne rigoureusement une certaine forme. Cette liaison étroite de la substance à la forme, admise comme un postulat des sciences physiques, a été transportée par quelques naturalistes philosophes, tels que M. Le Dantec, aux sciences biologiques.

Imitons-les pour un moment. Cessons de chercher dans l'être vivant le modèle du cristal ; faisons l'inverse, cherchons dans le cristal le modèle du vivant, si nous y réussissons, nous aurons donné une base physique à la vie.

Disons donc, avec les biologistes dont nous parlons, que la substance de chaque individu vivant lui est propre, qu'elle est spécifique et que sa forme, c'est-à-dire son organisation, s'ensuit. — La morphologie d'un être quelconque, d'un animal, d'un chien lévrier, par exemple, ou même d'un être déterminé, de Pierre, de Paul, c'est « la forme cristalline de leur matière vivante. » C'est la seule forme d'équilibre que puisse prendre la substance du lévrier, de Pierre, de Paul, dans les conditions actuelles, de même que le cube et la trémie sont les formes du sel marin. — Par là, ces biologistes ont prétendu ramener le problème de la forme vivante au problème de la substance vivante, et, du même coup, le mystère biologique au mystère physique.

Nous avons dit plus haut quel était le degré de légitimité de cette conception et dans quelle mesure, avec quelles restrictions elle devait être accueillie et acceptée. (Pages 193-198.)

Valeur signalétique de la forme chez l'être brut et l'être vivant. — Quoi qu'il en soit, on peut affirmer, sans crainte de dépasser beaucoup les faits, que la forme cristalline caractérise l'être minéral avec non moins de rigueur que la forme anatomique désigne l'animal ou la plante. Dans les deux cas, la forme — envisagée comme mode de distribution des parties — fournit le signalement de l'individu et en permet plus ou moins facilement la diagnose.

Parenté des êtres vivants et parenté minérale. — On a encore signalé une autre analogie. Chez les animaux et les plantes, la parenté des formes révèle la parenté du sang, la communauté d'origine et le voisinage dans les cadres de la classification. De même l'identité des formes cristallines trahit la parenté minérale. Les substances chimiquement analogues se présentent avec des formes identiques, géométriquement superposables, et se rangent ainsi en groupements familiaux ou génériques reconnaissables au premier aspect.

Isomorphisme et faculté de croisement. — Il y a plus, la possibilité pour les corps isomorphes de se remplacer dans un même cristal au cours de sa formation et de mêler ainsi, en quelque sorte, leurs éléments congéniaux, peut être mise en parallèle avec la possibilité pour les êtres vivants de la même espèce de se mêler par génération. L'isomorphisme est ainsi une sorte de faculté de croisement. Et, de même que l'impossibilité du croisement est la pierre de touche de la parenté taxonomique, qu'elle en est l'épreuve, séparant les souches qui doivent être séparées ; ainsi, l'opération de la cristallisation est aussi le moyen de faire sortir du mélange accidentel des espèces minérales les formes pures qui y sont confondues. La cristallisation est la pierre de touche de la pureté spécifique des minéraux : elle est le grand procédé de purification chimique.

Autres analogies. — On a poussé plus loin encore, et presque jusqu'à l'abus, la poursuite des analogies entre les formes cristallines et les formes vivantes.

On a comparé la symétrie interne et externe des animaux et des plantes à celle des cristaux. Des transitions ou des passages ont été cherchés, entre l'architecture rigide et à facettes de ceux-ci, et la structure flexible et à surfaces courbes de ceux-là : la forme utriculaire du soufre sublimé d'une part et la structure géométrale de test des radiolaires, de l'autre, ont montré un échange de formes typiques entre les deux systèmes. On a été jusqu'à mettre en parallèle six des types principaux d'embranchements du règne animal avec les six systèmes cristallins. Poussée à ce degré, la thèse prend un caractère puéril. Il suffit des analogies réelles. Et parmi celles-ci les faits curieux de rédintégration cristalline doivent être mis au premier plan.

§ 2. — La cicatrisation chez les êtres vivants et chez les cristaux.

On sait que non seulement les êtres vivants possèdent une architecture typique qu'ils ont construite eux-mêmes, mais qu'ils la défendent contre les causes de destruction et qu'ils la rétablissent au besoin. L'organisme vivant cicatrise ses blessures, répare les pertes de substance, régénère plus ou moins parfaitement les parties enlevées ; en d'autres termes, quand il a été mutilé, il tend à se refaire suivant les lois de sa morphologie propre. Ce phénomène de reconstitution ou de rédintégration, ces efforts plus ou moins heureux pour se rétablir dans sa forme et son unité, paraissent au premier abord, un trait caractéristique de l'être vivant. Il n'en est rien.

Mutilation et rédintégration des cristaux. — Les cristaux, — disons les individus cristallins, — montrent la même aptitude à réparer leurs mutilations. Pasteur, dans un travail de jeunesse, a étudié ces faits curieux. D'autres expérimentateurs, Gernez un peu plus tard et Rauber tout récemment l'ont suivi dans cette voie et n'ont pu qu'étendre et confirmer ses observations. Les cristaux se forment à partir d'un noyau primitif, comme l'animal à partir de l'œuf : leurs particules intégrantes se disposent suivant les lois d'une savante géométrie, de manière à réaliser une forme typique, par un travail qu'on peut comparer au travail embryogénique qui édifie le corps de l'animal. Or, cette opération peut être troublée par des accidents dans le milieu ambiant ou par l'intervention voulue de l'expérimentateur. Le cristal est alors mutilé. Pasteur vit que ces mutilations se réparaient d'elles-mêmes. « Lorsque, dit-il, un cristal a été brisé sur l'une quelconque de ses parties et qu'on le replace dans son eau mère, on voit, en même temps que le cristal s'agrandit dans tous les sens par un dépôt de particules cristallines, un travail actif avoir lieu sur la partie brisée ou déformée ; et, en quelques heures il a satisfait, non seulement à la régularité du travail général sur toutes les parties du cristal, mais au rétablissement de la régularité dans la partie mutilée. » En d'autres termes, le travail de formation du cristal est bien plus actif au point lésé qu'il n'eût été dans les conditions ordinaires. Les choses ne se passent pas autrement chez un être vivant.

Mécanisme de la réparation. — Gernez, quelques années plus tard, a fait connaître le mécanisme de cette réparation ou, du moins, sa cause immédiate. Il a montré que sur la surface blessée, le cristal devient moins soluble que sur les autres facettes. Cette différence de solubilité, d'ailleurs, n'est point un phénomène sans exemple : c'est, au contraire, un fait assez ordinaire que les différentes faces d'un cristal possèdent des solubilités inégales. C'est ce qui se produit, en tous cas, pour la face mutilée par comparaison avec les autres : la matière y est moins soluble. La conséquence en est évidente : la croissance doit y être prépondérante, puisque l'eau mère deviendra sursaturée pour cette partie avant de l'être par rapport aux autres. — On peut encore faire comprendre ce résultat d'une autre manière. Chaque face du cristal en contact avec l'eau mère est exposée à deux sortes d'effets antagonistes : la matière déposée sur une face peut être enlevée et redissoute si, par une raison quelconque, cette matière devient plus soluble que celle de la couche liquide en contact ; en second lieu, la matière de cette couche liquide peut, dans la circonstance contraire, se déposer et accroître ainsi le volume du cristal. Il y a donc, en chaque point de la face cristalline, une opération positive de dépôt qui se traduit par un gain, et une opération négative de redissolution qui se traduit par une perte. C'est l'un ou l'autre effet qui domine, suivant que la solubilité relative est plus ou moins grande pour la matière de la facette considérée. Sur la face mutilée elle est diminuée : le dépôt l'emporte.

Mais ce n'est là que la cause immédiate du phénomène ; et, si l'on veut savoir pourquoi la solubilité a diminué sur la partie mutilée, c'est M. Ostwald qui nous fera la réponse savante qui convient, en montrant que la cristallisation tend à constituer un polyèdre pour lequel l'énergie de surface soit un minimum relatif.

CHAPITRE VI

LA NUTRITION CHEZ L'ÊTRE VIVANT ET CHEZ LE CRISTAL

Assimilation et accroissement chez le cristal. — Modes d'accroissement du cristal et de l'être vivant ; intussusception ; apposition. — Caractère secondaire et banal du procédé d'intussusception.

On a vu plus haut (chap. vi, p. 203) que la propriété de nutrition pouvait être considérée comme la plus caractéristique et la plus essentielle des êtres vivants. Ceux-ci sont en relation d'échange continuel avec le milieu ; ils assimilent et désassimilent. Par l'assimilation la substance de l'être s'accroît aux dépens de la matière alimentaire ambiante qui est rendue semblable à celle de l'être lui-même.

Assimilation et accroissement chez le cristal. — Il existe chez le cristal quelque chose d'analogue à la nutrition, une sorte de nutrilité qui est l'ébauche de la propriété fondamentale des êtres vivants. Le point de départ, le germe de l'individu cristallin est un noyau primitif que nous comparerons tout à l'heure à l'œuf ou à l'embryon de la plante ou de l'animal. Placé dans le milieu de culture convenable, c'est-à-dire dans la solution de la substance, ce germe se développe. Il s'assimile la matière dissoute, il s'en incorpore les particules, il s'accroît en conservant sa forme, en réalisant un type ou une variété du type spécifique. L'accroissement ne s'interrompt pas. L'individu cristallin peut atteindre d'assez grandes dimensions si l'on sait le nourrir, — on pourrait dire le gaver, — convenablement. Le plus souvent, à un moment donné, une nouvelle particule du cristal sort à son tour de noyau primitif et devient le point de départ d'un nouveau cristal enté sur le premier.

Retiré de son eau mère, mis dans l'impossibilité de se nourrir, le cristal, arrêté dans son accroissement, tombe dans un repos qui n'est pas sans analogie avec la vie latente de la graine ou de l'animal reviviscent. Il attend le retour des conditions favorables, le bain de matière soluble, pour reprendre son évolution.

Le cristal est en relation d'échange continuel avec le milieu ambiant qui l'alimente. Ces échanges sont réglés par l'état de ce milieu, ou plus exactement par l'état de la couche liquide qui est en contact immédiat avec lui. Il perd ou il gagne de la substance si, par exemple, cette couche s'échauffe ou se refroidit plus vite que lui. D'une façon générale, il assimile ou désassimile suivant que son milieu immédiat se sature ou se désature par rapport à lui. Il y a donc là une sorte d'équilibre mobile comparable à quelque degré à celui de l'être vivant.

Modes d'accroissement du cristal et de l'être vivant : Intussusception; apposition. — A la vérité, il semble qu'il y ait une opposition complète entre le cristal et l'être vivant quant aux modes de leur nutrition et de leur accroissement. Pour celui-ci, c'est l'intussusception; pour l'autre, c'est l'apposition. L'individu cristallin est tout en façade : sa masse est impénétrable aux matériaux nutritifs. La surface seule étant accessible, l'incorporation des particules semblables n'est possible que par juxtaposition extérieure et l'édifice ne s'accroît que parce qu'une nouvelle couche de pierres vient s'ajouter à la précédente. Au contraire, le corps de l'animal est une masse essentiellement pénétrable. Les éléments cellulaires qui le composent ont des formes plus ou moins arrondies et flexibles; leur contact n'est point parfait; ils ne présentent ni la rigidité ni la rigueur d'ajustement des particules cristallines : les liquides et les gaz s'insinuent du dehors et circulent dans les interstices de cette construction lâche. L'assimilation se fait donc dans toute la profondeur et l'édifice grandit parce que chaque pierre grandit pour sa part.

Caractère secondaire et banal du procédé d'intussusception. — L'exclusivisme apparent de ces procédés s'atténuerait sans doute si l'on comparait l'individu minéral simple à l'élément vivant, la particule cristalline à la masse cellulaire protoplasmique. Mais sans descendre à ce degré d'analyse, il est facile d'apercevoir que l'apposition et l'intussusception sont des mécanismes que les êtres vivants emploient simultanément et combinent suivant les nécessités. Les parties dures du squelette intérieur ou extérieur s'accroissent à la fois par interposition et par superposition; c'est par ce dernier procédé que les os se développent en diamètre et que se forment les coquilles des mollusques, les écailles des reptiles et des poissons et les tests de beaucoup de rayonnés. Dans ces organes, comme dans les cristaux, la vie et la nutrition se réfugient à la surface.

L'apposition et l'intussusception sont donc des mécanismes secondaires en rapport avec les caractères physiques du corps : la solidité dans le cristal, la semi-fluidité dans le protoplasme cellulaire. En comparant à la matière organisée semi-fluide la matière inorganique liquide, on reconnaît que l'addition de substance s'y fait de la même manière, c'est-à-dire par interposition. Si l'on ajoute à un fluide un sel soluble, les molécules du sel diffusent et s'interposent à celles du fluide. L'intussusception n'aurait donc rien de mystérieux et de particulièrement vital. Ce serait, réalisée dans le protoplasme fluide, la diffusion ordinaire aux fluides mélangés.

CHAPITRE VII

LA GÉNÉRATION CHEZ LES CORPS BRUTS ET CHEZ LES ÊTRES VIVANTS.
LA GÉNÉRATION SPONTANÉE

Le protoplasme est une substance qui continue. Cas du cristal. — Caractères de la génération chez l'être vivant. — Propriété d'accroissement. Sa prétendue spécialité à l'être vivant. — Ensemencement des micro-organismes. — Ensemencement des cristaux. — Stérilisation des milieux cristallins et des milieux vivants. — Génération spontanée des cristaux. — Zone métastable et zone labile. — Cristaux de glycérine. — Extinction possible d'une espèce cristalline. — Conclusion.

Les analogies ne sont pas encore épuisées. La possession d'une forme spécifique; la tendance à la rétablir par rédintégration; enfin, l'existence d'une sorte de nutrition, ne suffisent point à assimiler complètement le cristal à l'être vivant. Il manque encore un caractère fondamental : celui de la génération. Chauffard, autrefois, dans la polémique qu'il avait engagée contre les idées de l'école physiologique contemporaine, avait bien signalé ce point faible. « Laissons de côté, disait-il, ces faits intéressants relatifs à l'acquisition d'une forme typique et qui sont communs à l'être minéral et à l'être vivant. Il n'en est pas moins vrai que le type cristallin ne relève aucunement d'autres types préexistants, et que rien, dans la cristallisation, ne rappelle l'action des ascendants et les lois de l'hérédité. »

Cette lacune a été comblée depuis. Les travaux de Gernez, de Violette, de Lecoq de Boisbaudran; les expériences d'Ostwald et de Tammann; les expériences de Crookes et d'Armstrong, tout cet ensemble de recherches, dont M. Leo Errera a donné, dans ses essais de philosophie botanique, un si lumineux exposé, ont eu pour résultat d'établir un rapprochement inattendu entre les procédés de la cristallisation et ceux de la génération chez les animaux et les plantes.

Le protoplasme est une substance qui continue. Cas du cristal. — Dans les conditions actuelles, l'être vivant quel qu'il soit, sort d'un autre être vivant semblable à lui.

Son protoplasme est toujours la continuation du protoplasme d'un ancêtre. C'est une substance atavique que nous ne voyons pas commencer, que nous voyons seulement continuer. L'élément anatomique vient d'un élément anatomique précédent, et l'animal supérieur, lui-même, sort d'une cellule préexistante de l'organisme maternel, l'œuf. L'échelle de la filiation est infinie dans le passé.

Nous allons voir qu'il y a quelque chose d'analogue pour certains cristaux : ils naissent d'un individu précédent; ils peuvent être considérés comme la postérité d'un cristal antérieur. Si l'on parlait de la matière du cristal, comme on parle de celle de l'être vivant, dans les cas de ce genre, on serait fondé à dire que la substance cristalline est une substance atavique que nous voyons seulement continuer, comme cela a lieu pour le protoplasme.

Caractères de la génération chez l'être vivant. — L'accroissement de la substance vivante et par conséquent de l'être lui-même, est la loi fondamentale de la vitalité. La génération est la conséquence fatale de l'accroissement. (Page 204.)

Les éléments vivants, les cellules, ne peuvent subsister indéfiniment sans s'accroître et sans se multiplier. Il arrive fatalement un moment où la cellule se divise, par un procédé direct ou indirect, et bientôt, au lieu d'une cellule, il y en a deux. Telle est la génération dans l'élément anatomique. Dans l'individu complexe, c'est une partie plus ou moins restreinte de l'organisme, le plus souvent une simple cellule sexuelle, qui va contribuer à la formation de l'être nouveau, et assurer la perpétuité du protoplasme, et, par suite, de l'espèce.

Propriété d'accroissement. Sa prétendue spécialité à l'être vivant. — Au premier abord, rien de pareil ne semble exister dans la nature inanimée. La machine physique, si on lui fournissait la matière et l'énergie, pourrait fonctionner indéfiniment, sans être condamnée à s'accroître et à se reproduire. Il y a donc là une condition entièrement nouvelle, spéciale à l'être organisé, une propriété bien faite pour séparer, semble-t-il, et cette fois sans contestation possible, la matière vivante de la matière brute. Il n'en est rien.

Il ne serait pas impossible d'imaginer un système de corps chimiques organisé comme l'économie animale ou végétale, de manière qu'une destruction fût compensée par un accroissement. La seule chose impossible, c'est de supposer, comme le fait M. Le Dantec, une destruction qui serait en même temps une analyse. Et c'est là un nouvel embarras de sa manière de voir, une conséquence de la confusion de parti pris qu'il établit dans les actes successifs de l'échange matériel.

Il n'y a donc pas lieu de faire de cette chimie

impossible une caractéristique de l'être vivant. La chimie de l'être vivant est la chimie générale. Berthelot l'a répété après Lavoisier, et ces enseignements des maîtres ne doivent pas être perdus pour nous.

Revenons-en à la génération proprement dite et retrouvons-en les caractères chez les corps bruts, chez les cristaux.

Ensemencement des micro-organismes. — Lorsqu'un micro-biologiste veut propager une espèce de micro-organisme, il ensemence un milieu de culture avec un petit nombre d'individus (à la rigueur, un seul suffirait) et il assiste bientôt à leur pullulation. Le plus souvent, s'il s'agit de microbes banals, qui existent dans les poussières atmosphériques, l'opérateur n'est pas obligé de se donner la peine de rien semer : si le tube à culture reste ouvert, et que le milieu soit convenablement choisi, il y tombera quelque germe de l'espèce banale et la liqueur se peuplera. On aura l'apparence d'une génération spontanée.

Ensemencement des cristaux. — Les solutions concentrées de diverses substances, les solutions sursaturées de sulfate de soude, de sulfate de magnésie, de chlorate de soude, sont aussi de merveilleux bouillons de culture pour certains organites minéraux, pour certains germes cristallins. Ch. Dufour opérant sur l'eau refroidie au-dessous de $0°$, qui est son point de solidification ; Ostwald, avec le salol conservé au-dessous de $39°,5$, qui est son point de fusion; Tammann, avec le bétol qui fond à $96°$; et avant eux, Gernez, avec le soufre et le phosphore fondus, tous ces physiciens ont montré que les liquides en surfusion étaient aussi des milieux spécifiquement appropriés à la culture et à la propagation de certains individus cristallins déterminés.

Quelques-uns de ces faits sont classiques. Lowitz,

en 1785, a constaté que, si on se procurait une solution de sulfate de soude, on pouvait la concentrer par évaporation de manière à ce qu'elle contienne plus de sel que la température ne le comporte, sans que, néanmoins, la quantité excédente se déposât. Mais, si l'on projette un fragment solide, un cristal du sel dans la liqueur, aussitôt tout cet excès passe à l'état de masse cristallisée. Le premier cristal en a engendré un second, semblable à lui; celui-ci en a engendré un troisième, et ainsi de suite, de proche en proche. Si l'on compare ce phénomène à celui de la pullulation d'une espèce de microbe ensemencé dans un bouillon de culture convenable, on n'apercevra pas de différence. Ou, peut-être pourra-t-on en indiquer une seule, sans importance : la rapidité de la propagation des germes cristallins par opposition avec la lenteur relative de la génération des microorganismes. Et encore, la propagation de la cristallisation dans une liqueur sursaturée ou surfondue peut-elle être ralentie par des artifices appropriés. L'analogie est, alors, complète. L'individu cristallin donne naissance à un autre individu conforme à son type; il reproduit même les diverses variétés de ce type, lorsqu'il en existe. Dans un tube recourbé en U et rempli de soufre en surfusion, Gernez projette, dans la branche de droite, des cristaux octaédriques de soufre, et, dans la branche de gauche, des cristaux prismatiques. De part et d'autre il se produit de nouveaux cristaux conformes au type ensemencé.

Stérilisation des milieux cristallins et des milieux vivants. — Ostwald a varié ces expériences, avec le salol. Il fond la substance en la chauffant au-dessus de 39°5; puis, à l'abri de tout cristal, il abandonne la solution en tube clos. Le salol reste indéfiniment liquide. Il faudra, pour qu'il se solidifie, qu'on le touche avec un fil de platine passé dans un bocal de salol solide, c'est-à-dire, que l'on y introduise un germe cristallin. Mais si, auparavant, l'on expose le fil de platine à la flamme, on l'aura stérilisé, à la manière des bactériologistes : on pourra alors le plonger impunément dans la liqueur.

La dimension des germes cristallins est comparable à celle des microbes. — On peut diluer le salol dans une poudre inerte, par exemple dans du sucre de lait, diluer le premier mélange dans un second, le second dans un troisième et ainsi de suite; puis, jetant dans la liqueur de salol surfondu un dixième de milligramme de ces divers mélanges, on s'assurera que la production de cristaux n'a plus lieu, si le fragment projeté pèse moins d'un millionième de milligramme, ou mesure moins de 10 millièmes de millimètre de côté. Il semble donc que ce soient là les dimensions de la particule cristalline ou molécule cristallographique du salol. De la même manière, Ostwald s'est assuré que le germe cristallin de l'hyposulfite de soude pesait environ un milliardième de milligramme et mesurait un millième de millimètre, que celui du chlorate de soude pesait un dix millionième de milligramme. C'est un ordre de grandeur précisément comparable à celui des microbes.

Tous ces phénomènes ont été étudiés avec un détail dans lequel il est impossible d'entrer ici et qui fait ressortir avec évidence les analogies de plus en plus étroites de la formation des cristaux avec la génération des microorganismes.

Extension et propagation de la cristallisation. — Température d'incubation optima. — La cristallisation qui a commencé autour d'un germe se propage plus ou moins rapidement et finit par envahir toute la liqueur.

La rapidité de ce mouvement d'extension dépend

des conditions du milieu, et particulièrement de sa température. C'est ce que montrent bien les expériences de Tammann avec le bétol. — Ce corps, qui est un salicylate de naphtyle, a son point de fusion à 96°. Si on le fond en tubes scellés à la température de 100°, on peut le refroidir à des températures de plus en plus basses, à $+70°$, à $+25°$, à $+10°$, à $-5°$, sans qu'il se solidifie. — Nous supposons que par un concours de circonstances quelconques un petit nombre de centres de cristallisation, c'est-à-dire de germes cristallins, aient apparu dans la liqueur. La solidification s'étendra lentement à la température ordinaire, à 20°, à 25° et aux températures voisines; au contraire elle se propagera avec une grande rapidité si la liqueur est maintenue aux environs de 70°. Ce point, 70°, marque l'optimum thermique pour la propagation des germes. C'est le plus favorable à ce que l'on pourrait appeler leur incubation. Dès que les germes se trouvent dans la liqueur à 70° ils grossissent, pullulent et manifestent qu'ils sont dans les meilleures conditions de végétation.

Génération spontanée des cristaux. Température optima pour l'apparition des germes. — Si l'on considère les diverses solutions sursaturées ou les liqueurs en surfusion, on ne tarde pas à s'assurer qu'elles se rangent dans deux catégories. — Il en est qui restent indéfiniment liquides, dans des conditions données, à moins qu'on n'y introduise un germe cristallin. — Il en est d'autres qui finissent par se solidifier spontanément sans intervention artificielle; et cette cristallisation peut même se produire très rapidement, dans des conditions déterminées; ce qui revient à dire qu'il y a pour elles des conditions d'apparition spontanée des germes.

Cette distinction entre substances à génération cristalline par filiation et substances à génération cristalline spontanée, n'est pas spécifique. La même substance peut présenter les deux modes de génération suivant les circonstances dans lesquelles elle est placée. — Le bétol en fournit un bon exemple. Liquéfiez-le à 100° en tube scellé et maintenez-le à l'étuve au-dessus de 30°, il s'y conservera liquide à peu près indéfiniment. Abaissez au contraire sa température et laissez-le une ou deux minutes à 10°, des germes vont apparaître dans la liqueur : prolongez l'exposition à ce degré thermique, le nombre de ces germes spontanés, apparus isolément, augmentera rapidement. En revanche, vous remarquerez que la génération par filiation, c'est-à-dire l'extension de proche en proche, sera à peu près nulle. La température de 10° n'est pas favorable à ce mode de génération ; et nous avons vu, en effet, tout à l'heure, que c'est aux environs de 70° que se fait, au mieux, l'extension de proche en proche de la cristallisation. — La température de 70° était l'optimum pour la propagation par filiation. — Inversement, la température de 10° est l'optimum qui convient à la génération spontanée. En deçà et au delà de cet optimum l'action se ralentit. On peut compter les centres de cristallisations qui s'étendent avec lenteur et de plus en plus, comme dans une culture microbienne on compte les colonies correspondant aux germes primitivement formés. — En résumé, s'il y a un optimum pour la formation des cristaux, il y en a un aussi, différent du premier, pour leur rapide extension.

Zone métastable et zone labile. — Le fait est général. Il y a, pour chaque substance, un ensemble de conditions (température, degré de concentration, volume de la solution) dans lesquelles les individus cristallins ne peuvent se reproduire que par germes ou par filiation : c'est ce qui arrive pour le bétol au-dessus de 30°. Le corps est alors dans ce que

Ostwald a appelé la zone *métastable*. Mais il y a aussi, pour le même corps, un ensemble de circonstances plus ou moins complexes où ses germes apparaissent spontanément : c'est ce qui arrive pour le bétol, au mieux, vers la température de 10°. Ces circonstances constituent la *zone labile* ou de la génération spontanée.

Cristaux de glycérine. — On peut faire un pas de plus. — Supposons, avec L. Errera, un liquide qui se trouve dans l'état d'équilibre métastable, et dont nous ne connaîtrions pas encore l'équilibre labile. — Et ceci arrive précisément pour un corps très répandu, la glycérine. — Nous ne savons pas dans quelles conditions la glycérine peut cristalliser spontanément. Si on la refroidit, elle devient visqueuse : on ne l'obtient pas en cristaux de cette manière. — On ne l'obtenait même en cristaux d'aucune autre manière avant l'année 1867. Cette année-là, dans un tonneau envoyé de Vienne à Londres, pendant l'hiver, on trouva la glycérine cristallisée, et Crookes montra ces cristaux à la Société chimique de Londres. Quelles circonstances avaient déterminé leur formation ? On l'ignorait et on l'ignore encore. Toujours est-il que ce cas de génération spontanée des cristaux de glycérine n'est pas resté isolé; il s'est reproduit. M. Henninger a signalé la formation accidentelle de cristaux de glycérine dans une fabrique de Saint-Denis.

Il est permis de dire que cette espèce cristalline est apparue, comme ont pu le faire les espèces vivantes, à un moment donné, dans un milieu où le hasard favorable avait réuni les conditions nécessaires à sa production. Et c'est bien, en effet, quelque chose de comparable à la création d'une espèce vivante, car celle-ci, une fois apparue, a pu être perpétuée. Les individus cristallins de 1867 ont eu une postérité.

On les a semés sur de la glycérine en surfusion et ils s'y sont reproduits. Ces générations ont été assez nombreuses pour que l'espèce ait pu se répandre dans une grande partie de l'Europe. M. Hoogewerf en montrait de nombreux exemplaires, emplissant un grand flacon, aux naturalistes hollandais réunis à Utrecht, en 1891. M. L. Errera, en présentait d'autres, en juin 1899, à la Société des Sciences médicales et naturelles de Bruxelles. Aujourd'hui, la grande fabrique Sarg et Cie, de Vienne, en pratique l'élevage en grand, dans un but industriel.

Grâce à ces circonstances, cette espèce cristalline de la glycérine a donc pu être étudiée et les conditions qui lui permettent de subsister ont été déterminées avec précision. On a constaté qu'elle ne résistait pas à une température de 18°. De sorte que si l'on ne prenait des précautions pour les préserver, il suffirait d'un été pour faire disparaître tous les individus cristallins qui existent à la surface du globe et en éteindre l'espèce.

Extinction possible d'une espèce cristalline. — C'est, qu'en effet, ces cristaux fondent à 18°. Cette température représente le point de fusion de la glycérine solide ou le point de solidification de la glycérine liquide. Et cependant, la liqueur ne se solidifie point si sa température tombe au-dessous de 18°; nous le savons bien, puisque c'est la condition ordinaire où nous l'employons. Elle ne se solidifie pas davantage à 0°, ni même au-dessous de zéro, à —20°, par exemple : elle s'épaissit seulement et devient pâteuse. Nous ne connaissons donc la glycérine qu'à l'état de surfusion, et ce résultat n'est pas de ceux que les chimistes aient appris sans étonnement.

Avec ces faits, si analogues à l'apparition d'une espèce vivante, à sa propagation illimitée et à son extinction, le monde minéral nous offre une image assez fidèle du monde animé. L'être vivant éclaire ici l'histoire du corps brut et en facilite l'exposé. Et, inversement, le corps brut à son tour jette une singulière clarté sur le vivant et sur l'un des plus graves problèmes relatifs à son origine, celui de la génération spontanée.

Conclusion. — Une conclusion ressort de ces faits. Jusqu'au moment où le concours des circonstances propices à leur génération spontanée a été réalisé, les cristaux n'ont été obtenus que par filiation. Jusqu'au temps de la découverte de l'électro-magnétisme, les aimants n'ont été engendrés que par l'action d'un aimant préexistant, au moyen de la simple ou de la double touche. Avant la découverte que la fable attribue à Prométhée, tout feu nouveau n'avait été produit qu'au moyen de l'étincelle d'un feu préalable. — Nous sommes à ces débuts de l'histoire, en ce qui concerne le monde vivant; et, c'est pour cela que jamais jusqu'ici on n'a formé une seule parcelle de matière vivante, si ce n'est par filiation, grâce à l'intervention d'un organisme vivant préexistant.

LIVRE V

LA SÉNESCENCE ET LA MORT

Sommaire. — Chapitre I : Des divers points de vue sous lesquels peut être envisagée la mort. — Chapitre II : Constitution des organismes. Mort partielle. Mort collective. — Chapitre III : Caractères physiques et chimiques de la mort cellulaire. Nécrobiose. Vieillissement. — Chapitre IV : Pérennité apparente des individus complexes. — Chapitre V : Immortalité des protozoaires et des cellules peu différenciées. — Chapitre VI : Mortalité des métazoaires et des cellules différenciées.

Nous vieillissons et nous mourons ; nous voyons vieillir et disparaître les êtres qui nous entourent. Tout d'abord nous n'apercevons pas d'exceptions à cette loi inexorable et nous la considérons comme une fatalité universelle de la nature. — Mais cette généralisation est-elle bien fondée ? Est-il vrai qu'aucun être ne puisse échapper à ces cruelles nécessités de la vieillesse et de la mort, qui nous régissent et, avec nous, tous les représentants de l'animalité supérieure ? Ou, au contraire, y a-t-il des êtres immortels ? — La biologie répond qu'il y en a, en effet. Il y a des êtres à la vie desquels aucune loi n'assigne de limite ; et ce sont précisément les plus humbles, les moins différenciés et les moins parfaits. La mort apparaît, ainsi, comme un singulier privilège attaché à la supériorité organique, comme la rançon d'une savante complexité. — Au-dessus de ces êtres élémentaires, monocellulaires, indifférenciés, qui sont soustraits à la léthalité, on en trouve d'autres, déjà plus élevés en organisation, qui y sont assujettis, mais chez qui la mort ne semble qu'un accident, évitable en principe, sinon en fait. Les éléments anatomiques des animaux supérieurs sont dans ce cas. — Flourens, autrefois, avait entrepris de nous persuader que le seuil de la vieillesse devait être considérablement reculé, et voici que des naturalistes nous font entrevoir aujourd'hui une sorte de vague immortalité.

Il paraîtra donc convenable que nous entraînions notre lecteur dans l'examen de ces questions renouvelées, sinon nouvelles, et que nous nous expliquions sur ce qu'est la mort, au regard de la physiologie contemporaine, sur ses causes, ses mécanismes et ses signes.

CHAPITRE I

DES DIVERS POINTS DE VUE SOUS LESQUELS ON PEUT ENVISAGER LA MORT

Diverses acceptions du mot mort. — Distinction physiologique de la mort élémentaire et de la mort générale. — Opinions extra-scientifiques. — Point de vue de l'opinion vulgaire. — Point de vue médical. Les signes de la mort sont des signes pronostics.

Diverses significations du mot mort. — Un philosophe anglais a prétendu que le mot que nous traduisons par *Cause* n'a pas moins de soixante-quatre sens distincts dans Platon et quarante-huit dans Aristote. — Le mot de mort n'en a pas autant, dans le langage moderne ; mais il en a encore beaucoup. Il indique tantôt une action qui s'accomplit, l'action de mourir, et tantôt un état, celui qui succède à cette action. — Les phénomènes qu'il désigne sont, aux yeux de beaucoup de biologistes, tout à fait différents, suivant qu'on les envisage chez un animal d'organisation complexe, ou, au contraire, chez les êtres monocellulaires, protozoaires et protophytes.

Distinction physiologique de la mort élémentaire et de la mort générale. — On distingue la mort des éléments anatomiques, *mort élémentaire*, de la mort de l'individu envisagé dans sa totalité, *mort générale*. — Lorsqu'on la considère dans ses degrés, on reconnaît une *mort apparente* qui est une suspension incomplète et temporaire des phénomènes de la vitalité et une *mort réelle* qui est un arrêt définitif et total de ces phénomènes. Lorsqu'on la considère dans sa nature essentielle (supposée, mais non connue), on en fait le *contraire de la vie*, avec l'Encyclopédie, avec Cuvier et avec Bichat; ou, avec d'autres, soit la conséquence de la vie, soit simplement le terme de la vie.

Opinions extra-scientifiques. — Que serait-ce si nous sortions du domaine scientifique! D'abord nous trouverions la solution consolante donnée par les croyances religieuses : la mort, commencement d'une autre vie. — Puis nous verrions se heurter dans une mêlée confuse l'infinie diversité des doutes philosophiques et des superstitions. « Un saut dans l'inconnu, » dit l'un. « Une nuit sans rêves et sans conscience, » dit l'autre. « Un sommeil dont le réveil se fait plus longtemps attendre. » Pour Horace : « l'exil éternel ». Pour Sénèque, le néant : *Post mortem nihil ; ipsaque mors nihil.*

Une idée qui revient souvent au milieu de ce conflit d'opinions, c'est celle de la *dislocation* des éléments dont la réunion forme l'être vivant. Celle-là, comme nous le verrons, a un fondement réel qui peut être avoué par la science. Nous ne trouverons pas, en effet, de meilleure manière de définir la mort que de dire qu'elle consiste dans « la dissolution de la société formée par les éléments anatomiques, ou encore dans la dissolution de la conscience que l'individu possède de lui-même, c'est-à-dire de l'existence de cette société ». C'est la rupture du lien social. La dispersion, selon l'idée antique, est une variante de la même notion. Mais les anciens ne pouvaient évidemment pas entendre à notre façon la nature de ces éléments qui s'étaient associés pour former l'être vivant et que la mort libère ou disperse. Nous, biologistes, nous avons en vue des organites microscopiques, à existence objective réelle ; les anciens pensaient à des éléments spirituels, à des principes, à des entités. Pour les Romains, qui s'octroyaient, en quelque sorte, trois âmes, la mort était produite par leur séparation d'avec le corps : la première, le souffle, *spiritus*, montant vers les espaces célestes (*astra petit*) ; la seconde, l'ombre, restant à la surface de la terre et errant autour des tombeaux ; la troisième, les mânes, descendant aux enfers. La croyance des Hindous était peu différente : le corps retournait à la terre ; le souffle, au vent ; le feu du regard, au soleil ; l'âme éthérée, au monde des purs. Telles étaient les idées que l'humanité antique se formait de la dispersion mortelle.

La science moderne se place à un point de vue plus objectif. Elle se demande par quels faits, par quels événements observables se traduit la mort. D'une façon générale, il est permis de dire que ces faits interrompent un état de choses antérieur qui était la vie et qu'ils y mettent fin. La mort se définit ainsi par la vie ; elle est la cessation des événements et des phénomènes qui caractérisent la vie. Il faut donc savoir ce qu'est celle-ci pour comprendre ce qu'est celle-là. C'est la pensée très sage de Confucius, disant à son disciple Li-Kou : « Quand on ne connaît pas la vie, comment pourrait-on connaître la mort ? »

Il y a, selon la biologie, deux espèces de mort parce qu'il y a deux espèces de vie ; la vie et la mort élémentaires se correspondent entre elles comme la vie et la mort générales. Et c'est ici que l'opinion scientifique se sépare de l'opinion commune.

Qu'importe, en effet, à celui qui raisonne comme la généralité des humains, cette vie des éléments anatomiques de son corps dont rien ne lui révèle l'existence ni la sourde activité. Que lui importe leur mort ? Il s'agit, pour lui, d'une seule question angoissante, c'est d'être ou de n'être pas rayé de la société de ses semblables. La mort, c'est ne plus sentir, c'est ne plus penser, c'est être assuré que plus jamais on ne sentira, ou ne pensera. Le sommeil, le sommeil sans rêves est déjà, à nos yeux, une sorte de mort passagère ; mais, lorsqu'on s'y abandonne, on est sûr du réveil. — Il n'y a pas de réveil au sommeil de la mort. Mais ce n'est pas tout ; l'homme sait que la mort, ce sommeil sans rêves et sans réveil, sera suivi de la dissolution de son corps. Et quelle forme de dissolution pour le corps, objet de ses soins continuels ! Rappelons-nous la description de Cuvier, ces chairs qui passent au vert, au bleu, au noir ; cette partie qui s'écoule en sanie putride ; cette autre qui s'évapore en émanations infectes ; et, à la fin, ces quelques cendres qui subsistent, cette pincée de principes minéraux, salins ou terreux qui sont tout ce qui reste de ce chef-d'œuvre animé.

Point de vue de l'opinion vulgaire. — Pour l'homme anxieux de la mort, il semble, en présence d'un si grand désastre, que l'analyse patiente du physiologiste notant scrupuleusement la succession des phénomènes et en expliquant la suite, soit sans intérêt. Il n'attachera qu'une minime importance à ce que des vestiges de vitalité subsistent dans telle ou telle partie de son corps, s'ils ne peuvent avoir pour effet de rétablir dans toutes l'état de chose *ut ante*. Il lui est indifférent d'apprendre que pendant un certain temps après la constatation officielle de son décès, ses ongles continueront à croître et ses cheveux à pousser ; que ses muscles auront conservé l'inutile faculté de se contracter ; que chaque organe, chaque tissu, chaque élément opposera une résistance plus ou moins prolongée à l'envahissement de la mort.

Point de vue médical. — Ce sont pourtant ces faits, ces détails, ce comment des choses qui intéressent le physiologiste. L'état d'esprit du médecin, à cet égard, est encore différent. Lorsque, par exemple, le médecin de l'état civil déclare que telle ou telle personne est morte, c'est moins un jugement de fait qu'il émet qu'un pronostic. Combien d'éléments vivent encore et seraient capables de renaître dans ce cadavre qu'il a devant les yeux ! Ce n'est pas ce qu'il se demande, ni ce qu'on lui demande. Il sait d'ailleurs que toutes ces survies partielles s'éteindront sans avoir retrouvé les conditions de leur reviviscence et que l'organisation ne sera pas restaurée dans son activité première ; et, c'est là ce qu'il affirme. — La crainte de l'inhumation précipitée qui hante tant d'imaginations, c'est la crainte d'une erreur dans le pronostic. Et c'est pour l'éviter que la médecine pratique s'est tant préoccupée de la découverte d'un *signe certain* — et précoce — de la mort. On entend par là « la découverte d'un *signe pronostic sûr de la mort générale* ». On veut un signe pronostic permettant d'affirmer que la vie du cerveau, éteinte à ce moment, ne se ranimera point. Et cependant, il y a dans cet organisme beaucoup d'éléments qui vivent encore. Beaucoup d'autres, même, seraient susceptibles de renaître, si on leur offrait des conditions convenables qu'ils ne rencontrent plus dans la machine animale détraquée. Quel plus bel exemple en peut-on fournir que l'expérience de ce physiologiste russe, Kuliabko, faisant fonctionner et battre avec la même régularité que pendant la vie le cœur d'un homme dix-huit heures après la constatation officielle de sa mort.

CHAPITRE II

PROCESSUS DE LA MORT

Constitution des organismes, Vies partielles, Vie collective, Rôle des appareils. — Mort par lésion des grands appareils, Trépied vital. — Solidarité des éléments anatomiques, Solidarité humorale, Solidarité nerveuse. — Indépendance et subordination des éléments anatomiques.

Vies partielles. Vie collective. — A l'exception du physiologiste, personne, ni l'homme ignorant ou instruit, ni le médecin, ne se soucie de la vie ou de la mort des éléments, qui est pourtant la base, le fond réel de l'activité manifestée par le corps social et par ses divers organes. La vie de l'individu, de l'animal repose sur ces vies partielles élémentaires, comme l'existence de l'Etat sur celle des citoyens. Au regard du physiologiste l'organisme est une fédération d'éléments cellulaires réunis dans une association étroite. Gœthe le comparait à une « multitude »; Kant, à une « nation »; d'autres l'ont assimilé à une cité populeuse, dont les éléments anatomiques sont les citoyens et qui possède une individualité propre. En sorte que l'activité de cet organisme fédératif peut être envisagée dans chacun de ses membres, et c'est alors la *vie élémentaire*, ou dans son ensemble, et c'est alors la *vie générale*. Paracelse et Bordeu avaient eu une lueur de cette vérité, lorsqu'ils considéraient une vie propre à chaque partie (*vita propria*) et une vie collective, la vie de l'ensemble (*vita communis*). De même devons-nous distinguer la *mort élémentaire* qui est la cessation des phénomènes vitaux dans la cellule isolée et la *mort générale* qui est la disparition des phénomènes qui caractérisaient la collectivité, l'ensemble, la fédération, la nation, la cité, le tout en tant qu'unité.

Ces comparaisons font comprendre comment la vie générale dépend des vies partielles de chaque citoyen anatomique. Si tous meurent, il n'y a évidemment plus de nation, de fédération, d'être total. Cette cité est prodigieusement peuplée — il y a trente trillions de cellules dans le corps de l'homme —; elle est peuplée de citoyens absolument sédentaires dont chacun a sa place fixée, où il vit et meurt sans la pouvoir quitter. Elle doit posséder un système de dispositions plus ou moins parfait pour assurer la vie matérielle de chaque habitant. Tous ont des besoins analogues ; ils se nourrissent à peu près de même, ils respirent de la même façon ; chacun, à la vérité, a son métier, son industrie, ses aptitudes, ses talents, par lesquels il contribue à la vie sociale et par lesquels il en dépend à son tour. Mais la base de l'alimentation est la même pour tous ; il leur faut de l'eau, des matériaux azotés et ternaires analogues, les mêmes substances minérales, le même gaz vital, l'oxygène. — Il n'est pas moins nécessaire que les déchets et les egesta, très semblables en tous points, soient enlevés et emportés aux décharges disposées pour débarrasser l'agglomération de l'incommodité, de l'insalubrité et du danger de ces résidus.

Organisation secondaire en appareils. — C'est pour cela, comme on l'a dit plus haut, qu'existent les organisations secondaires de l'économie : l'appareil digestif qui prépare la nourriture et la fait pénétrer dans le sang, dans la lymphe et finalement dans l'atmosphère liquide qui baigne chaque cellule et constitue son milieu véritable; l'appareil respiratoire, qui importe l'oxygène et exporte l'excrément gazeux, l'acide carbonique; le cœur et la canalisation circulatoire qui distribue partout le milieu intérieur convenablement épuré et ravitaillé. L'organisation est dominée par les nécessités de la vie cellulaire. C'est la loi de la cité, que Claude Bernard a exprimée sous le nom de *loi de constitution des organismes*.

Mort par lésion des grands appareils. Trépied vital. — On comprend par là ce qu'est la vie — et, du même coup, ce qu'est la mort d'un être vivant complexe. La cité périt, si les mécanismes plus ou moins compliqués qui présidaient à son ravitaillement et à sa décharge sont gravement atteints en quelque point. Les divers groupes peuvent survivre plus ou moins longtemps, mais, privés progressivement des moyens de s'alimenter ou de s'exonérer, ils sont enfin entraînés dans la ruine générale. — Que le cœur s'arrête : c'est la famine universelle. — Que le poumon soit gravement lésé : c'est l'asphyxie pour tous. — Que le principal instrument de décharge, le rein, cesse de fonctionner : c'est l'empoisonnement général par les matériaux usés et toxiques retenus dans le sang.

On conçoit comment l'intégrité des grands appareils, le cœur, le poumon, le rein, est indispensable au maintien de l'existence. On comprend que leur lésion, par une série de répercussions successives, entraîne la mort universelle. — On meurt toujours, disaient les anciens médecins, par suite de la faillite de l'un de ces trois organes : le cœur, le poumon, le cerveau. La vie, disaient-ils, dans leur langage imprécis, repose sur eux, comme sur trois étais. De là la notion du *trépied vital.*

Mais ce n'est pas seulement ce trio d'organes qui

soutient l'organisme; le rein, le foie, n'ont pas moins d'importance. A des degrés divers, chaque partie exerce son action sur toutes les autres. La vie repose en réalité sur l'immense multitude des cellules vivantes associées pour la formation du corps; sur les trente trillions d'éléments anatomiques qui vivent par eux-mêmes. Chaque partie est plus ou moins nécessaire à toutes les autres, suivant que le lien de solidarité est plus ou moins étroit dans l'organisme considéré.

Mort par le cerveau. — A la vérité, il y a des éléments plus nobles, chargés de fonctions plus élevées que les autres; ce sont les éléments nerveux. Ceux du cerveau président aux fonctions supérieures de l'animalité, à la sensibilité, au mouvement volontaire, à l'exercice de l'intelligence. Le reste du système nerveux constitue un instrument de centralisation qui établit les relations des parties les unes avec les autres et en assure la solidarité. Quand le cerveau est atteint, et que ses fonctions sont abolies, l'homme a perdu la conscience de son existence. Il semble que la vie ait disparu; nous disons d'un homme dans ce cas, qu'il ne vit plus, confondant ainsi la vie générale avec la vie cérébrale qui en est la manifestation la plus haute. — Mais l'homme ou l'animal excérébrés vivent pourtant de ce que l'on a appelé une sorte de vie végétative. Le fœtus humain anencéphale subsiste quelque temps comme celui qui est bien constitué. Toutefois, l'observation montre que cette existence des autres parties du corps ne peut se soutenir indéfiniment en l'absence de celle du cerveau. — Par une série de ressauts due à l'agencement solidaire des parties, l'atteinte matérielle portée au cerveau se répercute sur les autres organes et aboutit, en fin de compte, à l'arrêt de la vie élémentaire dans tous les éléments anatomiques. La mort universelle est alors consommée.

Les médecins ont donc deux fois raison de dire que

l'on meurt par le cerveau. La mort du cerveau supprime les manifestations les plus hautes de la vie; et en second lieu, elle supprime, par contre-coup plus ou moins lointain, la vie dans toutes les autres parties.

La mort est un processus. — D'ailleurs, c'est là un fait général. La mort d'une partie entraîne habituellement la mort des autres, c'est-à-dire la mort universelle. Un organisme vivant ne peut être en même temps un cimetière; les cadavres n'y peuvent pas subsister à côté des éléments sains: le mort contamine le vivant ou, de quelque autre façon, l'entraîne dans sa ruine. La mort se propage. C'est un phénomène progressif qui commence en un point et s'étend à l'ensemble. Elle a un début et une durée. En d'autres termes, la mort d'un organisme complexe est un processus. — Il y a plus, la fin d'un organisme simple, d'un protozoaire, d'une cellule est elle-même un processus, infiniment plus raccourci.

C'est donc la perfection même de l'organisme qui en fait la fragilité; c'est le degré de solidarité des parties entre elles, qui entraîne les unes dans la catastrophe des autres, comme, dans un mécanisme délicat, le dérangement d'un rouage amène de proche en proche le détraquement total. Les pièces maîtresses, le poumon, le cœur, le cerveau ne souffrent pas d'altération grave sans que le contre-coup n'en retentisse partout; mais il y a aussi des rouages moins évidents dont l'intégrité n'est guère moins nécessaire.

Solidarité des éléments anatomiques. — La cause du processus mortel, c'est-à-dire de l'extension et de la propagation d'une destruction initiale, réside donc dans la solidarité des parties de l'organisme. Plus celle-ci est étroite, plus aussi s'accroissent les chances de destruction, puisque l'accident survenu à quelques-uns a sa répercussion sur les autres.

Or, la solidarité des parties de l'organisme a deux moyens d'exécution. Il y a une *solidarité humorale*; il y a une *solidarité nerveuse*.

Solidarité humorale. — La solidarité humorale est réalisée par le mélange des humeurs. Tous les liquides de l'organisme qui sont logés dans les interstices des éléments et imbibent les tissus, sont en contact et en rapport d'échange les uns avec les autres, et, à travers la paroi perméable des petits vaisseaux, en rapport avec le sang et la lymphe. Toutes les atmosphères liquides qui entourent les cellules et forment leur milieu ambiant communiquent entre elles. Un changement survenu dans un groupe cellulaire et, par suite, dans le liquide correspondant, modifie le milieu des groupes plus ou moins voisins et par conséquent ces groupes eux-mêmes.

Solidarité nerveuse. — Mais le véritable instrument de la solidarité des parties, c'est le système nerveux. C'est grâce à lui que, dans la machine vivante, les activités composantes de la multitude cellulaire se contiennent, se brident les unes les autres. La solidarité nerveuse fait de l'être complexe, non pas une cohue de cellules, mais un système lié, un individu où les parties sont subordonnées au tout, et le tout aux parties, où l'organisme social a ses droits comme l'individu a les siens. Tout le secret du fonctionnement vital de l'être complexe est contenu dans ces deux facteurs : indépendance et subordination des vies élémentaires. La vie générale est le concert des vies élémentaires, leur symphonie.

Indépendance et subordination des éléments anatomiques. — L'indépendance des éléments anatomiques résulte de ce qu'ils sont les véritables dépositaires des propriétés vitales, les composants réellement actifs.

D'autre part, la subordination des parties à l'ensemble est la condition même de la conservation de la forme chez les animaux et les plantes. L'architecture qui leur est propre, le plan morphologique qu'ils réalisent dans leur développement évolutif, qu'ils conservent et réparent continuellement, en sont une preuve qui éclate aux yeux. Cette dépendance n'est nullement contradictoire à l'autonomie de l'élément; car, lorsqu'avec Claude Bernard et Virchow nous en étudions les circonstances, nous voyons que l'élément s'accommode au plan organique sans forcer sa nature. Il se comporte dans sa place naturelle comme il se comporterait ailleurs, si ailleurs il rencontrait autour de lui le même milieu liquide à la fois excitant et nourricier. C'est au moins la conclusion que permettent les expériences de transplantation ou de greffe animale et végétale. Ni les éléments voisins ni l'ensemble n'agissent sur lui à distance par une sorte d'induction incompréhensible, comme le professent les vitalistes, pour régler l'activité de l'élément : ils contribuent seulement à la composition de l'atmosphère liquide qui le baigne, ils interviennent pour lui fournir un certain milieu dont la constitution physique et chimique très particulière règle son activité. Cette constitution pourra être imitée par les artifices de l'expérimentateur. Le jour où ce résultat sera atteint, l'élément anatomique vivra dans l'isolement exactement de la même manière qu'il vit dans l'association organique, et le lien mystérieux qui le rend solidaire du reste de l'économie deviendra intelligible. On pourra, à la vérité, reculer plus ou moins loin dans l'avenir l'échéance de cette prophétie, mais il n'est pas douteux que chaque jour nous en rapproche.

La vie générale de l'être complexe est donc la synergle plus ou moins parfaite, le *processus ordonné* des vies élémentaires. La mort générale est la dislocation de ces vies partielles. Le système nerveux, instrument de ce concert des parties, représente le lien social. Il tient la plupart des éléments partiels sous sa dépendance et il est ainsi l'intermédiaire de leurs relations. Plus cette dépendance est étroite, mieux est développé l'appareil nerveux et, mieux aussi est assurée la solidarité universelle et par conséquent l'unité de l'organisme. La fédération cellulaire prend le caractère d'une individualité unique en proportion du développement de cette centralisation nerveuse. Avec un système nerveux idéalement parfait, la corrélation des parties atteindrait aussi sa perfection. « Aucune d'elles, selon le mot de Cuvier, ne devrait éprouver de changement sans que toutes les autres changent aussi. »

Mais cette solidarité extrême des parties de l'économie vivante n'est réalisée chez aucun animal. C'est un rêve de philosophe. C'est celui de Kant pour qui l'organisme parfait devrait être « un système téléologique, un système de fins et de moyens réciproques, un ensemble de parties existant pour et par les autres, pour et par le tout. Un organisme si complètement lié ne serait probablement pas viable. En fait, les organismes vivants présentent un peu plus de liberté dans le jeu de leurs parties ; leur appareil nerveux n'atteint heureusement pas cette perfection rêvée ; leur unité n'est pas si rigoureuse. La notion d'individualité, d'existence individuelle, n'est donc pas absolue. Elle est relative. Elle offre tous les degrés. Le développement du système nerveux en donne la mesure.

Ce que le vulgaire et le médecin lui-même entendent par la mort, c'est la situation créée par l'arrêt des rouages généraux, le cerveau, le cœur, le poumon. Si l'haleine ne ternit plus la glace qu'on lui présente, si les battements du cœur ne sont plus perceptibles à la main qui palpe ou à l'oreille qui ausculte, si le mouvement et les réactions de la sensibilité ont cessé de se manifester, ces signes feront conclure à la mort. Mais cette conclusion, comme on l'a dit plus haut, est un pronostic, plutôt qu'un jugement de fait. Elle exprime que le sujet mourra sans rémission, et non pas qu'il est mort d'ores et déjà. Pour le physiologiste, le sujet est seulement en train de mourir, le processus est engagé. Il n'y a de mort véritable que lorsque la mort universelle de tous les éléments est consommée.

CHAPITRE III

CARACTÈRES PHYSIQUES ET CHIMIQUES DE LA MORT CELLULAIRE
NÉCROBIOSE. — VIEILLISSEMENT

Caractères de la vie élémentaire. — Changements produits par la mort dans la composition et la mort de la cellule. — Schlemm, Lœvet, Bokorny, Pflüger, A. Gautier, Duclaux. — Caractère processif de la mort. — Mort accidentelle : Nécrobiose, Atrophie, Dégénérescence. — Prétendue mort naturelle : Sénescence. Théorie de la sénescence de Metchnikoff. Objections.

La mort élémentaire n'est autre chose que la suppression dans l'élément anatomique de *tous* les phénomènes de la vitalité.

Caractères de la vie élémentaire. — Ces traits caractéristiques de la vie élémentaire ont été suffisamment fixés par la science. — C'est, d'abord, l'*unité morphologique*. Tous les éléments vivants ont une composition morphologique identique, c'est-à-dire que la vie ne s'accomplit et ne se soutient, dans toute sa plénitude, que dans des organites ayant la constitution anatomique de la cellule, avec son cytoplasme et son noyau, constitués sur le type classique. — C'est, en second lieu, l'*unité chimique*. La matière constitutive de la cellule s'écarte peu d'un type chimique, qui est un complexus protéique, à noyau hexonique, et d'un modèle physique, qui est une émulsion de liquides granuleux, non miscibles, de viscosité différente. — Le troisième caractère consiste dans la possession d'une *forme spécifique*, que l'élément acquiert, conserve et répare. — Le quatrième caractère, peut-être le plus essentiel de tous, consiste dans la *propriété d'accroissement* ou *nutrition*, avec sa conséquence, qui est une relation d'échanges avec le milieu extérieur, échanges dans lesquels l'oxygène joue un rôle considérable. — Vient enfin une dernière propriété, celle de *reproduction*, qui est, dans une certaine mesure, la conséquence nécessaire de la précédente, c'est-à-dire de l'accroissement.

Ces cinq caractères vitaux des éléments, ils existent avec leur maximum d'évidence chez les cellules vivant isolément, chez les êtres microscopiques formés d'une cellule unique, protophytes et protozoaires. Mais, on les retrouve aussi dans les associations que les cellules forment entre elles, c'est-à-dire dans les animaux et les plantes ordinaires, complexes, polycellulaires, appelés, en raison de cette circonstance, métaphytes et métazoaires. Libres ou associés, les éléments anatomiques se comportent de même, se nourrissent, s'accroissent, respirent, digèrent de la même façon. A la vérité, le groupement des cellules, les relations de voisinage et de contiguïté qu'elles affectent, introduisent alors quelques variantes dans l'expression des phénomènes communs. Mais ces légères différences ne sauraient dissimuler la communauté essentielle des processus vitaux.

La majorité des physiologistes, à la suite de Claude Bernard, admettent pour valable et convaincante la démonstration que l'illustre expérimentateur a fournie de cette unité des processus vitaux. Il y a cependant quelques protestataires isolés : M. Le Dantec en est un. Dans sa théorie nouvelle de la vie, il amplifie, il exalte les différences qui existent entre la vie élémentaire des protozoaires et la vie associée des métazoaires : il ne veut y voir que contrastes et divergences.

Si telle est la vie élémentaire, demandons-nous ce que c'est que la *mort élémentaire*, c'est-à-dire la mort de la cellule. Posons-nous, à ce propos, les questions que l'on a précisément à examiner à l'occasion des animaux élevés en organisation et de l'homme lui-même. Quels sont les caractères de la mort élémentaire ? Lorsque la cellule meurt, sa mort est-elle précédée d'un vieillissement ou sénescence ? Quels en sont les signes avant-coureurs et les symptômes confirmés ?

Changements produits par la mort. — L'état de mort n'est vraiment réalisé que lorsque les propriétés fondamentales de la matière vivante énumérées plus haut ont entièrement disparu. Il faut suivre pas à pas cette disparition dans tous les éléments anatomiques du métazoaire.

Or, les propriétés de la cellule sont liées à l'organisation physique et chimique de la matière vivante. Il faut, pour qu'elles disparaissent entièrement, que cette organisation soit détruite en ce qu'elle a d'essentiel. On ne saurait admettre à la façon des vitalistes qu'il n'y a aucune différence matérielle entre le mort et le vivant, et que seul un principe immatériel qui s'est échappé dans les airs, distingue le cadavre de l'être animé. A la vérité, la configuration extérieure pourra être à peu près sauve et le cadavre pourra conserver l'aspect et les formes de l'état précédent. Mais ce n'est là qu'une trompeuse apparence. Il y a, en réalité, quelque chose de changé. La structure, la composition chimique de la matière vivante ont subi des modifications essentielles.

Quels sont ces changements ?

Changements physiques. — Certains physiologistes

ont essayé de les déterminer. — Un botaniste Klemm, en 1895, a signalé les changements physiques qui caractérisent la mort des cellules végétales, la perte de la turgescence, la fragmentation du protoplasme, la formation de granules, l'apparition de vacuoles.

Changements chimiques. — O. Loew et Bokorny en 1886 et en 1896, se sont attachés plus spécialement aux changements chimiques. Le protoplasme vivant, suivant eux, est un composé protéique instable. Un léger changement détacherait de la molécule albuminoïde un noyau ayant la fonction d'aldéhyde, et transformerait en même temps un groupe amidé en groupe imidé. — Cela suffirait pour que le protoplasme passe de l'état vivant à l'état cadavérique. — Cette théorie se fonde sur ce que les composés qui exercent une action toxique sur la cellule vivante sans agir chimiquement sur l'albumine morte, sont fixés facilement par les aldéhydes, et sur ce que beaucoup de ceux qui attaquent en même temps les albuminoïdes vivants et l'albumine morte se combinent facilement aux groupes amidés.

Un autre savant célèbre en Allemagne, E. Pflüger a considéré la matière vivante comme une albumine spontanément décomposable, dont le noyau essentiel est formé par le cyanogène. L'instabilité active de celle-ci serait due à la pénétration dans la molécule de l'oxygène qui se fixe sur le carbone et le sépare de l'azote. Armand Gautier n'a pas confirmé ces vues. — M. Duclaux (1898) a avancé que la différence de l'albumine vivante et de l'albumine morte serait d'ordre stéréochimique.

Caractère progressif de la mort. — *Mort accidentelle.* — On a vu qu'en général, la disparition des caractères de la vitalité n'est pas instantanée, au moins dans le cours naturel des choses, dans les organismes complexes; elle est l'aboutissant d'un processus plus ou moins rapide. Mais la mort n'est pas instantanée non plus, dans l'élément anatomique isolé, dans le protozoaire ou le protophyte. Il faut recourir à des artifices de destruction d'une grande violence pour tuer d'un coup une cellule, pour ne laisser subsister absolument rien de son organisation. Le protoplasme de levure violemment broyé par Buchner possède encore la faculté de sécréter des ferments solubles. Une action chimique puissante, une température très élevée sont obligatoires pour obtenir le résultat. A plus forte raison la difficulté s'accroît-elle dans le cas des organismes complexes dont tous les éléments vivants ne peuvent pas être atteints au même instant par la cause vulnérante. — Une action mécanique, capable de broyer, d'un coup, toutes les parties vivantes d'un être complexe, d'un animal, d'une plante, devrait posséder une puissance à peine concevable. Le choc du marteau-pilon des usines métallurgiques n'y réussirait pas encore.

Une altération chimique produite par une substance très toxique répandue dans le sang et amenée ainsi au contact de chaque élément, produirait une désorganisation qui, si rapide qu'elle soit, ne saurait passer pour instantanée. — Les agents physiques sont dans le même cas.

Mais ce ne sont point là des procédés de la nature en régime normal; ce sont des accidents ou des artifices. Nous en écarterons la considération et ce sera seulement des procédés naturels de destruction de l'organisme qu'il sera question ici.

Nous l'imaginons placé dans un milieu approprié à ses besoins et suivant, sans complications intercurrentes, l'évolution qui lui est assignée par sa constitution.

L'expérience nous enseigne que cette évolution naturelle aboutit, dans tous les cas connus, à la mort. La mort survient plus tôt ou plus tard. Pour les êtres élevés en organisation et que nous rapprochons plus ou moins de l'homme, nous constatons qu'ils meurent de maladie, d'accident ou de vieillesse. Et comme la maladie est un accident, la question se pose de savoir si ce que nous appelons la vieillesse, n'en est pas un aussi.

Quoi qu'il en soit, le processus mortel n'étant jamais instantané, a une durée, un commencement, un développement, une fin; en un mot, une histoire. Il constitue une phase intermédiaire entre la vie parfaite et la mort avérée.

Nécrobiose. — *Atrophie.* — *Dégénérescence.* — Le processus, suivant les circonstances, peut être abrégé ou allongé. Lorsque la mort est le résultat d'une action brutale, les événements se précipitent. Les transformations physiques et chimiques de la matière vivante constituent une sorte d'altération aiguë que Schultze et Virchow ont appelée *nécrobiose*. Les pathologistes en ont distingué deux espèces : la *nécrobiose par destruction*, par *atrophie simple*, qui fait disparaître graduellement les éléments anatomiques sans leur faire subir de modifications appréciables ; et la *nécrobiose par dégénérescence*, qui transforme le protoplasme en matière grasse, en matière calcaire, en granulations (dégénérescence graisseuse, calcification, dégénérescence granuleuse). — Il n'y a pas de désaccord quant aux causes de cette nécrobiose. Elles sont toujours accidentelles : elles ont leur origine dans les circonstances extérieures. C'est l'insuffisance des matériaux alimentaires, de l'eau, de l'oxygène ; c'est la présence, dans le milieu, de poisons véritables, destructeurs de la matière organisée; c'est la violente intervention des agents physiques, chaleur, électricité; c'est le contre-coup sur la composition de l'atmosphère cellulaire de quelque atteinte brutale portée à quelque organe essentiel, cœur, poumon, rein.

Sénescence. Vieillesse. — Dans une seconde catégorie, il faut placer les processus mortels à marche très lente, dans lesquels on ne peut pas saisir l'intervention d'agents perturbateurs nettement accidentels et anormaux. La mort paraît être l'aboutissant d'une déchéance qui se fait par degrés insensibles, par suite de l'accumulation progressive de très petites perturbations inappréciables. Cette déchéance traînante mérite le nom de vieillissement ou de sénescence. Les altérations par lesquelles elle se traduit dans la cellule, sont surtout *atrophiques*, mais elles s'accompagnent pourtant aussi de diverses formes de dégénérescence. Une question extrêmement importante se pose à leur sujet. C'est de savoir si les phénomènes de sénilité ont leur cause dans la cellule même, si elles sont fatalement inscrites dans son organisation, et par conséquent si la vieillesse et la mort sont des phénomènes naturels et nécessaires. Au contraire, doit-on les considérer comme dus à une altération progressive du milieu, dont le caractère serait accidentel, bien que fréquent ou habituel ? C'est en un mot le problème qui a si souvent préoccupé les biologistes philosophes : La vieillesse et la mort sont-elles des phénomènes fatals et naturels ?

Les expériences récentes de Lœb, de Calkins, et toutes les observations similaires tendent à attribuer à ce phénomène du vieillissement le caractère d'un accident remédiable. Mais le remède n'est pas trouvé, et l'animal succombe finalement à ces lentes transformations de ses éléments anatomiques : on dit alors qu'il *meurt de vieillesse.*

Théorie de la sénescence de Metchnikoff. Objections. — M. Metchnikoff a proposé une théorie du mécanisme de cette sénescence générale. Les éléments du tissu conjonctif, phagocytes, macrophages, qui existent partout autour des éléments anatomiques spécialisés et plus nobles, les détruiraient et dévoreraient ces derniers, dès que leur vitalité fléchit. Ils prendraient leur place. Dans le cerveau, par exemple, ce seraient les phagocytes qui, s'attaquant aux cellules nerveuses, désorganiseraient ces éléments nobles devenus incapables de se défendre. Cette substitution du tissu conjonctif, qui ne possède que des propriétés végétatives d'ordre banal, au tissu nerveux qui en possède de très élevées, a pour résultat une déchéance évidente. L'élément grossier à vitalité brutale et énergique étouffe l'élément affiné et supérieur.

Cette éviction est un fait très réel : il constitue ce que l'on nomme la sclérose sénile. Mais le rôle actif que lui attribue M. Metchnikoff dans le processus de la dégénérescence n'est pas aussi certain. Un observateur spécialisé dans l'étude microscopique du système nerveux, M. Marinesco, n'accepte pas cette interprétation, en ce qui concerne la sénescence des éléments du cerveau. Le rapetissement de la cellule, la diminution du nombre de ses granulations colorables, la chromatolyse, la formation de substances inertes pigmentées, tous ces phénomènes qui caractérisent la déchéance des cellules cérébrales, s'accompliraient, suivant cet observateur, en dehors de l'intervention des éléments conjonctifs phagocytes.

Le caractère de processus extensif et progressif que présente la mort fait que, dans un organisme complexe qui en est la proie, il y a côte à côte des cadavres et des vivants cellulaires. De même, dans un organisme qui vieillit, il y a des éléments jeunes, des éléments de tout âge à côté des éléments séniles. Tant que la désorganisation de ceux-ci n'est pas poussée trop loin, ils peuvent être rajeunis. Il suffit de leur rendre un milieu ambiant approprié. Le tout est de bien connaître et de pouvoir réaliser, pour telle ou telle partie que l'on veut ranimer et rajeunir, les conditions très spéciales ou très délicates que doit remplir ce milieu. C'est, comme nous l'avons dit, ce à quoi on a réussi, en ce qui concerne le cœur, par exemple. Et c'est pourquoi on peut ranimer et faire revivre le cœur d'un mort. On peut espérer que ce genre de notions s'étendra avec les progrès de la physiologie.

Après cette esquisse des conditions et des variétés de la mort cellulaire, il nous faut revenir au problème essentiel qui se pose à la curiosité des biologistes et des philosophes : La mort est-elle une fatalité inéluctable ? Est-elle la conséquence obligatoire de la vie elle-même, son aboutissant fatal, son terme nécessaire ?

Il y a deux procédés à suivre pour essayer de résoudre cette question de la fatalité de la mort. — Le premier est de s'adresser à l'observation vulgaire, pratiquée pour ainsi dire sans lumières et sans précautions spéciales. — Le second est d'analyser tout ce que nous savons relativement aux conditions de la vie élémentaire.

CHAPITRE IV

PÉRENNITÉ APPARENTE DES INDIVIDUS COMPLEXES

Arbres millénaires. — Plantes à rhizome défini. — Végétaux reproduits par bouture. — Colonies animales. — Destruction due aux causes extrinsèques. — Difficulté de l'interprétation.

L'opinion vulgaire nous enseigne que les êtres vivants n'ont qu'une existence passagère, et, selon le mot d'un poète, que la vie n'est qu'un éclair entre deux nuits profondes. Mais, d'autre part, une très facile observation nous montre ou paraît nous montrer des êtres dont la durée d'existence est de plus en plus longue, et, pratiquement, illimitée.

Arbres millénaires. — On connaît des arbres d'une antiquité vénérable. Parmi ces patriarches du monde végétal, on signale un châtaignier de l'Etna qui est vieux de dix siècles, et un if, en Écosse, dont l'âge est évalué à trente siècles. Les arbres dont la durée approche de cinq mille ans ne sont pas absolument rares. On peut citer, parmi ceux qui se trouvent dans ce cas, le dragonnier d'Orotava, dans l'île de Ténériffe. On en connaît deux autres exemples en Californie, le pseudo-cèdre ou *Tascodium* de Sacramento et un *Sequoia gigantea*. On sait que l'olivier peut vivre sept cents ans. On a signalé des cèdres de huit cents ans et des chênes de quinze cents ans.

Plantes à rhizome. — Des espèces végétales d'une durée de vie presque illimitée s'offrent sans cesse à l'observation des botanistes. Telles sont les plantes à rhizome défini, comme le colchique. Le colchique automnal a une tige souterraine dont le bulbe pousse chaque année de nouveaux axes pour une nouvelle floraison ; et, chacun de ces nouveaux axes atteignant une longueur à peu près constante, un botaniste a pu se proposer le singulier problème de savoir combien de temps il faudrait à un même pied, convenablement dirigé, pour arriver à faire le tour du globe.

Végétaux reproduits par boutures. — Les végétaux reproduits par boutures fournissent un autre exemple d'êtres vivants d'une durée indéfinie. Tous les saules pleureurs qui ornent les bords des pièces d'eau dans les parcs et les jardins de l'Europe entière, proviennent directement ou indirectement des boutures du premier *Salix Babylonica* introduit dans nos pays. Ne peut-on pas prétendre qu'ils sont les fragments permanents de cet unique et même saule ?

Colonies animales. — Ces exemples, aussi bien que ceux que fournit aux zoologistes la considération des polypiers qui ont produit, par leur lente croissance, les récifs ou *atolls* des mers de la Polynésie, ne prouvent pourtant pas la pérennité des êtres vivants. L'argument est sans valeur, car il est fondé sur une confusion. Il équivoque sur la difficulté que les naturalistes éprouvent à définir l'individu. Le chêne, le polypier ne sont pas des individus simples, mais des associations d'individus ; ou, suivant l'expression de Hegel, des nations dont nous observons les générations successives. Nous faisons de cette succession de générations une existence unique, et notre raisonnement revient à conférer à chaque citoyen actuel de ce corps social l'antiquité qui appartient à son ensemble.

Destruction de l'individu social due à des causes extrinsèques. — Quant à la destruction, à la mort de cet individu social, de cet arbre centenaire, il semble, effectivement, que rien n'en fasse une nécessité naturelle. On trouve la raison suffisante de sa fin habituelle dans la répercussion sur l'individu de circonstances extérieures et contingentes. La cause de la mort d'un arbre, d'un chêne plusieurs fois centenaire, réside dans les conditions ambiantes et non point dans quelque condition interne. Le froid et la chaleur, l'humidité et la sécheresse, le poids de la neige, l'action mécanique de la pluie, de la grêle, des vents déchaînés et de la foudre ; les ravages des insectes et des parasites : voilà les véritables artisans de sa ruine. De plus, les rameaux nouveaux, poussés chaque année, accroissant la charge du tronc, aggravent la pression des parties et rendent plus difficile le mouvement de la sève. Sans ces obstacles, étrangers, pour ainsi dire, à l'être végétal lui-même, celui-ci pourrait continuer indéfiniment à fleurir, à fructifier et à pousser, au retour de chaque printemps, de nouveaux bourgeons.

Difficulté de l'interprétation. — Dans cet exemple, comme dans tous les autres, il faut savoir quelle est la nature des êtres que nous voyons durer et braver les siècles ; est-ce l'individu, est-ce l'espèce ? Est-ce un être vivant proprement dit, ayant son unité et son individualité, ou est-ce une série de générations qui se succèdent dans le temps et s'étendent dans l'espace ? En un mot, la question est de savoir si nous avons affaire à un arbre vrai ou à un arbre généalogique. L'incertitude est la même lorsqu'il s'agit des animaux. L'être durable est-il une suite de générations ou un individu ?

Ce doute rend impossible toute conclusion tirée de l'observation des êtres complexes.

Il faut donc en revenir à l'*être élémentaire* et l'examiner au point de vue de la pérennité ou de la caducité vitale.

Posons-nous, à son propos, les questions que nous avons examinées précédemment à l'occasion des animaux élevés en organisation et de l'homme lui-même. La mort de la cellule a-t-elle un caractère de nécessité, de fatalité ? Existe-t-il des cellules, des protophytes, des protozoaires qui soient immortels ?

CHAPITRE V

IMMORTALITÉ DES PROTOZOAIRES

Impossibilité de la vie sans évolution. — Loi de l'accroissement et de la division. — Immortalité des protozoaires. — La mort, phénomène d'adaptation apparu au cours des âges. — Les Infusoires. — La mort des Infusoires. — Les deux modes de reproduction. — Le rajeunissement caryogamique de Maupas. — Le rajeunissement de Calkins. — Causes de sénescence.

Impossibilité de la vie sans évolution. — On se rend compte, *à priori*, des conditions que devrait remplir un être mono-cellulaire pour échapper à la fatalité de l'évolution, de la succession des âges, de la vieillesse et de la mort. — Il faudrait qu'il pût se maintenir indéfiniment en régime normal, sans changer, sans s'accroître, gardant une composition morphologique et chimique constante, dans un milieu qui serait assez vaste pour n'être pas altéré par les emprunts ou les versements résultant de sa nutrition, c'est-à-dire pour rester constant en présence de l'être constant. On pourrait concevoir une nutrition assez parfaite, des échanges assez précis et assez réguliers pour que l'état des choses se maintînt indéfiniment. Ce serait l'absolue permanence réalisée dans la mobilité vitale.

Loi de l'accroissement et de la division. — Ce modèle de machine parfaite et invariable n'existe pas dans la nature. La vie est incompatible avec l'absolue permanence des dimensions et des formes de l'organisme vivant.

En un mot, c'est une loi rigoureuse de la nature vivante qui veut que *la cellule ne puisse vivre indéfiniment sans s'accroître, ni s'accroître indéfiniment sans se diviser.*

Pourquoi en est-il ainsi? Pourquoi cette impossibilité d'un régime régulier où la cellule se maintiendrait en grandeur sans diminuer ni augmenter? Pourquoi la nutrition a-t-elle pour conséquence obligatoire la croissance de l'élément? C'est ce que nous ne savons pas positivement.

Les choses sont telles. — C'est un fait irréductible, particulier au protoplasme, un caractère de la matière vivante de la cellule ; c'est la base fondamentale de la propriété de génération. — Il n'y a pas autre chose à en dire.

Les êtres vivants réels ont donc fatalement une évolution ; ils ne sont pas immuables. A son degré le plus simple, cette évolution consiste dans le fait que la cellule grandit, se divise, et, diminuée par cette division, recommence sa marche ascendante qui aboutira à une division nouvelle. Et ainsi de suite.

Immortalité des protozoaires. — Il peut arriver, et il arrive en effet, que cette série d'actes se répète indéfiniment, à moins qu'une cause accidentelle ne vienne l'interrompre. L'animal décrit ainsi une courbe indéfinie, constituée par une série de dentelures dont le culmen répond au maximum de taille et le point le plus bas à la diminution qui succède à la division. — Cet état de choses n'a pas de fin obligatoire, si le milieu ne change pas. L'être est immortel.

En fait, les êtres composés d'une cellule unique, protophytes et protozoaires, les algues et les champignons unicellulaires, au minimum de différenciation, échappent à la nécessité de la mort. Ils n'ont pas, sans doute, comme le remarque Weissmann, l'immortalité idéale des dieux de la mythologie qu'aucune blessure ne pouvait atteindre. Au contraire, ils sont infiniment vulnérables, fragiles, et périssables ; il en meurt à chaque instant des myriades. Mais leur mort n'est pas fatale ! Ils succombent à des accidents : jamais à la vieillesse.

Imaginons un de ces êtres placé dans un milieu de culture favorable au plein exercice de ses activités, et, d'ailleurs, d'une assez grande étendue pour n'être pas affecté par les infimes quantités de matériaux que l'animal pourra y puiser ou y rejeter. Que ce soit, par exemple, un infusoire dans un océan. Dans ce milieu invariable, l'être vit, s'accroît, grandit incessamment. Quand il a atteint les limites de taille fixées par son statut spécifique, il se divise en deux moitiés que rien ne distingue entre elles. Il laisse une de ses moitiés coloniser dans son voisinage, et il recommence la même évolution. Il n'y a pas de raison pour que le fait ne se répète pas indéfiniment, puisque rien n'est changé ni dans le milieu ni dans l'animal.

En résumé, les phénomènes qui s'accomplissent dans la cellule du protozoaire ne comportent pas de cause d'arrêt. Le milieu permet à l'organisme de se ravitailler et de se décharger de telle manière, avec une telle perfection, que l'animal est toujours en régime régulier, et que, sauf son accroissement et, ultérieurement, sa division, il n'y a rien de changé en lui.

La mort, phénomène d'adaptation, apparu au cours des âges. — L'immortalité appartient ainsi, en principe, à tous les protistes qui se reproduisent par division simple et égale. Si l'on remarque que ces organismes rudimentaires, dotés de pérennité, sont les premières formes vivantes qui ont dû se montrer à la surface du globe et qu'elles ont sans doute précédé de beaucoup les autres, les polycellulaires, soumis, au contraire, à la caducité, la conclusion saute aux yeux : la vie a longtemps existé sans la mort. La mort a été un phénomène d'adaptation apparu au cours des âges, par suite de l'évolution des espèces.

La mort des infusoires. — On peut se demander à quel moment de l'histoire du globe, à quelle période de l'évolution des faunes, cette nouveauté, la mort, a fait son apparition. Les célèbres expériences de Maupas sur la sénescence des infusoires semblent autoriser une réponse précise à cette question. En se fondant sur elles, on peut dire que la mort a dû apparaître de conserve avec la reproduction sexuelle. La mort est devenue possible lorsque ce procédé de génération s'est établi, non pas dans toute sa plénitude, mais dans ses plus humbles commencements, sous les formes rudimentaires de la division inégale et de la conjugaison. Et cela est advenu lorsque les infusoires ont commencé à peupler les eaux.

Les deux modes de multiplication. — Les infusoires sont, en effet, capables de se multiplier par division simple. Il est vrai de dire qu'à côté de cette ressource, la seule qui nous intéresse ici parce que c'est la seule qui confère l'immortalité, ils en possèdent une autre. Ils présentent et exercent, dans certaines circonstances, un second mode de reproduction, la conjugaison caryogamique. — C'est un procédé assez compliqué dans son détail, mais qui, en définitive, se résume dans l'appariement temporaire de deux individus, d'ailleurs très semblables et qui ne sauraient être distingués en mâle et femelle. Ceux-ci se soudent intimement par une de leurs faces, échangent réciproquement un demi-noyau qui passe dans l'individu conjoint, puis se séparent. — Mais on peut empêcher les infusoires de se conjoindre ainsi en les isolant régulièrement aussitôt après leur naissance. Alors, ils s'accroissent, et ils sont contraints, après un certain temps, de se diviser suivant le premier mode.

Le rajeunissement caryogamique. — M. Maupas a démontré que les infusoires ne pouvaient pas s'accommoder indéfiniment de ce régime et se diviser éternellement. Après un certain nombre de divisions, ils présentent des signes de dégénérescence et de caducité évidente. La taille diminue, les organes nucléaires s'atrophient, toutes les activités déchoient et l'infusoire périt. — Il succombe à cette sorte d'atrophie sénile, à moins qu'on ne lui fournisse l'occasion de se conjuguer avec un autre infusoire dans la même situation. Il puise alors, dans cet acte, des forces nouvelles, il grandit, reprend sa taille et reconstitue ses organes. La conjugaison lui rend la vie, la jeunesse et l'immortalité.

Le rajeunissement alimentaire. — Des observations récentes dues à une naturaliste américaine, miss G. N. Calkins, et confirmées par M. G. Loisel, ont montré que ce moyen de rajeunissement n'est pas le seul et qu'il n'est même pas le plus efficace. La conjugaison n'a pas une vertu spécifique mystérieuse. Il n'est pas nécessaire de marier l'infusoire pour le rajeunir ; il suffit d'améliorer son régime. En remplaçant, chez la paramécie caudée, la conjugaison par du bouillon de bœuf et des phosphates, Miss Calkins a pu observer 665 générations consécutives, sans tares, sans défaillance, sans signe de vieillesse. Un régime plantureux, des drogues simples ont eu ici raison de la sénilité et du cortège de dégénérescences atrophiques qu'elle traîne après elle.

Causes de la sénescence. — Quant aux causes de la

sénescence à laquelle on a remédié avec tant de succès, elles ne sont pas exactement connues. Miss Calkins pense qu'elle résulte de la perte que fait progressivement l'organisme de quelque substance essentielle à la vie : la conjugaison ou l'alimentation intensive agiraient en restituant ce composé nécessaire. M. G. Loisel croit, au contraire, qu'il s'agit de l'accumulation progressive de produits toxiques dus à une espèce d'auto-intoxication alimentaire.

CHAPITRE VI

LÉTHALITÉ DES MÉTAZOAIRES ET DES CELLULES DIFFÉRENCIÉES

Évolution et mort des métazoaires. — Rajeunissement possible des cellules différenciées, par des conditions de milieu. — Conditions de milieu pour les cellules immortelles. — Éléments immortels des métazoaires. — Éléments à mort accidentelle et remédiable. — Cellules somatiques et cellules sexuelles.

Évolution et mort des métazoaires. — On vient de voir que les infusoires ne sont déjà plus des animaux chez qui les échanges matériels se passent avec assez de perfection, et chez qui la division cellulaire, conséquence de l'accroissement se produise avec assez de précision et d'égalité pour que la vie se poursuive indéfiniment en un équilibre parfait dans le milieu approprié, sans subir d'altération, sans comporter de cause d'arrêt. A plus forte raison ne retrouve-t-on plus la parfaite régularité des échanges nutritifs dans les classes placées au-dessus de celles-là. En un mot, à partir de ce groupe si inférieur, il n'y a pas d'êtres animés qui soient dans la situation d'existence que M. Le Dantec appelle la « condition n° 1, de la vie manifestée ». La matière vivante, au lieu de se maintenir continuellement identique en des conditions de milieu identiques, se modifie au cours de l'existence. Elle devient tributaire du temps ; elle décrit une trajectoire déclinante ; elle a une évolution, une caducité et une mort. La condition fondamentale de la jeunesse invariable et de l'immortalité fait, ainsi, défaut chez tous les métazoaires. Chez tous, les tares vitales s'accumulent par insuffisance ou imperfection de l'absorption ou de l'excrétion nutritives; la vie déchoit, l'organisme s'altère progressivement et ainsi se trouve constitué un état de décrépitude par atrophie ou modification chimique, qui est la sénescence et aboutit à la mort.

En résumé, la vieillesse et la mort sont attribuables à la différenciation cellulaire.

Rajeunissement alimentaire possible des cellules différenciées. — Conditions de milieu. — Il faut ajouter, cependant, — comme un enseignement fourni par l'expérience, en général, et en particulier par celles de Lœb, de Calkins et de Loisel, — qu'un faible changement du milieu, amené à propos, est capable de rétablir l'équilibre et de procurer à l'infusoire un rajeunissement complet. La sénescence n'a donc pas, ici, un caractère définitif, non plus qu'intrinsèque; une modification dans la composition du milieu alimentaire en a raison. S'il est permis de généraliser ce résultat, on pourra dire que la sénescence, la trajectoire déclinante, l'évolution se dégradant jusqu'à la mort, ne sont point, pour les cellules considérées isolément, une fatalité profondément inscrite dans l'organisation et une conséquence rigoureuse de la vie elle-même. Elles conservent un caractère accidentel. Il n'y a pas, à la sénescence et à la mort, de cause interne vraiment naturelle, inexorable et irrémissible, comme l'ont prétendu autrefois Jean Müller, et, plus récemment, Cohnheim en Allemagne et Sedgwick Minot en Angleterre.

Conditions de milieu pour les cellules immortelles. — Quant aux cellules qui sont moins différenciées, aux protophytes et aux protozoaires qui sont situés à un degré de l'échelle inférieur à celui des infusoires, il faut admettre, chez eux, la possibilité de l'équilibre parfait et soutenu qui les soustrait à la décrépitude sénile. Mais il est bien entendu que ce privilège reste subordonné à la constance parfaite du milieu approprié. Si celui-ci vient à changer, l'équilibre est rompu, les petites perturbations insensibles de la nutrition s'accumulent, l'activité vitale déchoit, et, par suite de la seule imperfection des conditions extrinsèques ou de milieu, l'être vivant se trouve encore traîné à la déchéance et à la mort.

Éléments immortels des métazoaires. — Tous les faits et les considérations qui précèdent, sont relatifs aux cellules isolées, aux êtres monocellulaires. Mais, — et c'est là ce qui fait le grand intérêt de ces vérités, elles peuvent s'étendre à toutes les cellules groupées en collectivité, c'est-à-dire à tous les animaux, à tous les êtres vivants que nous connaissons. Dans l'édifice compliqué de l'organisme, les éléments anatomiques, les moins différenciés tout au moins, auraient un brevet conditionnel d'immortalité. L'œuf, les éléments sexuels, en général; peut-être encore les globules blancs du sang, les leucocytes, seraient dans ce cas. Encore faudrait-il qu'autour de chacun de ces éléments fût réalisé le milieu invariablement parfait qui en est la condition nécessaire. Ce n'est pas ce qui a lieu.

Éléments à mort accidentelle et remédiable. — Quant aux autres éléments, ils sont dans la condition des infusoires, mais sans la ressource de la conjugaison. Le milieu ambiant s'épuise et s'intoxique autour de chaque cellule par suite des accidents qui frappent les autres. Chacune subit donc une déchéance progressive et finalement une destruction qui, en principe, sont peut-être accidentelles, mais qui, en fait, sont la règle.

Les divers éléments anatomiques de l'organisme sont plus ou moins sensibles à ces perturbations qui causent la sénescence, la nécrobiose et la mort. Il y en a de plus fragiles, de plus exposés. Il y en a de plus résistants; et il y en a enfin qui sont réellement immortels. On vient de dire que la cellule sexuelle, l'œuf est dans ce cas. Il en résulte que le métazoaire, l'homme, par exemple, ne meurt pas tout entier. Considérons, en effet, un de ces êtres. Ses ascendants, peut-on dire, n'ont pas disparu tout entiers, puisqu'ils ont laissé l'œuf fécondé, élément survivant, d'où est sorti l'être que nous avons en vue; et, quand celui-ci s'est développé, une partie de cet œuf a été mise en réserve pour une nouvelle génération. La mort des éléments n'est donc pas universelle. Le métazoaire se divise dès l'origine en deux parts: d'un côté les cellules destinées à former le corps, cellules *somatiques*; celles-là mourront. D'autre part, les cellules *reproductrices* ou *germinales* ou *sexuelles*, capables de vivre indéfiniment.

Cellules somatiques et cellules sexuelles. — On peut dire, en ce sens, avec Weissmann, qu'il y a deux choses dans l'animal, dans l'homme; l'une mortelle, le *soma*, le corps; l'autre immortelle, le *germen*. Ces cellules germinales, comme les protozoaires dont nous avons parlé plus haut, possèdent une immortalité conditionnelle. Elles ne sont pas impérissables, mais, au contraire, fragiles et vulnérables. Des milliers d'œufs sont détruits et disparaissent à chaque instant. Ils peuvent mourir d'accident; jamais de vieillesse.

On comprend maintenant que, si les protistes sont immortels, c'est parce que ces êtres vivants, réduits à une cellule unique, cumulent en elle les caractères réunis de la cellule somatique et de la cellule germinale, et jouissent du privilège attaché à c●●● ●ro qualité.

FIN

TABLE DES MATIÈRES

LIVRE I

En marge de la science. — Les doctrines générales sur la vie et la mort. Leurs transformations successives.

	Pages
Chapitre I. — Les vieilles doctrines	1
— II. — L'animisme	4
— III. — Le vitalisme	13
— IV. — La doctrine uniciste	31
— V. — Émancipation de la recherche scientifique du joug des doctrines philosophiques	39

LIVRE II

La doctrine de l'énergie et le monde vivant.

Idées générales sur la vie. Vie élémentaire	51
Chapitre I. — L'énergie en général	54
— II. — L'énergie en biologie	93
— III. — L'énergétique alimentaire	112

LIVRE III

Les caractères communs aux êtres vivants.

Chapitre I. — Doctrine de l'unité vitale	141
— II. — Unité morphologique des êtres vivants	152
— III. — Unité chimique des êtres vivants	167
— IV. — Double conditionnement des phénomènes vitaux. Irritabilité	182
— V. — La forme spécifique ; son acquisition, sa réparation	193

TABLE DES MATIÈRES

Pages

CHAPITRE VI. — La nutrition. — L'assimilation fonctionnelle. La destruction fonctionnelle. Synthèse assimilatrice 203

LIVRE IV

La vie de la matière.

CHAPITRE I. — La vie universelle. (Opinions des philosophes et des poètes. — Continuité entre les corps bruts et les corps vivants. — Origine du principe de continuité) 231
— II. — Origine de la matière vivante dans la matière brute 241
— III. — Organisation et composition chimique de la matière vivante et de la matière brute . . 247
— IV. — Évolution et mutabilité des corps vivants et des corps bruts 251
— V. — La possession d'une forme spécifique. Corps vivants et cristaux. Cicatrisation . . . 273
— VI. — La nutrition chez l'être vivant et chez le cristal 282
— VII. — La génération chez les corps bruts et chez les êtres vivants. La génération spontanée. 285

LIVRE V

La sénescence et la mort.

CHAPITRE I. — Des divers points de vue sous lesquels peut être envisagée la mort 298
— II. — Processus de la mort 303
— III. — Caractères physiques et chimiques de la mort cellulaire. Nécrobiose. Vieillissement . . 312
— IV. — Pérennité apparente des individus complexes 321
— V. — Immortalité des protozoaires 325
— VI. — Léthalité des métazoaires et des cellules différenciées 331

N.-B. — Un sommaire détaillé se trouve placé en tête de chaque chapitre.

6722. — Paris. — Imp. Hemmerlé et Cie

Texte détérioré — reliure défectueuse
NF Z 43-120-11

Bibliothèque de Philosophie scientifique

FONDÉE PAR LE D' GUSTAVE LE BON

Les faits scientifiques se multiplient tellement qu'il devient impossible d'en connaître l'ensemble. Les savants sont obligés de se confiner dans des spécialités très circonscrites.

Malgré des découvertes incessantes, les principes généraux qui dirigent chaque science et constituent son armature philosophique sont toujours peu nombreux. Ils changent fort rarement et ne peuvent même changer sans que la science qu'ils inspiraient se transforme entièrement. L'évolution profonde subie par les sciences physiques et naturelles depuis cinquante ans est la conséquence du changement des principes philosophiques qui leur servaient de soutien et dirigeaient les travaux des chercheurs.

Pour se tenir au courant des connaissances scientifiques, philosophiques et sociales actuelles, il faut s'attacher surtout à connaître les principes qui sont l'âme de ces connaissances et constituent en même temps leur meilleur résumé.

C'est dans le but de présenter clairement la synthèse philosophique des diverses sciences, l'évolution des principes qui dirigent, les problèmes généraux qu'elles soulèvent, que la Bibliothèque de Philosophie scientifique a été fondée. S'adressant à tous les hommes instruits elle est destinée à prendre place dans toutes les bibliothèques.

VOLUMES PARUS

La Science et l'Hypothèse, par H. POINCARÉ, membre de l'Institut, professeur à la Sorbonne (2ᵉ édition).

La Vie et la Mort, par le Dʳ A. DASTRE, professeur de Physiologie à la Sorbonne.

Psychologie de l'Éducation, par le Dʳ GUSTAVE LE BON (8ᵉ éd.)

VOLUMES DEVANT PARAÎTRE PROCHAINEMENT

Nature et Sciences naturelles, par FRÉDÉRIC HOUSSAY, maître de conférences à l'École normale supérieure.

Les Procédés de raisonnement dans les Sciences naturelles et sociales, par EDMOND PERRIER, membre de l'Institut, Directeur du Muséum.

www.ingramcontent.com/pod-product-compliance
Lightning Source LLC
Chambersburg PA
CBHW060330170426
43202CB00014B/2733